职业教育幼儿保育专业核心技能创新教材

幼儿园保育

第2版

主　编　芦爱军

参　编　李彩霞　韩　燕　周艳雪　赵　颖
宋少鑫　刘云宵　韩　雪　李　杨
梁瑞雪　李淑萍

机 械 工 业 出 版 社

本书是职业教育学前教育专业的实训教材，是基于工作过程系统开发的教材。本书以“工学结合、理实一体”，突出“教、学、做”合一为指导思想，以幼儿园保育员的一日工作任务及工作流程为主线，结合相关理论知识编写，利于培养良好的职业素养与综合能力。本书基于《幼儿园教师专业标准》的要求，以人力资源和社会保障部对保育员（中级）的知识、技能要求为侧重点，让学习者快速掌握幼儿园保育实训技能及相关知识点，以提升学习者的综合实操技能。

本书适用于职业院校学前教育专业的实训教学，也适合考取保育员职业资格证书的初入职者实操技能训练使用，同时还可以作为各级保育职业技能竞赛的参考用书。

图书在版编目（CIP）数据

幼儿园保育 / 芦爱军主编. -- 2版. -- 北京 : 机械工业出版社，2024. 11. --（职业教育幼儿保育专业核心技能创新教材）. -- ISBN 978-7-111-77105-0

I. G617

中国国家版本馆CIP数据核字第2024X4S223号

机械工业出版社（北京市百万庄大街22号　邮政编码100037）

策划编辑：宋　华　　　　责任编辑：宋　华　单元花

责任校对：樊钟英　王　延　　封面设计：陈　沛

责任印制：郜　敏

三河市航远印刷有限公司印刷

2025年1月第2版第1次印刷

210mm×285mm・13印张・307千字

标准书号：ISBN 978-7-111-77105-0

定价：42.00元

电话服务　　　　　　　　网络服务

客服电话：010-88361066　　机　工　官　网：www.cmpbook.com

010-88379833　　机　工　官　博：weibo.com/cmp1952

010-68326294　　金　　书　　网：www.golden-book.com

　　机工教育服务网：www.cmpedu.com

第 2 版前言

党的二十大报告进一步明确了统筹职业教育、高等教育、继续教育协同创新，推进职普融通、产教融合、科教融汇，优化职业教育的类型定位。本次修订按照课程思政的要求，重新梳理了每一单元、任务和活动，努力挖掘其中的社会主义核心价值观教育要素，精心设计思想政治教育的融入点和引发点，通过思政内容与技能训练的有机融合，潜移默化地引导和启迪学生，把握正确的政治方向，树立明确的是非观念，铸牢拥护中国共产党、坚定不移走中国特色社会主义政治发展道路的信念。

随着我国学前教育的快速发展，国家相继出台了《幼儿园教育指导纲要（试行）》《3—6岁儿童学习与发展指南》《幼儿园教师专业标准（试行）》等文件。近期又颁布了《托育机构保育指导大纲（试行）》《保育师国家职业技能标准》，前者明确规定了3～6岁幼儿保教工作要求和职业规范，后者强化了0～3岁保育工作者的知识、技能要求和分级标准，进一步完善了0～6岁学前教育和保育的系统知识和职业要求，是学前保教工作的指南和标准。同时，国家更加重视对职业教育优化专业定位、突出技术技能型人才培养特点、坚持产教融合、促进高质量发展等方面的创新引领，具有中国特色的育人、育才道路越走越宽。

本书是依据教育部中职专业教学标准编写的，在编写中秉承校企合作、产教融合方针，融合科教融汇、数字中国理念，坚持园校合一、保教合一，优选幼儿园保育工作的典型案例，提供必须够用的专业基础知识，设计重在操作的训练任务，不仅借助任务式、混合式、情境化的教学，让“理实一体”落在实处，而且突出以学习者为主体，引导学生学会学习、勤于实践、乐于创新，努力提升自身的职业素养和实践能力。

本书配套的课程是在学习学前儿童卫生与保健、幼儿发展心理、幼儿教育基础，以及婴幼儿健康、卫生、安全护理知识之后，开设的职业技能训练课程，是运用学前教育基本知识解决保育工作中的实际问题的课程。

本书涵盖了幼儿园（2～6岁）托班和小、中、大班保育工作的内容、要求和规范，给出了工作流程、技能要领和注意事项，为适应幼儿园扩大托班的需求，对低龄婴幼儿的保育任务做了适度补充，有利于学习者熟悉和胜任2～6岁全部保育工作；增加了《保育师国家职业技能标准》初、中、高三级的应会内容，协助学习者考取保育师职业资格证书；修订了部分与幼儿园现行规范不适应的内容，补充了新的保育要求和评价标准；完善了《幼儿园保育》的编排体例和自主开发的保育案例。

本次修订体现了以下特点：

1. 坚持课程思政，推进教育数字化，助力建设全民终身学习的学习型社会、学习型大国。培育创新文化，弘扬科学家精神，涵养优良学风，营造创新氛围。坚持“育人”和“育才”的高度统一，在学习与操练的全过程中，融入育人要素，弘扬“工匠精神”“劳动精神”，坚守社会主义核心价值观；在学习与训练中培养良好的职业素养、思政品质与综合能力。提升任务情境、工作案例、操作训练的信息化水平，采用二维码扫一扫的方式，观看真实的岗位工作视频片段。

2. 坚持“产教融合”，通过园校紧密合作获取幼儿园的保教经验和自创典型案例，确保内容的科学、合理、真实；同时，紧贴保育职业岗位的实际应用，具有操作流程明确、岗位规范具体、环境仿真度高的特点。为了确保内容贴近幼儿园保育工作现实，编写团队与示范园园长、骨干教师共同研讨，一一对接，邀约幼儿园教师配合教材内容撰写了许多典型案例，既有工作情境，又有分析和建议。本书所配图片、视频，也是在幼儿园真实环境中拍摄的，具有很强的针对性。本书编写体例新颖，符合“教、学、做”合一的理念。

3. 坚持“理实一体”，突出工作流程与工作规范的职业化训练，让学习者了解职业工作情境，明确核心技能操作要领，懂得实操训练的价值。修订后的内容更加突出以幼儿园保育工作任务及工作流程为主线，整合生理、心理、教育等相关理论知识和健康、照护、安全等职业经验，在任务情境中边学习、边操作、边指导，力求达到知识学习必须够用，技能训练务求熟练，让提升职业素养落在实处。

4. 坚持“互联网+职业教育”的大方向，努力通过信息技术与本书内容的融合，提升学习与训练的效率。本书配有场景照片、操作视频等信息化资源，提供重要的链接信息，帮助学习者自学和理解。

本书的单元设置做了调整，课时安排建议如下：

单元	内容	建议课时
第一单元	环境创设	10
第二单元	生活照料	16
第三单元	安全健康管理	16
第四单元	早期学习支持——动作发展	6
第五单元	早期学习支持——语言发展	6
第六单元	早期学习支持——认知发展	6
第七单元	早期学习支持——情感发展	6
第八单元	合作共育	6
总课时		72

以上课时为参考课时，各地、各学校可根据学校实际、学生学习基础、就业需要，适度增加课时。

本书由北京国际职业教育学校幼儿保育专业主任芦爱军任主编，并负责本书设计与统稿；全书由北京市中职课程改革专家杨文尧主审。具体编写分工：第一单元由北京新城职业学校李彩霞、北京市房山区房山职业学校韩燕编写，第二单元由北京市延庆区第一职业学校周艳雪编写，第三单元由北京市房山区房山职业学校刘云宵、韩雪和北京市丰台区职业教育中心学校李淑萍编写，第四单元由北京市西城职业学校宋少鑫编写，第五单元由北京市西城职业学校赵颖编写，第六单元由北京国际职业教育学校芦爱军编写，第七单元由北京求实职业学校李杨编写，第八单元由北京国际职业教育学校梁瑞雪编写。

本书的编写得到了北京市中职课程改革专家杨文尧的全程指导，北京市东城区东华门幼儿园保健主任刘悦参与审阅。

参与第1版视频拍摄的教师有：北京市东城区新中街幼儿园刘紫薇、赵昱菁、石卉、王彦壹、王一楠、马元圆、李婉冰、王禹爻、张裕爽、穆春雨、张敏、石悦、王晨、张超。

本次修订增加了部分教学视频、图片、教学案例，参与单位和教师有：

北京市东城区东华门幼儿园、北京市第三幼儿园园长：贺海英。

北京市第三幼儿园副园长：吴超。

北京市西城区教育研修学院附属幼儿园园长：汪京莉。

北京市东城区东棉花胡同幼儿园执行园长：刘湘丽。

北京市东城区东华门幼儿园：徐学连、赵鑫、李欣、王丹丹、魏然、蔡阳、王翀、刘悦。

北京市东城区崇文第三幼儿园：李晶、李环、高洁芳、项伟超、张立、朱浩尘、刘伟、岳娜、冯薇、张扬、任雪梅、黄思妍、景峥、王佳、付蓓蕾、刘倩、王元、刘玉敏、王欣欣。

北京市东城区新中街幼儿园：杨春丽。

北京市东城区东棉花胡同幼儿园：周丹、杨洋。

北京市西城区教育研修学院附属幼儿园教师：韩谨泽、韩宇桐。

北京市密云区第十幼儿园：王梦童。

对在编写中给予大力支持的各位老师，在此一并表示衷心的感谢！

本书配有电子资源包，由教学参考答案、教案、教学课件、学生学习资源等部分组成，选用本书作为教材的教师可通过机械工业出版社教育服务网（http://www.cmpedu.com）免费获取。

受编者水平所限，本书势必存在不足之处，敬请读者提出宝贵意见和建议。

编　者

第1版前言

本书是依据教育部中职学前教育专业教学标准编写的。根据中职学前专业人才培养的定位，具备保育员专业知识和岗位技能，不仅是幼儿园保育员的入职要求，还是适应职业岗位工作的必备条件。随着我国学前教育事业的快速发展、育儿环境的不断优化，以及学前教育新理念的引领，各地幼儿园更加重视“保教并重”原则的落实，在国家层面相继出台的《幼儿园工作规程》《幼儿园教育指导纲要（试行）》《3—6岁儿童学习与发展指南》以及《幼儿园教师专业标准（试行）》等一系列法规文件中，进一步规范了幼儿园教育目标、课程任务，以及教育发展要求。国家对保育员职业资格标准也有了新的更加具体的要求，这为我们编写本书提供了可靠的依据。保育工作是幼儿园落实促进幼儿身心健康和谐发展总目标的重要任务之一，幼儿园保育工作规范和工作质量评价标准是做好保育工作的基本保障。因此，编写能够充分反映幼儿园保育工作全貌的书，使学习者更快地掌握保育工作的知识和技能，形成独立工作的能力，是我们的初衷。

本书的编写力求体现以下特色：

1．坚持“工学结合、理实一体”，突出“教、学、做”合一

“幼儿园保育”是在学习“学前教育卫生与保健”“学前儿童发展心理”“学前教育基础”之后开设的理实一体课程，是运用学前教育基本知识解决保育工作中的实际问题的课程，同时又具有实践操作性强、岗位规范要求具体、职业环境仿真度高的特点。因此，本书以保育工作任务及工作流程为主线，整合了相关理论知识，在任务情境中边学习、边操作，利于培养学习者良好的职业素养与综合能力。

2．把握“保教合一”原则，增强保育员的教育意识

教育部颁布的《幼儿园教育指导纲要（试行）》中特别强调保教并重，将教育与保育聚合成相互融合的整体。本书十分关注保育工作与教育工作的配合，不仅在清洁消毒、生活常规等环节补充了幼儿健康教育的内容，还在辅助教育教学活动环节提供了保育员参与教育的案例，以帮助初学者认识到工作虽然有分工，但在幼儿园一切教育教学活动中，保育员都应当有关心、教育幼儿的义务和责任。

3．依托优秀的幼儿园团队，吸收丰富的保育工作经验

省市级示范性幼儿园为我们编写本书提供了大量真实的案例和图片，为了确保内容贴近幼儿园保育工作实际，编写团队与实践示范园园长、骨干教师共同研讨，一一对接，幼儿园教师根据编写内容撰写典型案例，既有实例，又有分析和建议。书中所配图片也是在幼儿园真实环境中拍摄的，具有很强的针对性。

4．编写体例新颖，符合“教、学、做”合一的理念

本书以职业情境引入，知识学习做铺垫，任务实施为重点，检测评价为保证，既体现了任务引领、学做一体，又按照任务的流程进行技能强化训练，同时结合职业资格“应知应会”的内容，及时进行检测。为学习者设置贴近实际、易学易做的典型任务，再配合保育实训环境，就能较顺利地掌握保育工作知识和技能，逐渐积累职业实践经验，为适应岗位工作奠定良好的基础。

本书课时安排建议如下：

单元	内容	建议课时
第一单元	环境与物品的清洁消毒	12
第二单元	幼儿园日常生活活动	18
第三单元	幼儿常见病、传染病的预防与护理	14
第四单元	突发性伤病的处理	10
第五单元	教育活动辅助	10
第六单元	幼儿行为观察与指导	4
第七单元	参与家长工作	2
第八单元	保育工作记录与总结	2
总课时		72

在本书的编写过程中参阅了国家及部分省市有关学前教育的法规文件，查阅了学前教育知名专家与学者的部分著作、研究成果和论文，吸收了国内职业院校、幼儿园有关教育改革的一些经验，选用了幼儿园教师的优秀活动案例。本书由北京国际职业教育学校芦爱军担任主编，具体编写分工：第一单元由北京市房山区房山职业学校韩燕、北京国际职业教育学校芦爱军编写，第二单元由北京市延庆区第一职业学校周艳雪编写，第三单元由北京市房山区房山职业学校刘云宵编写，第四单元由北京市丰台区职业教育中心学校李淑萍编写，第五单元由北京新城职业学校李彩霞编写，第六单元由北京市求实职业学校李杨编写，第七、八单元由北京国际职业教育学校梁瑞雪编写。

全书由北京市中职课程改革专家杨文尧主审，北京市东城区教师研修中心学前研修部马春杰主任审阅了第五、六单元；北京市东城区东华门幼儿园郝建秋园长、董欣副园长审阅了第二单元；北京市第一幼儿园蔡涛副园长、保健医高雁审阅了第一、三、四单元；北京市东城区新中街东棉花联盟幼儿园园长李丽华审阅了第七单元，并针对全书教育内容组织制作配套插图，参与制作配套插图的老师有：李朝晖、王倩、刘湘丽、梅建宁、曹红敏、杨春丽、杜雪莉、梁烨、张蕊、蔡薇薇、杨洋、张超、张斯媛、姜琳、郭小爽、刘然；北京市东华门幼儿园保教主任王莲欣、贺海英组织提供了优秀案例，参与案例编写的老师有：赵智虹、刘恋、贺海英、果晓红、王莲欣、于宁、戴力吉格、宋心蕊、史文敬、刘志新。

本书配有教学资源包（电子），由教学参考答案、教案、教学课件、学生学习资源等部分组成。选用本书作为教材的职业院校教师，本部分内容可通过机械工业出版社教育服务网（http://www.cmpedu.com）或联系编辑（010-88379196）免费获取。

书中不足之处在所难免，还望提出宝贵建议！

编　者

二维码索引

（续）

序　号	名　称	二维码	页　码	序　号	名　称	二维码	页　码
19	离园晚检		070	25	室外体育游戏		110
20	测量身高		074	26	语言活动		131
21	测量体重		074	27	中班音乐教育活动中的保育支持		153
22	测量体温		076	28	小班音乐《拍皮球》活动中的保育支持		154
23	皮肤划伤的处理		085	29	中班美术教育活动中的保育支持案例		158
24	室内体育游戏		107	30	大班美术教育《剪纸》活动中的保育支持案例		158

目录

第一单元

环境创设

单元导读

《幼儿园教育指导纲要（试行）》中明确指出，幼儿园应为幼儿提供健康、丰富的生活和活动环境，满足他们多方面发展的需要，使他们在快乐的童年生活中获得有益于身心发展的经验。因此，创设符合幼儿实际需求的、可供幼儿主动探索和学习的幼儿园环境对于幼儿身心发展有重要的作用。本单元主要学习幼儿园环境区域设置、规划和创设幼儿活动区的方法、设置婴幼儿安全活动路线及为特殊婴幼儿创设安全区域的方法、制作活动物品标记的方法、配备一日生活所需设备和用品的方法、按流程进行物品管理的方法，同时也要注重精神环境的创设，如良好的师幼关系和同伴关系，让幼儿感到安全、温暖、友爱。

单元目标

- 了解婴幼儿班级活动环境创设的要求和原则，熟悉配合教师进行环境创设时的工作内容。
- 掌握幼儿园物品管理的方法，包括材料配备、材料投放和物品管理。
- 了解清洁与消毒的基本概念，掌握幼儿园清洁与消毒工作的操作流程与规范要求。
- 能够根据婴幼儿一日生活和班级活动内容规划、创设班级常见的幼儿活动区。
- 能够设置婴幼儿安全活动路线并为特殊需要的婴幼儿创设安全区域。
- 在实际操作中体验保教老师关心、耐心、细心的工作态度。

单元内容

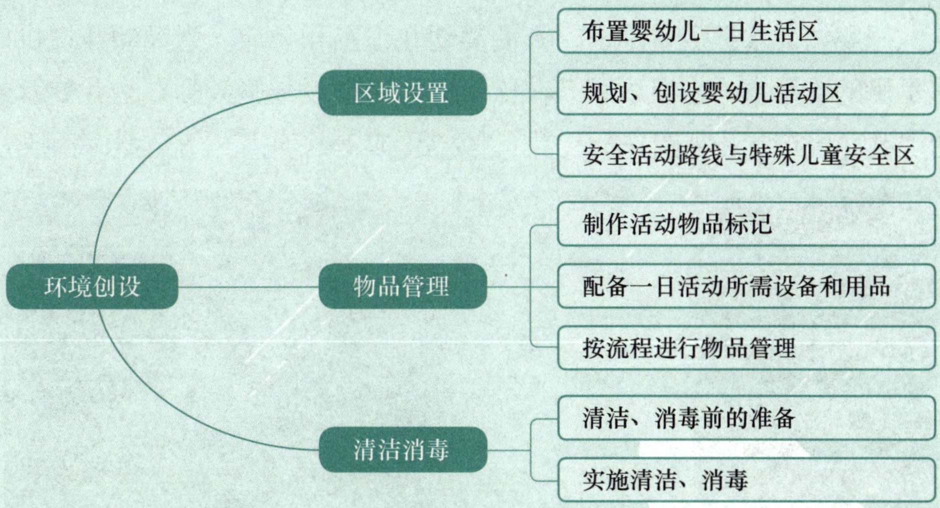

任务一 区域设置

学习目标

素养目标
- 增强以促进婴幼儿发展为核心的区域设置意识，形成细致、耐心、关爱幼儿等职业品质。

知识目标
- 熟悉婴幼儿一日生活区的类型及区域设置所需的设施设备、用品、材料等。
- 明确区域设置的原则、方法及注意事项。

能力目标
- 能够按照婴幼儿一日生活的要求合理规划、设置活动区。
- 能够为特殊儿童创设安全区。

活动一 布置婴幼儿一日生活区

案例情境

新来的保教老师小敏，要为托班幼儿布置班级里的婴幼儿一日生活区。小敏老师接到这个任务有点犯难，不知道该从哪里入手。主班老师齐老师说，你想想应该规划哪些生活区，每个生活区都要布置些什么？有什么要求？请你帮小敏老师一起完成这个任务。

知识准备

一、婴幼儿一日生活区的规划

在班级活动单元中，婴幼儿一日生活区包括饮水区、进餐区、盥洗区、睡眠区等。对婴幼儿生活区进行科学、合理地规划，可以有效提升婴幼儿良好的生活习惯和卫生习惯。

二、各生活区的布置要求

1．饮水区

婴幼儿饮水区（见图1-1）的布置意义在于能充分保障婴幼儿日常饮水，且能够帮助婴幼儿养成良好的饮水习惯。饮水区的空间应宽敞、安全、卫生、地面保持干燥、清洁。饮水设备放置的位置适当，利于婴幼儿接水。有专门存放婴幼儿专用水杯的水杯架，做好婴幼儿水杯放置标识，方便婴幼儿识别和拿放。为婴幼儿提供健康的、符合国家卫生标准的、足量的饮用水，水温适宜。在饮水区可以创设一些鼓励婴幼儿饮水或者激发婴幼儿探究水的特性的主题环境布置（见图1-2），如“今天你喝水了吗”“小小水滴用处大”等。

图1-1 托幼园所饮水区

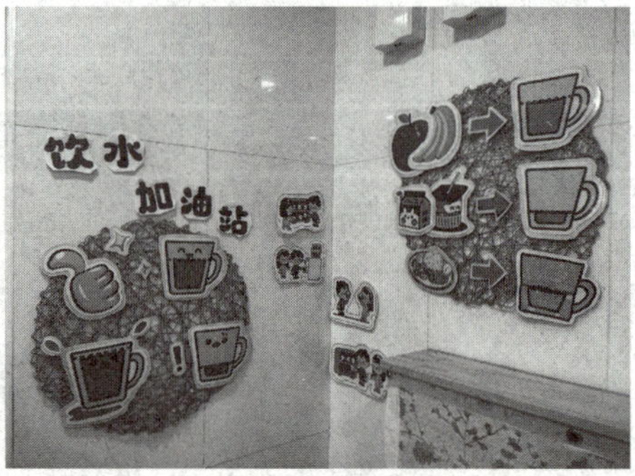

图1-2 托幼园所饮水区的环境创设

2. 进餐区

随堂记

舒适的进餐环境可以增进婴幼儿的进餐兴趣，提高婴幼儿的食欲。大多数托幼园所安排在本班级的活动室进餐，有的托幼园所设有专门的婴幼儿餐厅。进餐区要宽敞、明亮（见图1-3），在布置上要方便保教老师分发饭菜和及时为婴幼儿添加饭菜，也便于中、大班的幼儿排队自己取饭菜。要注重营造舒适的用餐氛围，如使用暖色调的餐桌、餐椅。进餐区的墙面可以装饰一些食物图片或者婴幼儿文明进餐的图片，地面要保持干净、干燥，空气要保持新鲜、无异味。要做好婴幼儿餐桌的每日清洁和消毒工作。为婴幼儿准备的餐具要干净、环保且适合婴幼儿使用（一般来说，托班和小班幼儿使用勺子，中、大班的幼儿可以学习使用筷子），餐具摆放要整齐有序。婴幼儿的菜肴、点心要科学合理搭配，营养均衡，分量适中，荤素结合，形、色、味多样。婴幼儿用餐结束后，要及时收拾整理用餐区。

图1-3　托幼园所进餐区

3. 盥洗区

托幼园所的盥洗区（见图1-4）是帮助婴幼儿养成良好的生活卫生习惯、提高生活自理能力的重要场所，包括洗脸、刷牙、洗手的水池区，毛巾挂放区、如厕区（见图1-5）。盥洗室的墙面和地面可以布置一些富有童趣的形象或者画面，这样既可以增加婴幼儿对盥洗活动的兴趣，又可以让婴幼儿对盥洗的方法有直观、具体的认识，如在水池边上贴“七步洗手法”的图片，婴幼儿可以模仿图片上的顺序学习洗手。在小便池的地面上贴小脚丫的图形，让婴幼儿大小便的时候知道应该站立的位置。盥洗区的地面应防滑和易于清洗，随时保持干燥、整洁、卫生。盥洗区要做好开窗通风，确保空气新鲜，无异味。皂液应符合国家皂液标准，碱性柔和，去污力强，容易冲洗干净，摆放要整齐，位置合适。毛巾要清洁干净，挂放要高矮适宜。为婴幼儿准备的便纸要符合国家生活用纸标准，整齐摆放在便纸盒中，摆放位置要方便婴幼儿取用，随时补充。寄宿制婴幼儿生活单元内应独立设置淋浴室。

图1-4　托幼园所盥洗区

图1-5　托幼园所如厕区

随堂记

4．睡眠区

婴幼儿的睡眠区（见图1-6）可以在专门的睡眠室，也可以用活动室兼作睡眠区。一般来说，如果用活动室兼作睡眠区，婴幼儿一般使用活动折叠床、海绵床垫等。良好的睡眠环境，可以提高婴幼儿的睡眠质量，缓解上午的疲劳，确保下午精力充沛地参加活动。保教老师要为婴幼儿创设温馨、舒适的睡眠环境，温湿度适宜，拉上窗帘后室内光线柔和且暗淡。婴幼儿的床要摆放整齐，床铺上无杂物，床的间隔适中。每位婴幼儿的床铺、被褥、枕头必须干净、整洁、专人专用。婴幼儿的拖鞋摆放整齐且适合婴幼儿取放。睡眠区可以配置播放音乐或故事的设备，帮助婴幼儿尽快进入睡眠状态。

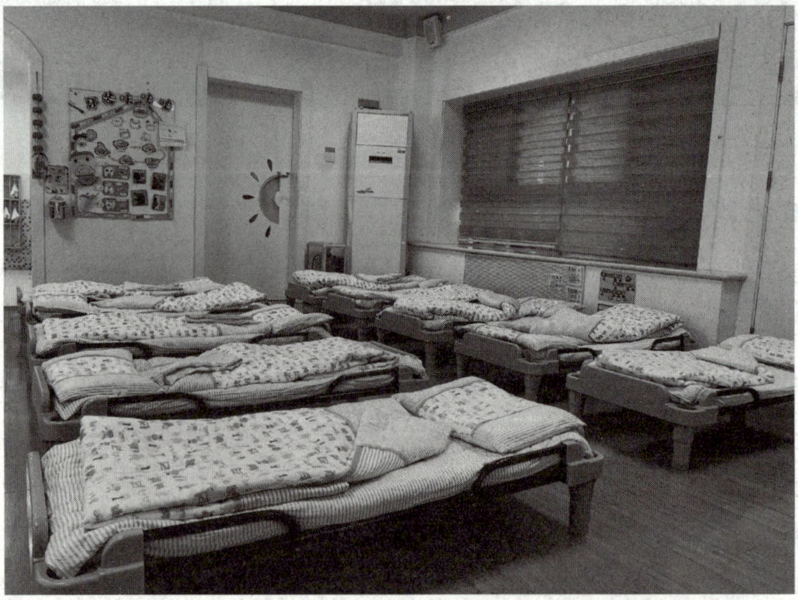

图1-6　托幼园所睡眠区

活动实施

保教老师布置生活区的工作步骤如下：

步骤一：熟悉各生活区的位置和功能。

步骤二：查看各生活区设施、设备是否齐全，检查设备完好程度，发现问题及时处理，以保证婴幼儿的安全。

步骤三：查看各生活区的通风、整洁、卫生等情况，确保空气清新、地面干燥；检查婴幼儿所需物品是否齐全、干净，摆放位置是否恰当；及时消除不安全因素。

步骤四：在明显、合适的墙面或物品上，粘贴富有教育内容的宣传画和提示语。

步骤五：使用的消毒与清洁工具、材料等要放置在安全、可靠的地方，避免婴幼儿触碰发生危险。

拓展训练

保教老师刘老师要为小班幼儿布置饮水区的环境。主班老师杜老师说，小班的幼儿养成主动喝水的习惯是非常重要的，但是有几个小朋友不爱喝水，新布置的饮水区一定要起到鼓励他们主动喝水的作用。刘老师如何布置能鼓励小班幼儿主动喝水的饮水区呢？请你结合学过的知识，写出具体的建议内容和布置方法，帮助刘老师做好饮水区的布置工作。

拓展链接 本部分学习内容见电子资源包

活动二 规划、创设婴幼儿活动区

案例情境

新学期开学前，老师们开始规划班级的活动区。小朵老师是幼儿园大班的保教老师，她想到班级中的幼儿常常一起分享阅读的书，于是她建议创设一个阅读区。考虑到活动室的空间不足，她计划从建构区和美工区的中间挤一挤，腾出来一块地方，摆上小沙发和小书架，选择一些孩子比较熟悉的绘本放书架上。她还想制作一个小讲台和小话筒，提升一下阅读分享的仪式感。小朵老师把设计方案给主班老师刘老师看，刘老师肯定了她的创意，同时指出了方案中存在的一些问题。你知道小朵老师的方案里存在什么问题吗？

随堂记

知识准备

一、班级常设活动区的规划

1. 班级常设活动区的类型

托幼园所的学习活动区是婴幼儿重要的活动场地之一。常见的托幼园所室内活动区有美工区、益智区、科学区、角色游戏区、建构区、表演区、阅读区等。常见的托幼园所户外活动区有集体活动区、器械设备区、自然探索区等。某托幼园所活动室活动区空间设置示意图如图1-7所示。

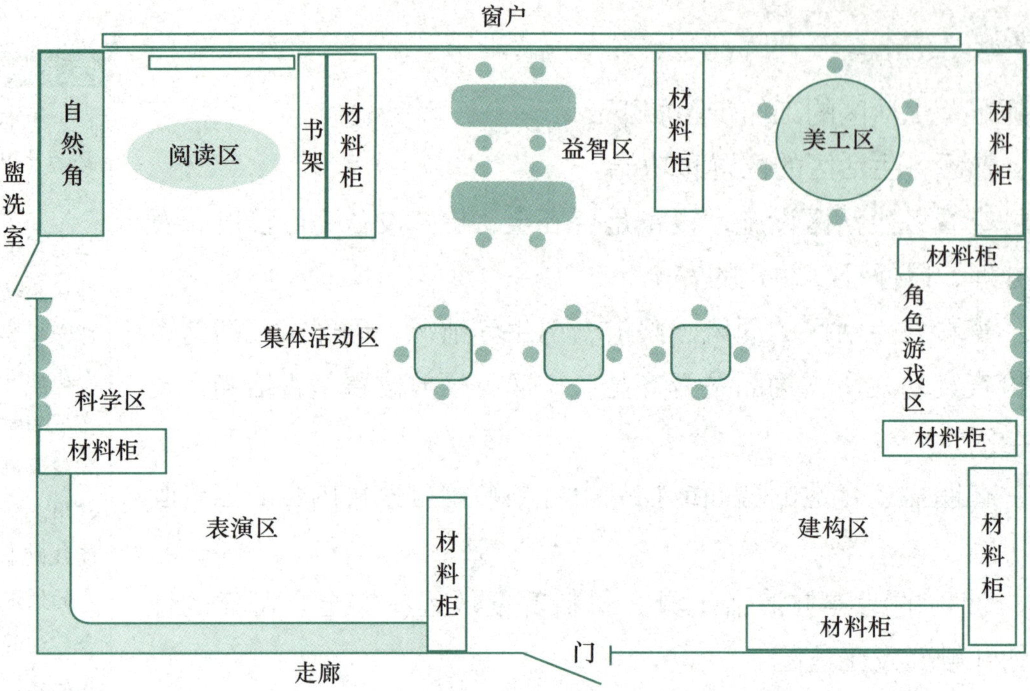

图1–7 某托幼园所活动室活动区空间设置示意图

随堂记

2. 规划班级活动区的依据

1）依据婴幼儿早期学习指导需求、婴幼儿的兴趣和发展需要合理创设各类活动区，满足幼儿学习活动和游戏的需求。

2）依据班级的人数和活动空间大小规划活动区的数量和规模。一般来说，一个60平方米的活动室，班级婴幼儿人数30人左右，规划5～6个活动区，每个区平均容纳5～6名婴幼儿。

3）依据婴幼儿早期学习领域特点及学习指导内容规划活动区，让集体学习活动与区域游戏有机衔接。

3. 规划班级活动区的要求

1）活动区要创设自由、宽松、开放、民主的氛围，体现以婴幼儿为主体的教育理念。

2）活动区要有明显的标识，制定区域活动规则，以此来规范婴幼儿的行为，引导婴幼儿体验遵守规则的快乐。

3）活动区的创设要与集体教学活动互补，与班级主题活动融合。

4）活动区的创设要动态化，随时添加或更换游戏材料，并根据婴幼儿的兴趣及早期学习的需要及时调整活动区的类型和环境，也可以让婴幼儿按照自己的兴趣创设活动空间，准备游戏材料，保教老师给予支持和鼓励。

二、班级各个活动区的环境创设

1. 托幼园所室内活动区的环境创设

婴幼儿的活动区要采光好、通风好。此外，婴幼儿活动区的创设要考虑以下几个要素：第一是考虑婴幼儿的学习特点和兴趣需要；第二要考虑婴幼儿的人数和活动区的大小，一个活动区内不超过五个人为宜；第三要考虑托幼园所的教学需求，不能形式化；第四要考虑各活动区自身的特点和实际需要，如阅读区等安静区和建构区等吵闹区分开，用水区离水源要近一些，阅读区光线要好等；第五要考虑活动区的安全，防止婴幼儿意外的发生。下图分别为某托幼园所室内活动区的角色游戏区（见图1-8）、建构区（见图1-9和图1-10）、阅读区（见图1-11）的环境创设。

图1-8　某托幼园所室内活动区的角色游戏区

图1-9　某托幼园所室内活动区的建构区（一）

图1-10　某托幼园所室内活动区的建构区（二）

图1-11　某托幼园所室内活动区的阅读区

托幼园所室内活动区常用设备、物品、材料见表1-1。

表1-1　托幼园所室内活动区常用设备、物品、材料

活动区	常用设备、物品、材料
美工区	笔：铅笔、毛笔、水粉笔、蜡笔、彩铅等 纸：不同颜色、不同材质、不同大小的纸 材料：废弃纸、小塑料瓶、毛线头、布头、木块等 工具：剪刀、胶棒、棉签、刷子、画板、笔洗、墨汁等
益智区	比较异同的玩具、磁接棒、分类游戏材料、智力玩具、迷宫类、各种拼图、拼版、纸牌、棋类、数学玩具等

（续）

活动区	常用设备、物品、材料
科学区	材料类：小铁块、小木块、废瓶子、核桃壳、磁铁、沙子、水等 容器类：量瓶、烧杯、托盘、水盆等 工具类：小勺、小旋具、小钳子、漏斗、蜡烛、天平等 电器用品类：电池、小电工箱、手电、小灯泡等
角色游戏区	各种娃娃、玩具家具、玩具厨具、玩具交通工具、玩具医院用品、商店用品、幼儿服装、表演舞台、玩具蔬菜和水果等
建构区	各种积木、积塑、积铁，各种木条、木块，废旧塑料瓶、易拉罐等
表演区	民族服装、表演道具、头饰、玩具化妆品、小舞台 各种小乐器：铃鼓、三角铁、撞铃、木鱼儿、响板、腰鼓等 电教设备：计算机、投影仪、一体机、录音机、电视机等 其他材料：幼儿表演服装头饰、小音箱、小麦克风等
阅读区	各种图书、图片、照片，以及故事光盘等

2．托幼园所户外活动区的创设

托幼园所户外活动区（见图1-12至图1-14）是婴幼儿亲近阳光和空气，感受大自然、享受运动乐趣的重要场所，一般可划分为三大区域，即集体活动区、器械设备区和自然探索区。

图1-12　托幼园所户外活动区（一）

集体活动区要宽阔平整、防滑、无障碍，以平坦的土地、沙地和草地为宜。器械设备区可以按照空间的大小设置大型、中型和小型的设备，要求设备必须安全、耐用，摆放要合理，并且定期检修和维护，老化的设备要及时更换。自然探索区一般有沙坑、水池、饲养角、植物角等，婴幼儿可以自由自在地进行探究，需要提醒的是，如果饲养小动物，一定要注意做好防疫，且提醒婴幼儿注意安全。

图1-13　托幼园所户外活动区（二）

图1-14　托幼园所户外活动区（三）

托幼园所户外活动区常用设备、物品、材料见表1-2。

表1-2　托幼园所户外活动区常用设备、物品、材料

户外设备类型	常用设备、物品、材料
大型设备和材料	主要有联合攀登架、攀登墙、滑梯、秋千、荡船、转椅、爬梯、平衡木、脚踏滚轮、跷跷板、沙坑、水池、游泳池等
中型设备和材料	主要有幼儿三轮车、呼啦圈、摇椅、垫子、钻筒等
小型设备和材料	主要有各种球（如大、中、小型皮球，羽毛球、乒乓球、篮球、幼儿棒球、足球等），各种跳绳，幼儿高跷、踏板、滑板、羊角球、沙包、套圈、哑铃、小旗子、小木棍、大型积木，各种小拉车，以及沙水区用到的小铲子、小桶、小盆等

活动实施

案例：游戏“小超市”（大班）

游戏目标　根据游戏“小超市”的内容和规则开展自主游戏，让幼儿尝试逛超市、卖商品的快乐。

游戏准备　在活动室合适的位置布置“小超市”，要求清洁卫生，做到干净、整洁。查看有无危险物品，确保场地安全。查看活动所需的货架、桌子、椅子数量是否够用，并提前摆放好。将“小超市”所需的材料分类放在材料桌上备用，提供的活动材料种类要多样，数量要充足，幼儿拿放要方便。

参考上述案例，活动实施步骤如下：

步骤一：根据活动目标查看场地、环境，确保幼儿有足够的活动空间。在活动前，对环境采光、温湿度、通风等进行检查，确保适宜；做好活动材料的清洁消毒工作（参考本单元活动三）；检查活动场地的安全，消除安全隐患。

步骤二：根据游戏的内容、要求，检查活动区的玩具、物品是否满足游戏的要求，并及时补充。例如，“小超市”游戏所需的桌椅和货架，要放在指定位置。将提前收集好的水果、蔬菜、面包、家具、玩偶等“小超市”的活动材料放到指定的位置。

步骤三：配合主班老师引导幼儿根据游戏的内容和规则开展自主游戏，并在幼儿有需求时给予协助。

步骤四：在活动结束后，带领幼儿把活动中使用的材料放回原处，对活动场地进行整理，做好活动场地和玩教具（玩具和教具）的清洁与消毒工作。

拓展训练

幼儿园读书月活动开始了，中三班的保教老师涂老师要在班级布置一个阅读区。请协助涂老师布置阅读区，并写出保育工作的内容，列出布置阅读区所需的材料。

拓展链接　本部分学习内容见电子资源包

随堂记

案例情境

幼儿园的消防演练活动将在本周五举行，小三班的保教老师黄老师负责引导本班幼儿按照消防逃生路线疏散。为组织好当天的消防演练，黄老师提前考察了本班所在教学楼的消防通道及安全出口，给孩子们准备了捂口鼻的小毛巾。你觉得黄老师还需要做哪些准备呢？在消防演练的过程中有哪些安全方面的注意事项呢？

随堂记

活动三 安全活动路线与特殊儿童安全区

知识准备

一、托幼园所设施、设备的安全保证

1. 托幼园所的人员需要关注的设施、设备安全事项

1）园舍建筑是否出现裂缝、倾斜。

2）户外围墙是否鼓胀、倾斜，围栏是否松动。

3）楼梯扶手护栏及防护栅栏是否锈烂、松动。

4）窗扇是否掉扇、门窗玻璃是否破损、裂纹。

5）落地大玻璃要求为钢化玻璃，设警示标志。

6）楼梯、走廊不得封堵，疏散通道保持畅通。

7）用电线路接头及插座、开关无破损、裸露等隐患，照明设备正常。

8）顶灯、展板、悬挂物品等牢固。

9）卫生间设施牢固、无棱角、地面防滑。

10）食堂设备符合卫生标准及要求。

11）液化气罐储藏间与操作间分离，安装燃气泄漏报警器。

12）大型器械、玩具牢固、无破损，玩教具无不安全因素。

以上各条都有引发安全事故的隐患，保教老师不仅要熟悉上述事项，还要在婴幼儿的安全照护上增强责任意识，切实将婴幼儿的安全作为第一要务。

2. 托幼园所安全防护自查要求

按照《幼儿园保育教育质量评估指标》的要求，托幼园所安全防护自查要求见表1-3。

表1-3 托幼园所安全防护自查要求

重点内容	关键指标	考查要点
A2. 保育与安全	B6. 安全防护	16. 认真落实幼儿园各项安全管理制度和措施，每学期开学前分析研判潜在的安全风险，有针对性地完善安全管理措施 17. 保教人员具有安全保护意识，做好环境、设施设备、玩具材料等方面的日常检查维护，及时消除安全隐患。发生意外时，优先保护幼儿的安全 18. 幼儿园切实把安全教育融入幼儿一日生活，帮助幼儿学习判断环境、设施设备和玩具材料可能出现的安全风险，增强安全防范意识，提高自我保护能力

——摘自《幼儿园保育教育质量评估指标》

二、设置婴幼儿安全活动路线

1. 设置婴幼儿安全活动路线的缘由

1）托幼园所的婴幼儿年龄小、自理能力差、自我保护意识不强、对危险的意识不够，需要托幼园所工作人员予以更多关注。

2）在集体活动中，婴幼儿参与运动、游戏等动态活动时，应保证空间大小足够、场地无障碍，组织活动时要有规、有序，活动路线安全，防止磕碰、摔倒，避免失控的现象发生。

3）当班级或托幼园所出现紧急情况时，需要按照预设的安全路线及时、有序撤离。

4）将“珍惜生命”的理念尽早地传递给成长中的婴幼儿。

2. 保教老师日常工作中需要重点防范的安全隐患

及时发现并处理好各活动室地面的水渍，以防滑倒；留心桌椅是否会磕碰到婴幼儿；检查游戏材料和学习材料是否有尖利处，避免伤着婴幼儿；查看活动区域是否有潜在的危险；观察托班孩子走路是否熟练、稳当等。

3. 安全活动路线

1）在出现紧急情况需要疏散的时候，保教老师要果断按照托幼园所预设的逃生路线，在安全标识的引导下，快速、安全疏散撤离。

2）在室内外组织婴幼儿活动时，应尽量选择开阔的场地空间，保教老师要引导婴幼儿沿着安全活动路线开展游戏活动，避免因设施、设备偶发事故，伤害他们。

三、为特殊需要的婴幼儿创设安全照护区域

随堂记

体弱儿、患病儿一般身体比较虚弱，虽然未得传染病没有被隔离，但是他们也需要在班内得到悉心照料，所以在有需要的时候可以设置安全照护区域。

体弱儿、患病儿的活动区要干净、整洁、卫生、安全，温湿度适宜。有条件的班级可以添置可躺卧的软垫或简易沙发，给他们更舒适的休息环境。

体弱儿、患病儿在参加活动时要离教师近一些，方便保教老师及时予以照护。在活动中要针对个别幼儿的身体状况，及时给他们安全提示，同时保证特殊婴幼儿也能有效地参与学习和游戏。

通过设立安全标识、安全逃生示意图警示，配备安全图册、安全绘本，讲安全故事等，帮助幼儿树立安全意识，养成安全的行为规范；在遇到紧急情况时，幼儿知道如何逃生，同时关心体弱儿、患病儿，力所能及地帮助他们。

活动实施

案例：安全教育“认识逃生路线”

活动目标

（一）会识别消防疏散示意图的重要标识：出口、门、可通过、不可通过。

（二）通过现场演练及实际行走路线，掌握安全逃生的方法。

活动准备

1）物质环境准备：打扫活动场地的卫生，做到干净、整洁；查看有无危险物品，确保场地安全。张贴好消防疏散示意图。

2）心理环境准备：保教老师带领孩子认识消防疏散示意图的重要标识及逃生路线。

保教老师预估可能出现的情况及处置方法。

参考上述案例，活动实施步骤如下：

步骤一：检查班级设施、设备的安全性。平时进行安全事项的引导、教育，增强婴幼儿的安全意识。

步骤二：认识疏散示意图的重要标识：出口、门、可通过、不可通过。出示班级消防疏散示意图，并画出相应的逃生路线。

步骤三：带领婴幼儿按照消防疏散示意图、安全出口标识等，预演逃生活动，并做好师幼的安全防护。

步骤四：进行逃生正式演练，反思演练活动中有哪些需要改进、完善的地方，并及时传达给本班婴幼儿。

拓展训练

请根据图1-15所示的某托幼园所班级活动室的平面图，设计最佳的安全撤离路线，并对班级设备的布置提出合理的改进建议。

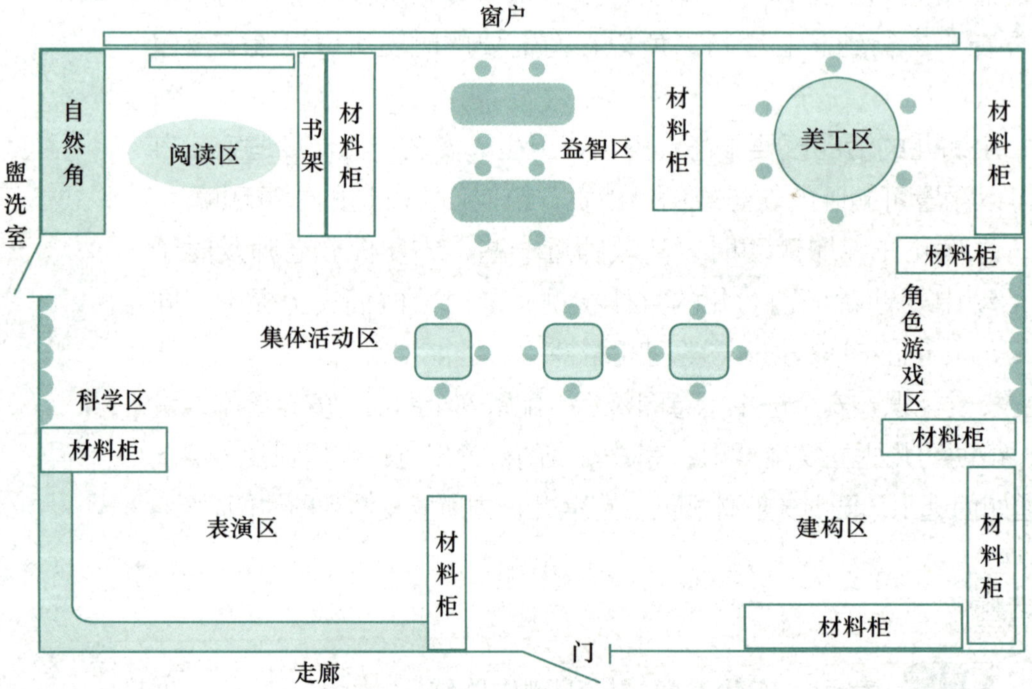

图1-15 某托幼园所班级活动室的平面图

拓展链接 本部分学习内容见电子资源包

任务二 物品管理

学习目标

素养目标
- 增强以维护、节约为宗旨的物品管理意识，形成细致、耐心的职业品质。

知识目标
- 熟悉婴幼儿一日生活所需的设施、设备、用品、材料等。
- 明确自制游戏材料的程序、要求、操作方法及注意事项。

能力目标
- 能够按照正确的方法为活动物品做标记。
- 能够根据婴幼儿的特点和早期学习内容，合理配置一日生活所需的设备、用品。
- 能够按照流程进行活动物品的管理。

活动一　制作活动物品标记

案例情境

园长交给新入职的保教老师孙老师一项任务，更换破损的物品标签。孙老师走进班级后有点不知从何下手，教室里这么多东西，哪些物品需要贴标签？要贴在哪里？怎么制作标签啊？孙老师被这些问题困住了，请你帮孙老师一起完成这个任务吧。

知识准备

一、制作并粘贴班级设备、用品的标签

1. 各活动室/区的设施、设备清单

各活动室/区的设施、设备清单见表1-4。

表1-4　各活动室/区的设施、设备清单

活动室/区	设施、设备清单
活动区	幼儿用桌、幼儿用椅、玩具柜、书柜、玩具筐、各区域操作材料等
睡眠室	幼儿用床、被子、褥子、垫子、枕头、幼儿拖鞋摆放架、空调、消毒灯等
盥洗室	幼儿毛巾、毛巾架、肥皂、洗手液、坐便器（蹲便器）、纸巾盒、物品收纳柜等
饮水区	饮水机或饮水桶、幼儿饮水杯、水杯架、污物桶等
办公区	教学使用投影、电子白板、计算机、音响、教师用桌、教师用椅等
进餐区	餐桌、餐椅、分餐操作台、幼儿餐具、取餐车、分餐勺子、夹子、餐巾盒、骨盘等
清洁区	盆、抹布、消毒液、消毒片、量筒、量杯、拖布、污物桶等

2. 给教学、游戏活动所用物品贴标签

1）标签如果贴于物品上，张贴的位置一般位于物品的正前方，方便教师和婴幼儿识别取

放。标签如果要贴在物品摆放的架子上，张贴的位置一般是物品摆放所对应的位置，靠近方便取放的一侧（见图1-16）。

2）标签的大小要因物品各自的特点而定，标注字体的大小要因标签的大小而定。

3）为婴幼儿制作的标签应以图示为主，图、照片要清晰、醒目，方便婴幼儿与实物对应（见图1-17）。

图1-16 贴标签（一）

图1-17 贴标签（二）

4）标签的格式和字体字号要尽量保持风格一致，字体标准便于婴幼儿识别，以保持班级整体统一性（见图1-18）。

5）标签可以打印，也可以手工制作，为安全起见，塑封后边角需要剪圆。

6）贴标签使用的黏合剂要无毒、无味、黏性强，同时更换标签的时候要易于清理。

图1-18 贴标签（三）

3. 制作与粘贴注意事项

1）命名清晰，不得使用可能引发歧义的命名。

2）制作标签的材料应该防水、耐磨，以防多次清洁、消毒损坏标签。

3）标签需要贴在明显位置，方便教师和幼儿对应取放物品。

4）如因美观性或整洁性需要贴在隐蔽的地方，应按实际要求进行张贴。

二、特殊用品的标记

托幼园所的特殊用品一般是指危险物品和电器设备，如由专人负责保管的消毒液、药品、电器设备、大型活动器械等。消毒液、药品等，贴好标签，放在婴幼儿触碰不到的位置。电器设备、大型活动器械的标签应注明使用方法和注意事项，定期检查并做好记录。托幼园所各班的教学设备或固定资产由专人负责管理、维修，保教老师负责平时的维护，使用人员应严格按操作方法使用。没有产品说明书的必须咨询托幼园所财产保管员或经验丰富的老师，具体的管理方法见本任务活动三中关于物品管理的详细介绍。为防止发生意外，应对婴幼儿活动场地的电源及其他存在潜在危险的地方贴好警示标识，做好婴幼儿的教育，发现安全隐患及时排除。

拓展训练

请尝试制作托幼园所某区域活动材料的标签并粘贴在合适的位置。

要求：选择托幼园所的某一个活动区的2～3种活动材料，尝试用两种不同方法制作标签并贴在合适的位置，小组内评选出最优秀的标签并互相交流，分享经验。

活动实施

步骤一：查看班级设施、设备、物品清单，筛选出需要重新粘贴标签的物品。

步骤二：制作标签，并核对标签上的信息正确无误。

步骤三：使用效果好的黏合剂，将标签贴在合适的位置。

步骤四：查看特殊用品说明书或咨询经验丰富的教师，记录并提炼重要信息，写出使用说明。

步骤五：请同班教师检查制作、粘贴标签及使用说明的质量。

活动二 配备一日活动所需设备和用品

案例情境

六一儿童节快到了，孩子们对表演节目有非常大的热情。大二班的保教老师朱老师发现这一情况后，想利用班级的一个区域创设一个表演区。根据活动目的，朱老师需要准备哪些设备？在表演区摆放哪些材料呢？如何根据幼儿的活动情况不断优化区域材料的投放呢？

知识准备

一、婴幼儿早期学习活动所需的设施设备、用品、材料

0～3岁婴幼儿早期学习活动包括动作、语言、认知、情感与社会化四大类型，3～6岁幼儿学习活动又细分为五大领域，各具特色的学习活动所需的主要设施设备、用品、材料见表1-5。

表1-5 五大领域学习活动所需的主要设施设备、用品、材料

学习活动	主要设施设备、用品、材料	配置说明
动作（体育）	大型运动器械、各种球（如皮球、乒乓球、幼儿篮球等）、跳绳、套圈、大型积木、沙包、哑铃、踏板、垫子、木棍、钻桶、跳袋、彩虹色、平衡木等	根据活动方案准备所需器材、玩具
语言	信息化教学设备、多用途讲台、挂图架、大型绘本、挂图、手偶、手指偶、头饰、表演用服装和道具等	根据活动方案准备所需数字化资源、挂图、绘本、玩教具
科学	自然科学实验演示设备、幼儿动手操作实验设备	根据活动方案准备所需器材、玩具
数学	信息化教学设备、动画、儿童计算器、模型、计数用玩教具	根据活动方案准备所需动画、儿童计算器、计数玩教具

（续）

学习活动	主要设施设备、用品、材料	配置说明
音乐	音像播放器、钢琴、儿童用乐器、表演用头饰、表演用服装、小舞台	根据活动方案准备所需器材、玩具
美术	信息化教学设备、范画、绘画工具及材料（各种笔、色彩棒、纸）、手工工具及材料（剪刀、胶水、手工材料等）	根据活动方案准备所需工具、材料、模型、玩具
社会	信息化教学设备、挂图架、挂图等 社会化区角的创设，如娃娃家、美发区等	根据活动方案准备所需器材、玩具
综合	信息化教学设备、活动所需相关领域的材料	根据活动方案准备所需设备、材料

随堂记

二、自制玩教具的常用方法和流程

1. 自制玩教具的常用方法

托幼园所的教育、教学活动丰富多彩，各地还常常创设出新的活动内容及活动形式，因此配合特色活动的玩教具制作就成为保教老师们的一项重要任务。自制玩教具的主要工具、方法源于托幼园所手工制作技能。制作材料除手工常用的各种材料外，还采用自主收集的生活废旧物品，如纸箱、包装纸、画报、一次性水杯、水果包装网、绒线、布料等。

制作技能包括折叠法、拼接法、粘贴法、缝制法、泥塑法、彩绘法、喷涂法等。

2. 自制玩教具的流程

1）根据活动目标和活动内容确定需要制作的游戏材料的种类、数量和质量要求。

2）收集和选择合适的材料，适当选用干净、安全的废旧材料。

3）在使用废旧材料时，要做好清洁、消毒，消除安全隐患。

4）设计、绘制自制玩教具草图。

5）保教老师和中、大班幼儿共同准备游戏材料，对废旧材料进行初加工。

6）运用恰当的美术技能将玩教具成形。

7）进行色彩装饰。

8）对成品做检验与试用。

9）平时注意检查自制玩教具的使用情况，并注意安全、消毒和保养，发现问题及时解决。

三、选择制作玩教具材料的要求

1）了解并根据活动的需要，有目的地购置材料。关注适合婴幼儿的创新材料。

2）根据托幼园所的条件和老师的精力，倡导自制玩教具。平时要注意收集日常生活中的废旧材料和可利用的零星低结构材料，如布头、毛线、包装纸、包装盒、泡沫、饮料瓶、冰棍棒、糖纸、海绵、纽扣、瓶盖等废旧物品，这些都是自制玩教具很好的材料。此外，较大的废旧物品可以经园长同意，与园所沟通，改造成户外大型活动设备的配套玩具。

3）可以发动幼儿和家长一起收集材料。

四、制作玩教具的注意事项

1）自制玩教具的材料必须符合安全卫生的要求：表面光滑、无锐利边角，材料无毒、结实、耐用。例如，自己制作的皮筋要耐用，不能用暴晒很久的胶皮，否则容易断了伤到婴幼儿。

2）自制玩教具的大小、轻重应适合婴幼儿的使用，方便婴幼儿探索和取放。

3）平时做好自制玩教具的清洗、消毒工作，确保其使用的安全性。

4）做好自制玩教具的日常保养和修补工作，保证自制玩教具经常处于完好状态，确保使用效果。

活动实施

案例：根据语言《三只蝴蝶》活动方案自制玩教具

游戏活动准备 《三只蝴蝶》的故事、背景音乐，可以穿戴的红色、白色、黄色蝴蝶翅膀，太阳、乌云、红色花、白色花、黄色花等角色的头饰。

物质环境准备

提前自制所需玩教具，包括蝴蝶的翅膀、幼儿头饰等。

打扫活动场地的卫生，做到干净、整洁；查看有无危险物品，确保场地安全。确定活动场地所需的桌子、椅子数量并提前摆放好。将活动材料按照幼儿人数分类整理，放在材料桌上备用。

参照上述活动内容，活动实施步骤如下：

步骤一：了解一日活动中的学习游戏活动方案，明确所需玩教具的种类与数量，需要自制的玩教具有哪些。

步骤二：参照自制玩教具的步骤及方法，提前做好自制玩教具。

步骤三：按照活动内容的要求选择合适的活动场地、空间，调整照明、通风、温湿度，检查固定设备的安全性。

步骤四：按照活动需求再一次检查所准备的玩教具的数量是否足够，检查其是否完好、卫生、安全，放置在合适的位置。

步骤五：在活动中发现玩教具有损坏，应及时更换。

拓展训练

幼儿园要新增一个户外玩沙戏水区，园长让小班组的保教老师们承担这项任务。如果你是小班组的保教老师，请你说一下创设户外玩沙戏水区需要配置哪些玩具和材料？

拓展链接 本部分学习内容见电子资源包

随堂记

案例情境

新学期开始了，托幼园所更新和添置了一批新的物品，包括计算机、照相机、投影仪等设备，打孔机、订书机、复印纸、胶棒、胶带、彩纸、各种笔、手工材料等教学用品，以及毛巾、消毒液、洗衣粉、拖布、香皂等日常生活杂品，这些物品该怎么整理归类放置呢？如果你是保教老师，你有什么好办法呢？

随堂记

活动三 按流程进行物品管理

知识准备

一、托幼园所设备、物品管理制度

托幼园所的设备、物品管理有严格的制度、明确的要求。制度包括固定资产管理制度、低值易耗品管理制度、库房管理制度和资源使用制度。与一日活动保育密切相关的内容主要是物品采购、保管、维修、清点等。在活动中使用的玩具、教具、工具、材料，因使用的时限不同、正常损耗各异，在物品类型上使用最多的还是低值、易耗品，其管理要求大致如下：

1）采购与入库。如需添置低值易耗品，需要填写“申购单”，经领导审批后，予以采购。新购的低值易耗品，由库房管理员负责验收入库，登记物品台账。

2）存放与领用。管理员应按类别、规格合理摆放，禁止乱堆乱放。对办公、教学低值易耗品的种类和数量要实际确定、合理控制，随时掌握库存物品的数量、质量和需求情况，适时增加库存，保障供给。

托幼园所工作人员在领取物品时，领取人须在“物品领取登记本”上写明日期、领取物品名称及规格、数量、用途等事项并签字。非消耗性办公用品（如订书器、计算器、剪刀、打孔机等）应列入移交，可以重复使用。

3）恪尽职守，坚持原则，照章办事，严格控制办公用品的领取数量和次数，保证办公需要。

4）各班固定资产每学期进行核对，将缺失物品记录下来并上报。

5）统一配备的多功能投影仪等设备由各班教师保管、使用、维护，出现故障报请电教老师修理。临时借用的摄像机、笔记本电脑、数码录音笔、照相机等电教设备借用时须履行登记手续，用完后及时归还；如有人为损坏或丢失，须照价赔偿或赔偿维修费用。

二、托幼园所设备、物品管理流程

1. 班内固定设备的维护、保养管理

1）托幼园所各活动室内固定设备的日常维护、保养由各班教师负责。

2）保教老师在进行室内环境清洁、消毒时，应检查设备安全、运行情况，包括用电设备的插头、插座，及时发现安全隐患。

3）保教老师配合主班老师对婴幼儿进行爱护公物、安全使用的教

育，并注意观察婴幼儿的行动，防止设备给婴幼儿带来的伤害。

4）保教老师及时向托幼园所维修人员及领导反映设备故障情况，由专业人员负责修理。

随堂记

2. 教学用玩教具等物品的保管、借用流程

1）各班存放的玩教具由本班教师负责保管、维护、清洁及消毒。

2）使用前检查玩教具的完好情况，在根据活动需要取用物品时，应清点数量、查看卫生情况，确保物品使用安全，预防损坏与丢失。

3）在活动后，及时收纳活动用的玩教具等物品，清点数量，检查是否有损坏情况，并将损坏物品单独修理，报废的交由总务部门处理。

活动实施

步骤一：定期自查并将班内各种设备的完好情况上报托幼园所总务部门，检查内容包括使用中是否有异常现象，是否有漏电、漏水隐患。

步骤二：定期检查班内使用的清洁、消毒用具、用品，需要更换、补充的按正常手续到总务部门领取。

步骤三：定期清点班内的玩教具，有需要更换、修复的报总务部门处理，能够自己修理的可自行修复，数量不符的要查找原因。

步骤四：检查物品标签是否脱落、陈旧，班级保教老师要对脱落、陈旧标签及时修复。

步骤五：可针对物品保护的主题开展教育活动。

拓展训练

托幼园所班级教室内有一组玩具柜（架）、一台立式空调，请尝试填写固定资产登记表（见表1-6）。

表1-6 固定资产登记表

部门名称： 登记日期：

资产编号		资产名称	
类别编号		类别名称	
品牌名称		规格型号	
购买时间		存放地点	
原值单价		购买数量	
使用部门		使用年限	
经办人签字		使用人签字	
备注			

拓展链接 本部分学习内容见电子资源包

任务三 清洁消毒

学习目标

素养目标
- 感受保教老师认真、细心、耐心的工作态度。
- 树立关爱婴幼儿的健康，遵照职业标准，认真、细致工作的职业意识。

知识目标
- 掌握托幼园所常用的清洁、消毒方法、操作流程及注意事项。
- 了解预防性消毒的方法。
- 熟悉托幼园所室内不同活动区域清洁、消毒工作的流程和操作要求。
- 掌握对由传染病引起的婴幼儿呕吐物及排泄物进行消毒的方法、步骤和要领。

能力目标
- 能按要求配制消毒液，做好清洁、消毒前的准备工作。
- 能按照要求对各个活动室的环境和物品进行清洁、消毒。
- 能正确处理婴幼儿的呕吐物及排泄物，并对环境和物品进行清洁、消毒。

活动一 清洁、消毒前的准备

案例情境

3岁半的小凯今日来园后不停地用手揉眼睛，眼睛被揉得又红又肿。保健医检查后怀疑小凯感染了细菌性结膜炎，将小凯暂时隔离在保健室，等待家长带其到医院眼科确诊病因。期间主班老师组织其余幼儿集体清洗双手，讲解用眼卫生后，带幼儿到户外活动。保教老师则将活动室和盥洗室的窗户全部打开，准备用消毒液对活动室和盥洗室的环境、物品，尤其是小凯碰触过的物品进行消毒。

此时，班里有84消毒液和健之素泡腾消毒片两种含氯消毒剂，保教老师该如何选择和操作呢？

知识准备

一、基本概念

1）清洁，是指清除附着在物体表面的污垢、尘埃、油渍等污物，达到去除和减少微生物的目的，而非杀灭微生物。

2）消毒，是指杀灭或清除环境中的细菌或病毒，能将有害微生物的数量减少到不致病的程度，不能达到完全杀灭微生物的效果。

3）消毒剂，是指消毒过程中使用的药剂。液体消毒剂也称消毒液。

二、常用的清洁、消毒方法

托幼园所中通常采用水洗、擦拭、清扫的方法对物品或环境进行清洁，消毒则需要综合房间的用途、物品的材质和构造等因素选择合适的方法。

在对环境进行消毒时，通常采用开窗通风法和紫外线灯光照射消毒法；在对班级物品、婴幼儿生活及活动用品与用具进行消毒时，通常采用煮沸消毒法、消毒柜消毒法、日光暴晒消毒法和消毒液消毒法（擦拭、浸泡、喷洒）。

三、常用的消毒材料和工具

托幼机构中经常使用含氯消毒剂（如84消毒液、消毒泡腾片、次氯酸消毒剂等）作为消毒材料（见图1-19）。

常用的消毒工具有橡胶手套、一次性口罩、量杯（或量筒）、用来盛放消毒液和清水的塑料桶（或塑料盆）等。其中，各种工具的主要用途为：

橡胶手套：保护皮肤，防止消毒剂或消毒液腐蚀皮肤。

量筒或量杯（见图1-20）：量取消毒液和清水。

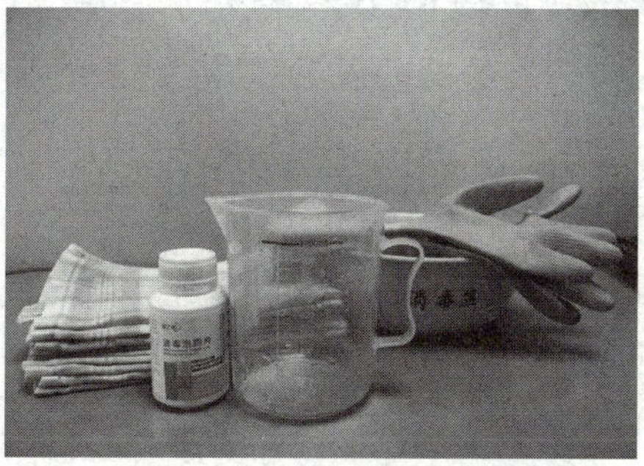

图1-19　常用的消毒剂

图1-20　量杯

塑料盆或塑料桶：用来配制、盛放和储存。

量取消毒剂的常用方法：500mL容量的84消毒液，倒满其一瓶盖约为5mL；幼儿吃饭用的不锈钢勺子，一满勺的容量约为10mL；幼儿就餐用的不锈钢小碗，容量约为360mL。

四、常用的清洁工具和材料

此处按照各个活动室的用途来介绍班级中常用的清洁工具和清洁材料。

活动室和睡眠室常用的清洁工具和清洁材料有：活动室专用物表清洁毛巾、活动室专用物表消毒毛巾、桌面专用清洁巾、桌面专用消毒巾、百洁布、小刷子、塑料桶、塑料盆、扫床刷、橡胶手套、笤帚、簸箕、墩布、肥皂粉和五洁粉。

盥洗室常用的清洁工具和清洁材料有：钢丝球、物表清洁巾、物表消毒巾、塑料盆、直饮机专用清洁巾、洗涤灵和五洁粉。

卫生间常用的清洁工具和清洁材料有：橡胶手套、马桶刷及立桶、墩布、卫生间专用物表清洁巾、卫生间专用物表消毒巾、便池专用清洁毛巾、便池专用消毒拖布、垃圾袋、垃圾桶和洁厕灵。

此外，托幼园所还应为各班备齐、备足呕吐包。

五、消毒操作的注意事项

1）指定专人少量、多次购买符合卫生部门要求的消毒剂。

2）班级使用的消毒剂应标识清晰，放置在幼儿接触不到的专用柜中。

3）在使用消毒剂前，认真阅读产品说明书。由于消毒剂大多具有腐蚀性，故需要保持防潮、密封的状态，置于阴凉避光处。

4）在配制消毒液时，需要提前戴好口罩和橡胶手套，在宽敞明亮、通风良好、洁净的环境中操作。

5）含氯消毒剂易挥发，应现配现用，冷水配置，配制后尽快使用。

6）不适合清洗消毒的物品可采用紫外线灯光照射消毒或日光暴晒消毒。

六、常用的消毒液配制计算公式

1. 以药物商品剂型为100%基数的配制计算公式

$$\text{溶液质量的百分比浓度}=\frac{\text{溶质质量}}{\text{溶液质量（溶质质量+溶剂质量）}}\times 100\%$$

例1 欲配制某一浓度的过氧乙酸溶液50kg，需要过氧乙酸原药的量为2.5kg，求该溶液的浓度和加水量。

解：

溶液质量的百分比浓度=2.5kg÷50kg×100%=5%

加水量=50kg−2.5kg=47.5kg

例2 欲配制浓度为3%的来苏水溶液5kg，求来苏水的质量和加水量。

解：

来苏水质量=5kg×3%=0.15kg

加水量=5kg−0.15kg=49.85kg

2. 以所含实际有效成分为基数的配制计算公式

所需药量=欲配制浓度×欲配制数量÷原消毒液浓度加水量

=欲配制数量−所需药量

例 用含氯量为5%的84消毒液（50000mg/L）配成1L有效含氯量为250mg/L的消毒液，需要84消毒液和清水各多少？

解：

84消毒液的用量=250mg/L×1L÷50000mg/L=0.005L

清水的用量=1L−0.005L=0.995L

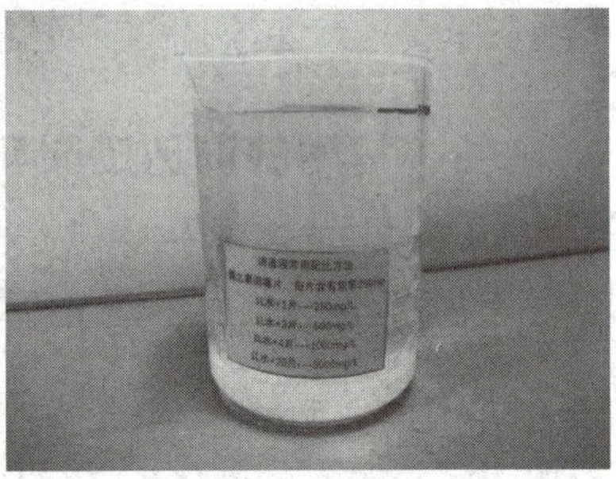

图1-21 含氯消毒液

3. 含氯消毒片配制消毒液的计算公式

含氯消毒液（见图1-21）。

所需含氯消毒片=拟配消毒液浓度（mg/L）×拟配消毒液量（L）÷消毒剂有效含量（mg/片）

例 配制1000mg/L含氯消毒液1L，需含氯250mg/片的消毒片多少？

解：

所需含氯消毒片=1000mg/L×1L÷250mg=4（片）

活动实施

步骤一：开窗通风，做好个人卫生。

观察天气状况，感受室内外温差，提前开窗通风。换工作服，用七步洗手法清洗双手，戴好手套、口罩。

步骤二：配制消毒液。

准备消毒专用桶或盆、量杯、消毒剂。戴好橡胶手套，配制消毒液。在消毒专用桶或盆中接入水位线标记所示的凉水。检查消毒液的保质期、浓度，用量杯或量桶量取适量的消毒剂，倒入消毒桶中，用手轻轻搅拌液体至均匀状态。

步骤三：浸泡毛巾，进行下一步的清洁、消毒工作。

在清洁专用桶中接入适量的清水。将清洁毛巾和消毒毛巾分别浸泡在清洁专用桶和消毒专用桶中。

拓展训练

托班的保教老师李老师准备配制1%浓度的漂白粉溶液10000mL，用来消毒幼儿使用过的便盆。李老师的操作步骤如下：

步骤一：开窗通风。

步骤二：穿好工作服，戴好防护手套，戴上口罩，检查并确认漂白粉的商标、规格及保质期，准备浸泡容器、电子量勺、量杯和搅拌棒。

步骤三：根据消毒液的所需比例，准确计算出所需漂白粉的剂量和加水量。

漂白粉的剂量=10000×1%=100g　加水量=10000×99%=9900mL

步骤四：配制1%浓度的漂白粉溶液。

（1）用量勺量取100g漂白粉放入浸泡容器中。

（2）用量杯量取一定量的清水，向漂白粉粉剂中注入一小部分，用搅拌棒将其调成糊状。

（3）用量杯继续往浸泡容器中添加清水直至9900mL，搅拌至漂白粉全部溶解。

步骤五：将便盆浸泡在容器中。30min后，将便盆取出，冲洗干净。

步骤六：用便器专用清洁毛巾擦拭便盆内外侧及底部。

步骤七：将便盆放回指定位置。

思考：你认为李老师配制消毒液的做法是否规范？你还有别的建议吗？

拓展链接　本部分学习内容见电子资源包

活动二　实施清洁、消毒

案例情境

托班的小桃子来园后又吐又拉，精神萎靡。由于最近是诺如病毒的发作高峰期，保健医检查后建议：将小桃子暂时隔离在保健室，通知家长尽快接小桃子去医院就诊。同时，对班级内部及与其他班共用的活动区域进行预防性消毒。

保教老师如何辅助做好“预防性消毒”？对由传染病引起的婴幼儿在园期间的呕吐物和排泄物又该如何处理呢？

知识准备

一、清洁消毒的基本知识

1）预防性消毒，是指在未发现传染源的情况下，对可能被病原体污染的物品、场所和人体进行的消毒措施。其目的是切断传染病的传播途径，是预防传染病的重要环节。预防性消毒重在加强对婴幼儿日常接触物品的清洁和消毒，在具体操作时应按照相关要求提高消毒液的配比浓度或延长消毒液的作用时间，同时要注意避免出现过度消毒的情况。

一般情况下，托幼园所班级以环境及物品的清洁为主，预防性消毒为辅；一旦班级内部的环境或婴幼儿接触的物品出现被污染的情况，则需要立即清洁和消毒。

2）“清、消、清”，是指对物品消毒时的操作顺序。第一遍用清水对物品进行清洁，第二遍用消毒液对物品进行消毒，第三遍用清水将物品擦拭清洁，清除残留的消毒液。

二、不同活动室的清洁、消毒流程及要求

活动室的清洁、消毒流程及要求见表1-7。

表1-7 活动室的清洁、消毒流程及要求

流程	窗纱、窗框、窗台、门体、门把手、玩具柜、图书架、教学设备与办公用品、桌、椅、地面、公共区域（如楼道和走廊墙面）、清洁用具
要求	（1）按照从上到下、从左到右、从里向外的顺序进行清洁 （2）清除墙角、柜底等死角的杂物和灰尘，使之保持干净的状态 （3）地面在晨间、三餐两点前集中擦拭，全天保持干净、无尘、无擦痕、无水渍、无污物的状态 （4）禁止使用同一条毛巾的同一面重复擦拭物表 （5）在每年使用空调、新风系统设备或空气净化器等设备前，彻底清洁滤网、出风口等处。在使用期间，每日擦拭位于室内的送、排风口，使其表面洁净。过滤器则应对照说明书的要求及机器的实际使用情况，及时刷洗或替换滤网（芯）

睡眠室的清洁、消毒流程及要求见表1-8。

表1-8 睡眠室的清洁、消毒流程及要求

流程	窗纱、窗台、门体、门把手、墙壁、床体及床上用品（被褥、枕头、枕巾、凉席）、地面、清洁用具
要求	（1）每日幼儿来园前或离园后对睡眠室进行集中清洁、消毒 （2）婴幼儿的床上用品及拖鞋定期由家长带回家中自行清洗、晾晒 （3）婴幼儿的新陈代谢旺盛，睡眠时极易出汗打湿枕头。为了防止枕芯发霉或变馊，保教老师可在铺平床褥后，将潮湿的枕头取出，晾在阳光下晒干或铺在暖气上烘干 （4）夏季幼儿使用的枕席、凉席用温水擦拭即可

盥洗室的清洁、消毒流程及要求见表1-9。

表1-9 盥洗室的清洁、消毒流程及要求

流程	直饮机、洗手台、洗手池、水龙头及镜子、水杯柜、储物柜、消毒柜、水杯和刷牙缸、幼儿牙刷、擦手毛巾、分餐盖布和水果盖布、清洁用具、地面
要求	（1）尽可能全天开窗，使盥洗室保持整洁、无味、无蝇的状态 （2）全天保持地面干燥、无污渍、无垃圾堆放 （3）全天保持洗手池的下水处干净、无污，全天保持洗手池台面的干燥，全天保持镜子干燥、无水渍、无污物

卫生间的清洁、消毒流程及要求见表1-10。

表1-10　卫生间的清洁、消毒流程及要求

流程	窗台、窗框、门体、门把手和墙壁、小便池、蹲便器、冲水管、厕所挡板、厕所垃圾桶、厕所专用清洁用具、地面
要求	（1）全天开窗，使卫生间保持、清洁、无味、无蝇的状态 （2）全天保持便池干净、无污、无尿碱、无异味，地面干燥的状态 （3）全天保持厕所挡板干净、无污

三、托幼园所活动室的扫除规则

托幼园所有常规扫除、小扫除、大扫除三种类型的扫除。

常规扫除通常在进餐活动、加餐活动，以及桌面活动前后进行，包括擦拭桌子（清、消、清）、扫地和墩地。小扫除是指每天都要进行的，对各个活动室的物品和环境进行的清洁、消毒工作。大扫除每月实施两次，主要任务是清洁、消毒玩具、窗帘、钢琴罩、幼儿床罩、地垫、灯管、灯罩、投影仪等。

随堂记

活动实施

一、清洁、消毒活动室

1．清洁纱窗

每日晨间在婴幼儿入园前擦拭一遍纱窗，清除纱窗上附着的尘土、飞絮等杂物。

步骤：将两块湿润的活动室专用物表清洁毛巾分别压在纱窗的内外两侧，按照从上到下的顺序，稍微用力擦拭窗纱，直至窗纱干净（见图1-22）。

2．清洁玻璃

每半个月在婴幼儿离园后，擦拭一遍玻璃，清除附着在玻璃上的灰尘、手印等污物。

步骤一：用湿润的活动室专用物表清洁毛巾按照从上到下、从左到右的顺序，分别擦拭玻璃内外两侧。当遇到顽固污渍时，可用活动室专用的物表清洁毛巾蘸取适量的五洁粉，压在污渍处用力来回蹭，直至污渍松动（见图1-23）。

图1-22　清洁纱窗

图1-23　清洁玻璃

视频1-1

门把手的消毒

步骤二：将使用过的物表清洁毛巾放在物表清洁桶中清洗干净，拧干。

步骤三：重复步骤一，直至玻璃两侧干净、无尘、无水痕。

3．清洁窗台、门、墙壁

每日婴幼儿入园前或离园后，集中擦拭一遍窗台、窗框、窗棂、门、墙壁。

步骤一：用拧干的活动室专用物表清洁毛巾擦拭窗框、窗棂、窗台、门框、门扇正反面、门把手、墙壁、暴露在外的暖气管、暖气片、暖气罩，以及楼道墙裙上附着的灰尘、幼儿手印等污物，使其表面干净、无尘、无痕（见图1-24至图1-27）。

图1-24 擦拭窗棂

图1-25 擦拭窗台

图1-26 擦拭门框

图1-27 擦拭门扇正反面

步骤二：按照“清、消、清”的顺序，对门把手进行清洁、消毒（见图1-28）。

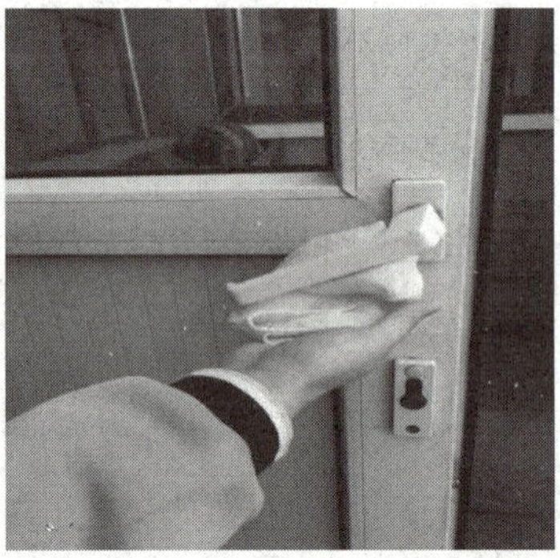

图1-28 擦拭门把手

4．清洁晨检牌及布袋、药袋

每日婴幼儿入园前或离园后，集中擦拭一遍晨检牌及布袋、药袋。

步骤一：用拧干的活动室专用物表清洁毛巾，按照从上到下的顺序，擦拭装有晨检牌的布袋面，擦掉浮尘等污物。

步骤二：用洁净的物表清洁毛巾逐个擦拭晨检牌的正反面。调整晨检牌的位置，使之摆放整齐。

步骤三：重复步骤一，擦拭药袋表面，使之干净、无尘、无污渍。

5．清洁玩具柜、图书柜

每日婴幼儿入园前或离园后，集中擦拭一次玩具柜、图书柜。

步骤一：使用拧干的物表清洁毛巾擦拭玩具柜的外侧，擦掉尘土、幼儿手印等污渍（见图1-29）。

步骤二：将玩具筐取出置于柜顶，逐层擦拭玩具柜的内壁，使之干净、无尘、无污渍。

步骤三：将玩具从玩具筐中取出。先用物表清洁毛巾擦拭玩具筐的内

随堂记

外、四周及底部，使之干净、无尘、无污渍，再逐个擦拭玩具的表面、缝隙、孔洞，以及连接部位等处（见图1-30和图1-31）。

步骤四：将盛有玩具的玩具筐放回原处，摆放整齐。

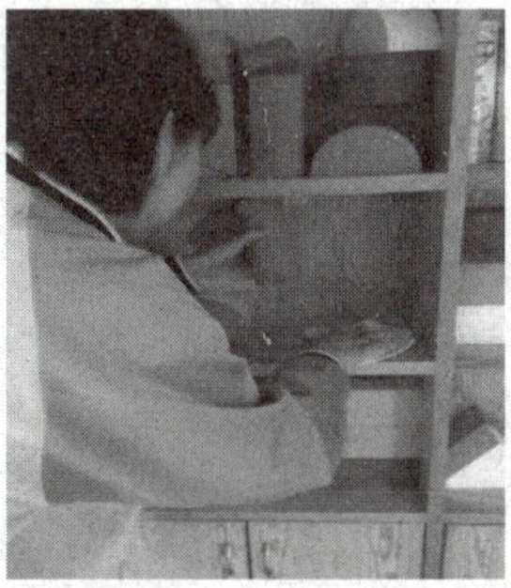
图1-29　擦拭玩具柜

图1-30　擦拭游戏册

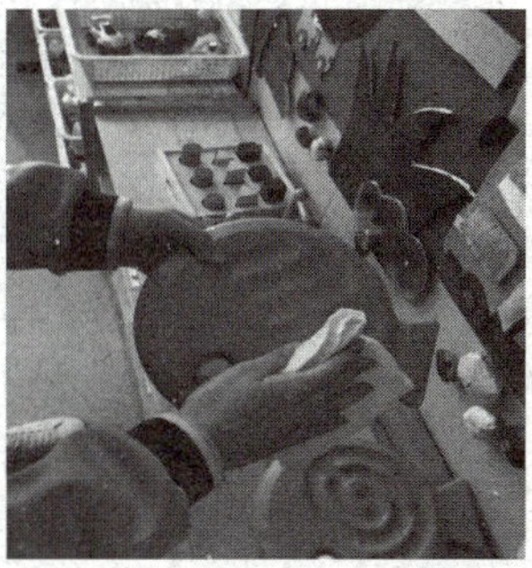
图1-31　擦拭塑料玩具

视频1-2

图书柜的清洁

随堂记

6. 清洁办公用品

每日婴幼儿入园前或离园后，集中擦拭一遍办公用品。

班级中常用的教学用品有白板、计算机、鼠标等电教设备，钢琴、盛放教具的家具等。

步骤一：按照从左到右、从上到下的顺序，使用拧干的物表清洁毛巾擦掉白板上附着的灰尘、手印等污物。

步骤二：使用物表清洁毛巾擦拭计算机显示器、鼠标、鼠标线、键盘、键盘线和办公桌，将所有的边、角、棱、腿、缝隙处都擦拭干净（见图1-32至图1-35），使之保持无尘、无擦痕的整洁状态。

图1-32　擦拭显示屏

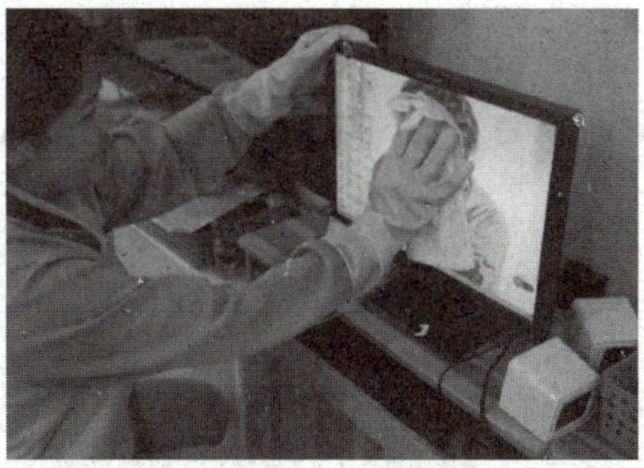
图1-33　擦拭计算机显示器

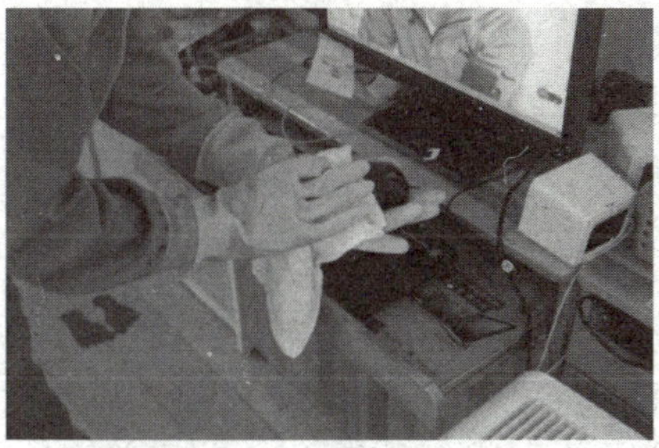
图1-34　擦拭鼠标及鼠标线

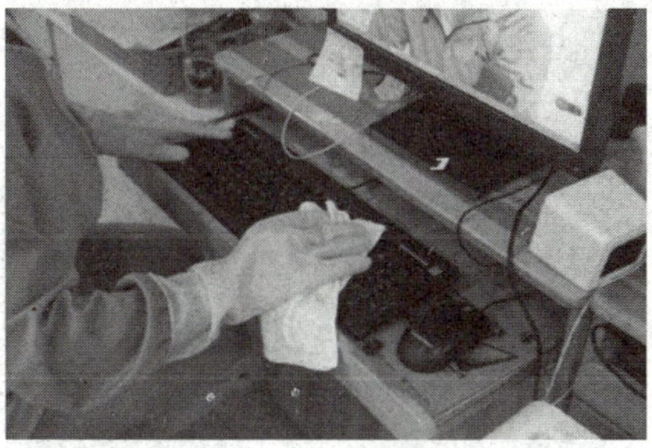
图1-35　擦拭键盘等

步骤三：用拧干的物表清洁毛巾擦拭钢琴的表面、钢琴盖内侧和键盘，使之干净、无水渍、无擦痕。

视频1-3

桌面的清洁

随堂记

7. 清洁、消毒桌面

每日三餐两点前，按照“清、消、清”的要求清洁、消毒桌面。通常情况下，桌子和毛巾的配比为1:3，即每张桌子配有桌面专用清洁毛巾两条，桌面消毒毛巾一条（见图1-36）。此处按照清洁消毒桌面的操作流程和步骤，将两条清洁毛巾和一条消毒毛巾分别命名为1号清洁毛巾、2号消毒毛巾、3号清洁毛巾。这里的数字代表操作步骤的顺序。

每日三餐两点后，使用桌面清洁巾集中擦拭各个桌面。

步骤一：将桌椅摆放成幼儿就餐时的样子（可由幼儿完成该步骤）。

步骤二：将1号桌面清洁毛巾从1号桌面清洁桶中捞出，拧至半干。将毛巾对边折一次，形成四个折面。

步骤三：面对桌子长边站立，按照从左到右、从上到下的顺序，“一字型”擦拭桌面。每次擦到桌面边缘时翻转毛巾面。第三次翻转毛巾后，在擦拭桌面时，连同桌子的四边一起擦拭（见图1-37）。

图1-36 清洁毛巾和消毒毛巾

图1-37 用1号桌面清洁毛巾擦桌子

步骤四：将桌面消毒毛巾（2号消毒毛巾）从桌面消毒桶中捞出，拧至半干。重复步骤三并滞留15min。

步骤五：在等待消毒液发挥作用的时间里，重复步骤二和步骤三，使用各桌专用的1号清洁毛巾和2号消毒毛巾，逐个对桌面进行清洁和消毒。

步骤六：将3号桌面清洁毛巾从2号桌面清洁桶中捞出，拧至半干。重复步骤三，将桌面及四周边缘部分残留的消毒液擦拭干净（见图1-38）。

步骤七：重复步骤六，使用各桌专用的3号清洁毛巾逐个将桌面擦拭，彻底去除残余的消毒液。（见图1-39）。

图1-38 擦拭消毒液

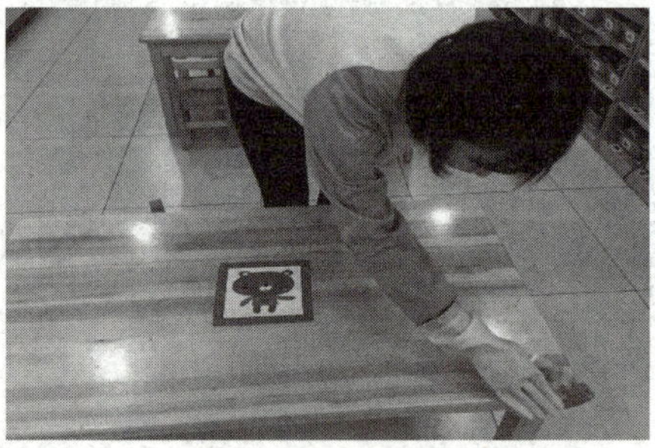

图1-39 用2号桌面清洁毛巾擦桌子

视频1-4

小椅子的清洁

步骤八：三餐两点前完成上述步骤后，还需要将残渣盘和残渣巾摆放在餐桌的中央。残渣巾是指在婴幼儿进餐或加餐的时候，用来擦拭洒到桌面上的食物残渣的毛巾。

步骤九：等幼儿就餐结束后，用摆在桌面的清洁桌布擦拭桌面。如桌面滴有油渍等污物，可先用桌面清洁巾蘸取洗涤灵后再擦拭桌面。

8．清洁、消毒小椅子

托班需在每日婴儿离园后，对小椅子清洁、消毒一遍（见图1-40）；幼儿园每周对小椅子进行清洁、消毒一次（见图1-41）。

步骤一：用打湿的小刷子蘸取五洁粉，用力擦拭椅背、椅面、椅子腿的正反面，将椅子上附着的灰尘、油泥等污渍洗净。

步骤二：用拧干的物表清洁毛巾反复擦拭椅子的各个部位，直到椅子光亮、洁净，无污（见图1-40）。

步骤三：重复步骤二，用潮湿的物表消毒毛巾擦拭小椅子的所有面，滞留15min。

步骤四：重复步骤二，用拧干的物表清洁毛巾擦拭小椅子各个面，去除残留的消毒液。

步骤五：摆放小椅子，恢复整洁有序的摆放状态（见图1-41）。

图1-40　托班清洁、消毒小椅子

图1-41　幼儿班清洁、消毒小椅子

9．清洁、消毒桌面专用清洁毛巾和消毒毛巾

步骤一：用肥皂水或者滴入洗涤灵的水浸泡、搓洗桌面清洁专用毛巾（见图1-42和图1-43）。

步骤二：用清水冲洗和揉搓毛巾。将洗净的毛巾拧干、抖开，浸泡在有效氯含量为250～400mg/L的消毒液中消毒20min（见图1-44）。

步骤三：从消毒液中捞出毛巾并拧干。用清水反复冲洗、揉搓毛巾，直至将附着的消毒液冲净。

步骤四：把毛巾拧干、抖开、抻平后挂入毛巾架。悬挂时毛巾间互相保持10cm左右的距离（见图1-45）。

步骤五：将毛巾架悬挂在阳光充足的地方晾晒至干透。

随堂记

视频1-5

餐巾的消毒

注意

清洁桌面消毒巾的时候，先用清水将消毒毛巾多冲洗几次，把毛巾上残留的消毒液洗净后，再参照清洁、消毒桌面清洁巾的步骤操作即可。

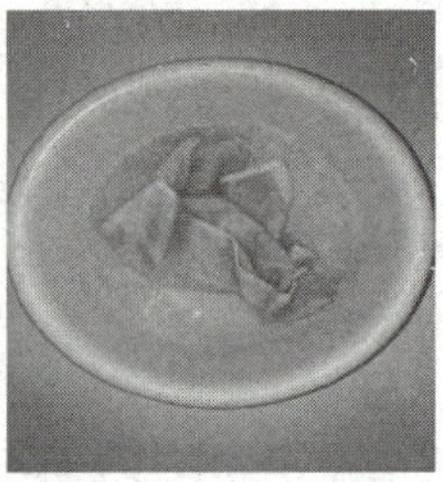
图1-42 浸泡

图1-43 搓洗

图1-44 消毒

图1-45 悬挂

视频1-6

地面的清洁

随堂记

残渣巾数量少，基本上是一桌一条，保教老师可参照清洁、消毒桌面清洁毛巾的步骤对其进行操作。

10．清洁、消毒活动室地面

每日婴幼儿来园前及三餐两点后，分别擦拭一次活动室地面。

幼儿进餐期间不扫地、不墩地。如遇幼儿将饭菜或汤汁洒到地面，保育教师需先用干净的纸巾将污物包裹取走，再用干净的纸巾将地面的污渍擦净，最后用湿墩布将地面擦干净。

步骤一：扫地。用打湿的笤帚按照由里向外的顺序扫走地面的灰尘和污物（见图1-46）。

步骤二：墩地。使用活动室专用消毒墩布，按照从左到右、从里到外的顺序横着将地面倒拖一遍（见图1-47）。

图1-46 扫地

图1-47 墩地

步骤三：用清水将墩布上的污物冲洗干净后，拧干，重复步骤二。

11．清洁、消毒墩布

每日三餐两点后及婴幼儿离园后，集中对墩布及墩布池（或桶）进行清洁消毒。

步骤一：用清水将墩布上附着的污物冲洗干净。

步骤二：使用有效氯含量为400mg/L的消毒液浸泡20min。

步骤三：戴好橡胶手套，将消毒后的墩布捞出、拧干，悬挂在指定位置阴干，也可以将墩布放在阳光下晒干。

步骤四：用清水冲洗墩布池（或桶）。当遇到顽垢时，可先用刷子蘸取适量的五洁粉后用力将污垢蹭刷至松动，再用清水将墩布池（或桶）冲洗干净。

12．清洁灯具

每半月一次，在婴幼儿离园后，擦拭灯的开关、灯管、灯罩等处。

步骤一：关掉班级电闸。

步骤二：用拧干的物表清洁毛巾将开关面板、开关按钮、开关面板周围的尘土和油泥等污渍擦拭干净。

步骤三：将折叠梯放平、放稳，爬上梯子。

步骤四：用潮湿的物表清洁毛巾擦拭灯管和灯罩的表面，将浮尘、毛絮等污物擦去。

步骤五：取拧干的物表清洁毛巾擦掉灯具上残留的水渍。

13．清洁窗帘和钢琴罩

每半月一次，在婴幼儿离园后，集中清洗、晾晒窗帘和钢琴罩。

步骤一：取下窗帘和钢琴罩，摘下窗帘上的小挂钩，放在婴幼儿够不到的地方。

步骤二：将摘下的窗帘和钢琴罩放入倒好肥皂粉的洗衣机中清洗。

步骤三：从洗衣机中将洗净、甩干的窗帘和钢琴罩取出，悬挂在阳光下暴晒干。如果遇到阳光不足时，延长晾晒时间。

二、清洁、消毒睡眠室

清洁床体，清洁床铺

每日婴幼儿入睡前擦拭一遍床体，婴幼儿起床离开睡眠室后整理清洁床铺。

步骤一：取洁净的活动室清洁毛巾，按照从上到下，“清、消、清”的顺序，对床头、床栏杆、床框、床腿等处进行擦洗，擦掉灰尘和污渍。如果托幼机构使用的是活动床或者折叠床，应在床体全部拉出展开后，再进行擦洗和清洁（见图1-48）。

图1-48　将床体拉出后擦洗和清洁

随堂记

随堂记

步骤二：在整理床铺时，要求被褥整洁、叠放整齐，由于托幼机构使用的小床款式不同，所以清洁床铺的具体操作步骤存在着差异。以叠放床为例，保教老师在整理床铺时，首先要铺平褥子，把枕头拍平放好，再将被子的长边对折，折成与褥子同宽的长条状，最后将被子铺好、抻平。

三、清洁、消毒盥洗室

1. 清洁、消毒直饮机

每日婴幼儿来园前和离园后，集中擦拭一遍。婴幼儿在园期间，直饮机随脏随擦，时刻保持机身四周及水龙头干净、无污垢、无水渍。

步骤一：使用拧干的直饮机专用清洁毛巾擦拭机身四周，擦掉机身上的水渍、灰尘、手印等污渍，使之保持干净、无渍、干燥的状态。

步骤二：使用酒精棉球擦拭水龙头及出水口。

2. 清洁洗手台、洗手池、水龙头及镜子

每日婴幼儿离园后，集中擦洗一遍。

婴幼儿在园期间，每次集中洗手后都要擦拭洗手台（尤其是接触幼儿身体一侧的洗手台边缘）、水龙头和镜面，使其保持干净、干燥的状态。

步骤一：先将洗水池中的污物捡拾干净（见图1-49），再用盥洗室专用的钢丝球蘸些洗涤灵或者五洁粉，用力擦洗水池的内外表面、水龙头、水龙头的开关、水管及水管的接口处和镜子（见图1-50）。

步骤二：用清水将钢丝球和上述物体表面的泡沫和污物冲洗干净，把钢丝球甩干放回原处。

步骤三：使用泡过消毒液的盥洗室专用消毒毛巾擦拭以上物品，滞留15min（见图1-51）。

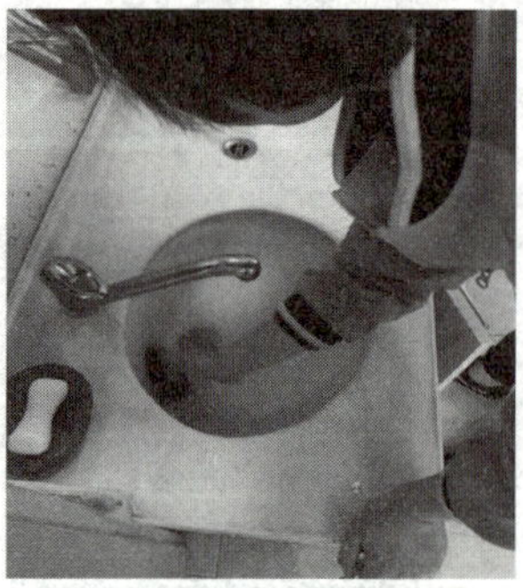

图1-49 捡拾污物

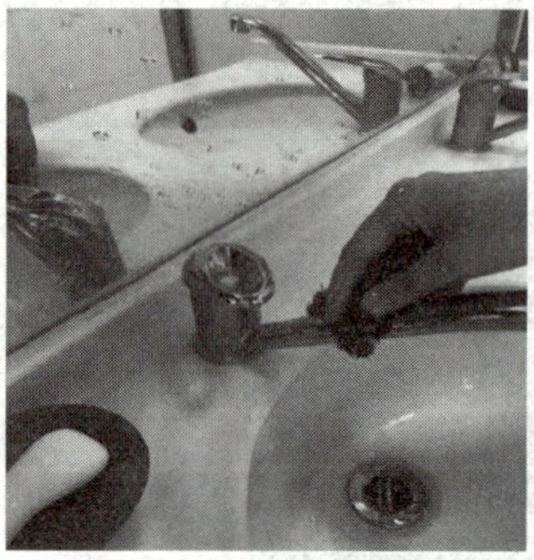

图1-50 用钢丝球擦洗

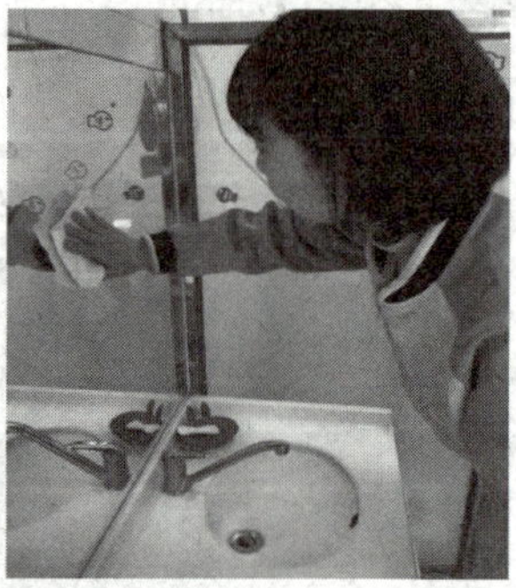

图1-51 用消毒毛巾擦拭

步骤四：使用盥洗室专用的清洁毛巾将以上物品擦干。

步骤五：参照桌面清洁巾和桌面消毒巾的清洁、消毒方法，对盥洗室专用清洁毛巾和消毒毛巾进行清洁和消毒。

步骤六：将洗净的清洁毛巾和消毒毛巾挂在指定位置至晾干，也可将毛巾晒在阳光下，干燥后，取回挂在指定位置。

步骤七：每日多次巡视香皂或洗手液，随缺随补。可将香皂放入皂盒中，也可将香皂放入网兜内，系在相邻的两个水龙头中间。

随堂记

3. 清洁水杯柜、储物柜和消毒柜

每日婴幼儿来园前或离园后，集中擦拭一遍。

步骤一：使用拧干的盥洗室专用物表清洁毛巾擦拭水杯柜的内外侧，尤其是边、角、缝、棱等处，使之干净、无尘、无水渍、无擦痕。

步骤二：参照步骤一的标准，擦拭储物柜和消毒柜的外侧（见图1-52和图1-53）。

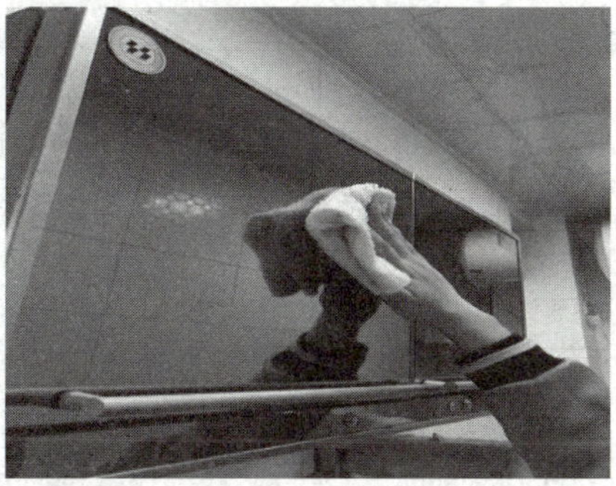

图1-52　擦拭储物柜

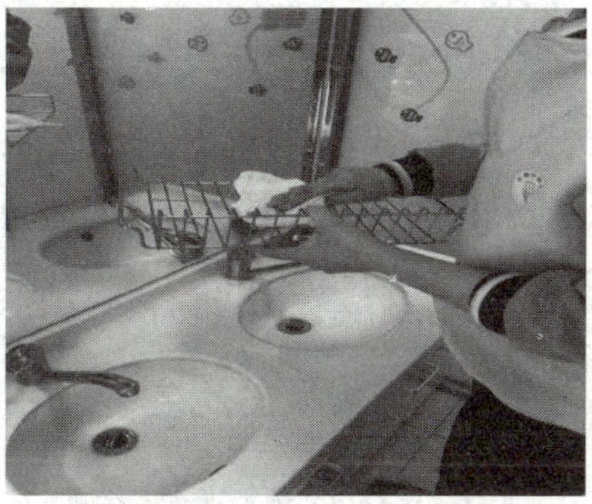

图1-53　擦拭消毒柜

4. 清洁水杯和刷牙缸

每日婴幼儿离园后，集中清洗、消毒一遍。

视频1-8

水杯的清洗

步骤一：将需要清洁的喝水杯和刷牙缸浸泡在盛有清水的分餐盆中。

步骤二：用钢丝球蘸取洗涤灵用力蹭刷水杯和刷牙缸的杯口、内外壁、把手和杯底（见图1-54）。

步骤三：用流动的自来水冲掉附着在水杯上的洗涤剂和泡沫（见图1-55）。

步骤四：将冲洗干净的杯子控干水分后，放入消毒柜消毒20min（见图1-56）。

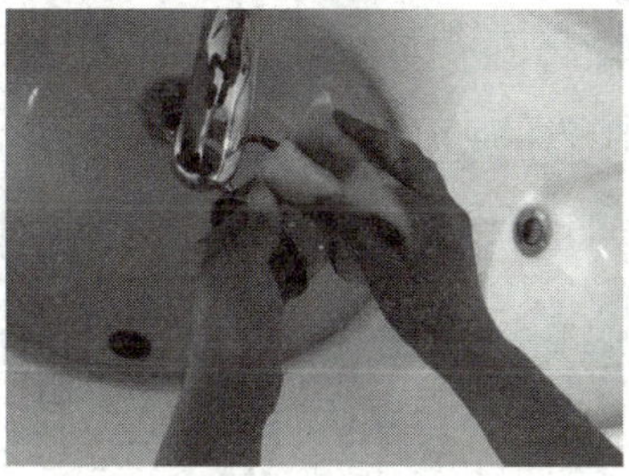

图1-54　用钢丝球清洁水杯

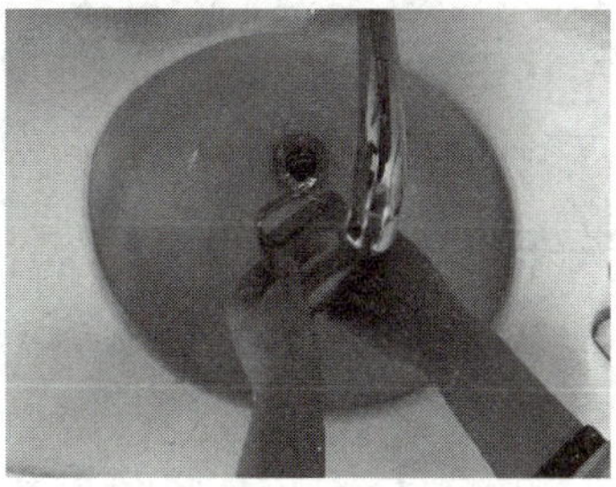

图1-55　冲洗水杯

图1-56　水杯消毒

步骤五：第二天幼儿来园前，用洁净的双手将消毒后的水杯和刷牙缸分别摆放在柜子中，保持杯把的朝向一致。

随堂记

5．清洁、消毒牙刷

每周一次，在婴幼儿离园后，用开水冲烫一遍。

步骤一：将幼儿牙刷和刷牙缸摆放在分餐盆中，一缸一牙刷，刷毛朝下摆放。

步骤二：用开水冲烫幼儿牙刷，并将牙刷分别浸泡在开水中10～15min。

步骤三：倒掉牙刷缸中的水，用清洁毛巾擦干牙刷缸上残留的水渍。

步骤四：用力甩干牙刷，刷毛向上放回刷牙缸中，做到一缸一牙刷。

步骤五：将装有牙刷的刷牙缸放回柜中，将所有牙刷的刷头保持同一个方向摆放。牙刷遵循专人专用的要求，用标识区分。

6．清洁、消毒擦手毛巾、分餐盘盖布和水果盖布

每日一次，在婴幼儿离园后，对其使用过的擦手毛巾进行清洁和消毒。盖布可随餐巾一起进行清洁和消毒。具体的操作步骤和方法参考清洁、消毒活动室桌面清洁毛巾的内容。

7．清洁、消毒盥洗室地面

每日婴幼儿来园前和离园后集中清洁、消毒一遍。其余时间随脏随擦，全天保持地面干燥，防止婴幼儿滑倒摔伤。具体的操作步骤和方法参照清洁活动室地面的内容。

四、清洁、消毒卫生间

1．清洁、消毒蹲便器、小便池、冲水管、厕所挡板

每日一次，婴幼儿离园后，集中清洁蹲便器、小便池、冲水管和厕所挡板。婴幼儿在园期间，每次如厕后都需要冲洗蹲便器和小便池。全天保持蹲便器和小便池无污物、无尿碱、干净、干燥。幼儿频繁使用的坐便圈一用一消毒，可以用酒精消毒纸巾擦拭。

步骤一：戴好橡胶手套，将蹲便器或者小便池中的污物用清水冲掉。可有意培养婴幼儿大小便后及时冲厕的良好卫生习惯。

步骤二：将适量的洁厕灵滴到蹲便器和小便池的流水孔、存水弯处。用马桶刷清洗蹲便器和小便池的内外侧（尤其是蹲便器存水弯10cm处的尿碱），使蹲便器和小便池的内外光洁、无尿碱、无臭味、无残留的洁厕灵（见图1-57）。

步骤三：按下冲洗按钮，将蹲便器和小便池冲洗干净。

步骤四：用清洁便池专用的消毒毛巾按照从上到下的顺序擦拭蹲便器和小便池（含便池内侧、便池外侧），滞留30min（见图1-58和

视频1-9

马桶的清洁

图1-59）。

图1-57　擦拭蹲便器

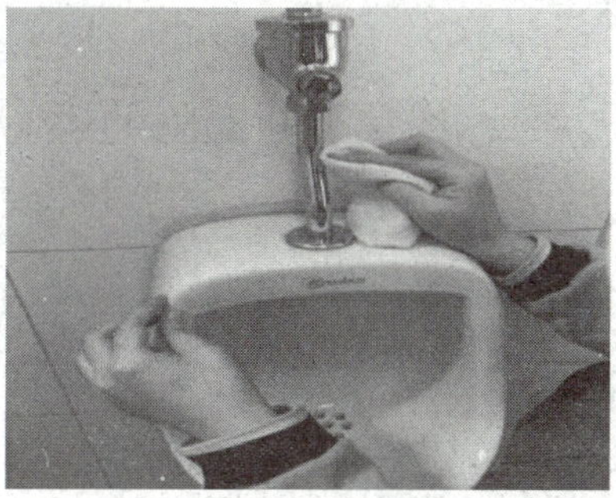

图1-58　擦拭小便池的冲水管

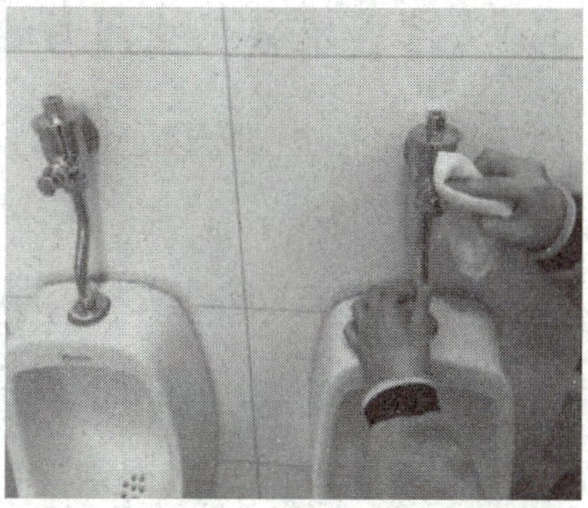

图1-59　擦拭小便池的冲水管连接处

步骤五：用潮湿的便池专用的清洁毛巾重复步骤四，去擦掉残留的消毒液。

步骤六：用厕所专用的清洁毛巾擦拭厕所挡板、厕所扶手、厕所挡板的护栏两侧的污物，使其干燥、洁净（见图1-60至图1-62）。

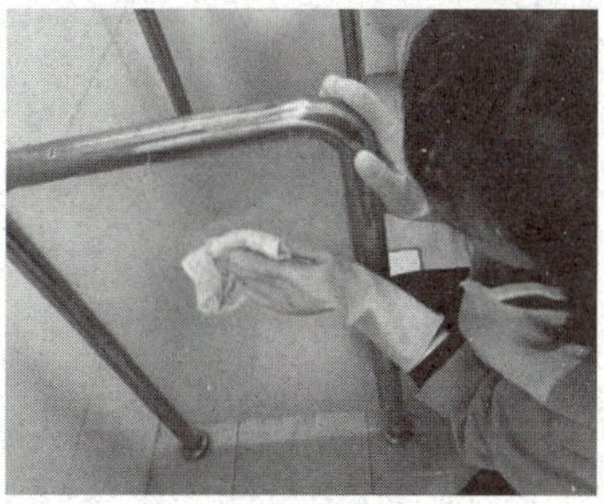

图1-60　擦拭厕所挡板

图1-61　擦拭厕所扶手

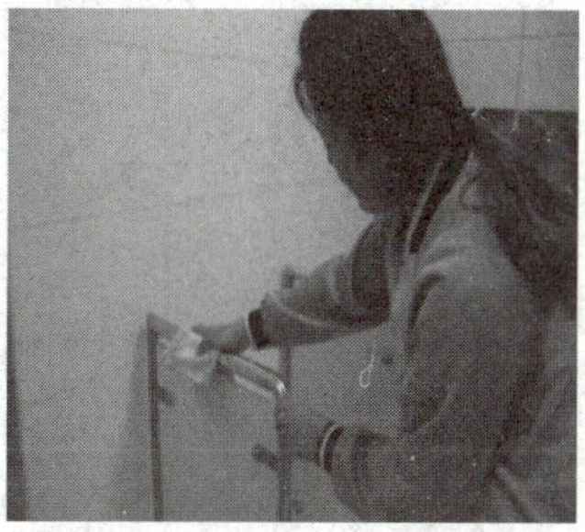

图1-62　擦拭厕所挡板的护栏

步骤七：参照清洁桌面清洁巾和消毒巾的方法，对厕所专用的清洁毛巾、消毒毛巾和橡胶手套进行清洗、消毒、晾干，挂放在指定的地方。

每日多次巡视卫生纸的用量，随缺随补。将卷筒状卫生纸按照每两格纸对边折一次的要求撕开，放入纸筐中。把装好卫生纸的纸筐放在厕所挡板的小台上。

2. 清洁、消毒垃圾桶

每日一次，在婴幼儿离园后，倒垃圾，更换垃圾袋。

步骤一：戴好橡胶手套。将装有污物的垃圾袋从垃圾桶中取出，扎紧袋口（见图1-63）。

步骤二：用清水将垃圾桶冲洗干净后擦干。

步骤三：取干净的垃圾袋套在垃圾桶上。把垃圾袋的边缘压紧，防止袋子脱落（见图1-64）。

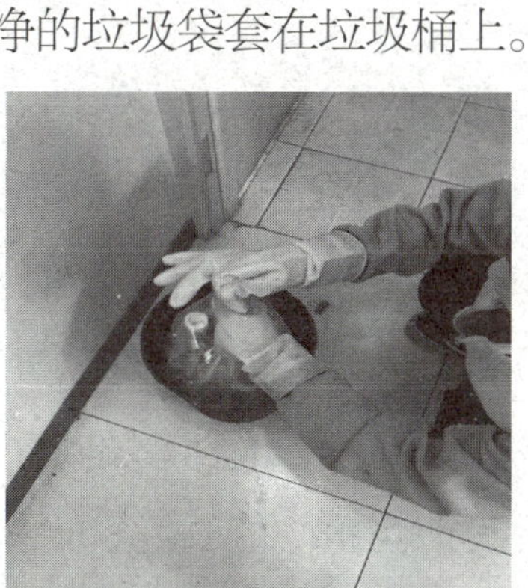

图1-63　取出垃圾袋

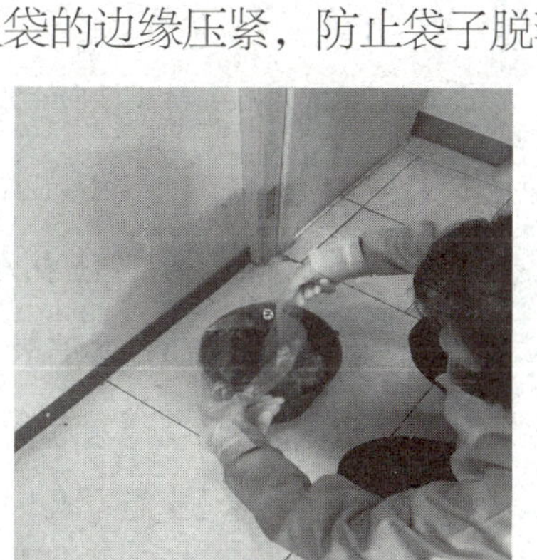

图1-64　套垃圾袋

步骤四：将套好垃圾袋的垃圾桶放回原处。清洗手套，挂晾手套。

3．清洁、消毒卫生间的地面

每天早、中、晚饭后集中清洁一次，其余时间随脏随擦。卫生间的地面要全天保持干燥，防止幼儿滑倒摔伤。

具体的操作方法参照清洁、消毒活动室地面的内容。

4．清洁、消毒卫生间专用墩布

每日三餐两点后及婴幼儿离园前，对墩布和墩布池（桶）进行清洁。

随堂记

五、由传染病引起的呕吐物及粪便的消毒处理

此类消毒分为使用呕吐包消毒和不使用呕吐包消毒两种情况。

1．使用呕吐包消毒

使用呕吐包消毒的步骤如下：

步骤一：开窗通风，将婴幼儿带领到安全洁净的区域。

步骤二：取出呕吐包，依次戴上一次性口罩、一次性帽子、穿上一次性隔离衣，再戴上一次性手套和鞋套。

步骤三：打开清洁吸附巾（含有过氧乙酸消毒剂的消毒干巾），用A面覆盖呕吐物或粪便等污物5min；按压B面塑料面移动直至液体全部吸附。

步骤四：用清洁吸附巾（含有过氧乙酸消毒剂的消毒干巾）将呕吐物或粪便等污染物包裹擦拭后，放入原包装袋密封，丢入废物袋。

步骤五：按照从干净区域到污浊区域的顺序，用一片消毒湿巾以S形擦拭原污物所在区域，擦干净后将湿巾丢入废物袋。另取一片消毒湿巾以上述方法重复擦拭一遍。

步骤六：在流动水下用洗手液或者肥皂按照七步洗手法清洁戴着手套的双手。

步骤七：按顺序脱下一次性手套、一次性隔离衣、一次性口罩和一次性鞋套，扔进废物袋。

步骤八：把废物袋扎紧，放到托幼园所中的指定区域。

步骤九：在流动水下用洗手液或者肥皂按照七步洗手法清洁双手。

2．不使用呕吐包消毒

不使用呕吐包消毒的步骤如下：

步骤一：开窗通风，疏散婴幼儿，转移婴幼儿至其他教室。如果没有条件将剩余婴幼儿转移到其他房间，应尽量确保其他婴幼儿远离呕吐物。

步骤二：做好消毒人员的个人防护，按照一次性口罩、一次性帽子、

一次性手套（第一层）、一次性隔离衣、一次性手套（第二层）、一次性鞋套的顺序穿戴好防护装备。

步骤三：配制三份消毒水。其中一份消毒液的有效氯含量为5000mg/L，用于对呕吐物进行消毒；另两份消毒液的有效氯含量为1000mg/L，一份用于环境消毒，另一份用于对呕吐物消毒工作结束后的个人防护用品的消毒。

步骤四：处理呕吐物。将纱布、抹布、干巾等吸水性材料浸入有效氯含量为5000mg/L的消毒液中。等吸满消毒液后，捞出吸水材料，将其完全覆盖在呕吐物上30min。

步骤五：按照从外向内的顺序，认真仔细地收拢吸水材料，使呕吐物全部被包裹于吸水材料之中。将吸水材料和呕吐物置于医疗废物袋中。

步骤六：脱掉第二层一次性手套，扔到装有呕吐物的医疗废物袋中。此时，由于第二层手套已经被污染，所以在摘的过程中不要碰触手套的表面。单手捏住另一只手套的袖口边缘，把另一只手套的内面翻出来，用未摘手套的手捏住摘掉的那只手套。使用同样的方法摘除另一只手套。

步骤七：以呕吐物为中心，半径为2m的污染区域内，用浸有1000mg/L有效氯含量的抹布按照从外向内的顺序螺旋状擦拭地面两遍，每次滞留15min。将抹布放入医疗废弃袋中，扎紧袋口。在扎紧口袋的过程中，为了防止病毒扩散，不要挤压出袋中的空气。将盛放呕吐物的医疗废物袋放入另一个医疗废物袋中。

步骤八：鞋套消毒。在地面铺上浸润消毒液的纱布、抹布或纸巾，踩上去对鞋套的底部进行消毒。用吸有消毒液的纸巾擦拭鞋套的四周。消毒后就可以进入清洁区域。

步骤九：用清水打湿活动室专用墩布擦拭地面，去除地板上残留的消毒液。按照“鞋套、内层手套、防护服、帽子、口罩”的顺序摘掉身上的防护装备。将防护装备全部放入第二个医疗废物袋中。按照同样的手法扎紧第二个医疗废物袋口。

步骤十：医疗废物袋的处理。把封口的医疗废物袋放到户外的医疗废弃物垃圾桶中。如果户外没有医疗废弃物垃圾桶，可将封口的医疗废物垃圾袋放到班级厕所的垃圾桶中。需要注意的是，要确保此时垃圾桶位于幼儿接触不到的场所。至此，呕吐物的处理全部结束。

步骤十一：采用七步洗手法，在流动水下冲洗双手不低于20s，漱口，做好手部的消毒工作。

步骤十二：重新戴好一次性帽子、一次性口罩和橡胶手套。用有效氯含量为1000mg/L的消毒液对班级内所有物品进行清洁和消毒。

随堂记

拓展训练

在幼儿午休的时候，托班的李老师给点点妈妈打了个电话，询问了该幼儿上午腹泻的原因和现在的状态。得知点点是因为感染了轮状病毒引起的腹泻、呕吐和发烧。李老师叮嘱保教老师张老师，即刻对小便池、蹲便器、洗手水龙头，还有点点使用过的水杯、擦手巾进行清洁消毒。请分组演示以上物品的清洁消毒步骤，并互相点评。

拓展链接 本部分学习内容见电子资源包

单元小结

通过本单元的学习，我们掌握了幼儿园环境创设的工作内容、意义、理念，以及注意事项，能够科学合理地创设幼儿园环境；在日常活动中能够关注设施设备的安全状况，及时排查潜在危险因素；可以为婴幼儿设置安全活动路线，确保婴幼儿活动安全和紧急情况的安全逃生；能够给教学、游戏活动所用物品制作并贴标签；会根据活动需要为婴幼儿自制玩教具，能做好玩教具的保管工作。

一般情况下，幼儿园班级以环境及物品的清洁为主，预防性消毒为辅。一旦班级内部的环境被污染时，则需要立即进行清洁和消毒。水洗、擦拭、清扫，以及开窗通风是对托幼园所物表和空气清洁的常用方法，煮沸消毒法、消毒柜消毒法、日光暴晒消毒法和消毒液消毒法、紫外线灯光照射消毒法则是托幼园所经常使用的消毒方法。在进行清洁、消毒工作时，保教老师需要结合区域的功能、物品的材质及用途，选择合适的材料和方法进行清洁、消毒。

单元检测

一、单选题

1. 下列不是班级活动区规划依据的是（　　）。

A. 依据婴幼儿早期学习指导需求、婴幼儿的兴趣和发展需要

B. 依据班级的人数和活动空间大小规划活动区的数量和规模

C. 依据婴幼儿早期学习领域特点及学习指导内容

D. 依据保教老师的兴趣和特长

2. 托幼园所的户外活动区一般包括（　　）三大区域。

A. 集体活动区、器械设备区和自然探索区

B. 集体活动区、角色游戏区和自然探索区

C. 种植区、器械设备区和自然探索区

D. 集体活动区、攀爬区和自然探索区

3. 保教老师日常工作中需要关注的危险因素不包括（　　）。

A. 各活动室地面是否有水渍

B. 幼儿是否处于积极的情绪状态

C. 桌椅是否会磕碰到婴幼儿

D. 游戏材料和学习材料是否会伤着婴幼儿

4. 以下不属于婴幼儿毛巾类织物消毒方法的是（　　）。

A. 日光暴晒法　　B. 蒸汽消毒法

C. 煮沸消毒法　　D. 紫外线灯光照射消毒法

5. 欲配制1%的漂白粉溶液10000mL，需要漂白粉100g，需水量为（　　）。

A. 11000mL　　B. 10000mL　　C. 9900mL　　D. 1000mL

二、简答题

1. 活动区的创设如何体现婴幼儿的主体性？
2. 幼儿园户外活动区的创设要求有哪些？
3. 自制玩教具的流程和注意事项有哪些？
4. 请简单描述托幼园所卫生间的蹲便器消毒的程序。

第二单元

生活照料

单元导读

“生活活动是托幼园所一日活动的重要组成部分”，其生活照料也会从入园到离园的生活顺序中依次展开。本单元将重点从营养与卫生、如厕与睡眠、盥洗照料三大方面展开婴幼儿生活照料的相关内容，要以保证婴幼儿健康为核心，帮助婴幼儿建立合理的生活常规。保教老师心中要装着每个环节需要思考的重要事项，并能够及时回应婴幼儿可能出现的困难和问题。例如，关注和帮助个别婴幼儿整理好衣裤，控制好每次进食的饭菜量，把握运动量与增减衣服的关系等。让我们共同重视婴幼儿一日活动中的有效照料，并带着教育者特有的职业敏感对婴幼儿进行生活培养，使生活活动成为婴幼儿成长的重要基石。

单元目标

- 了解托幼园所生活照料的主要内容，掌握生活保育工作细则。
- 能够按照规范程序做好托幼园所一日生活各环节的生活照料，帮助婴幼儿建立合理的生活常规，逐步提高解决保教常见问题的能力。
- 不断增强保教行为的目的性，促进婴幼儿的身心健康发展。

单元内容

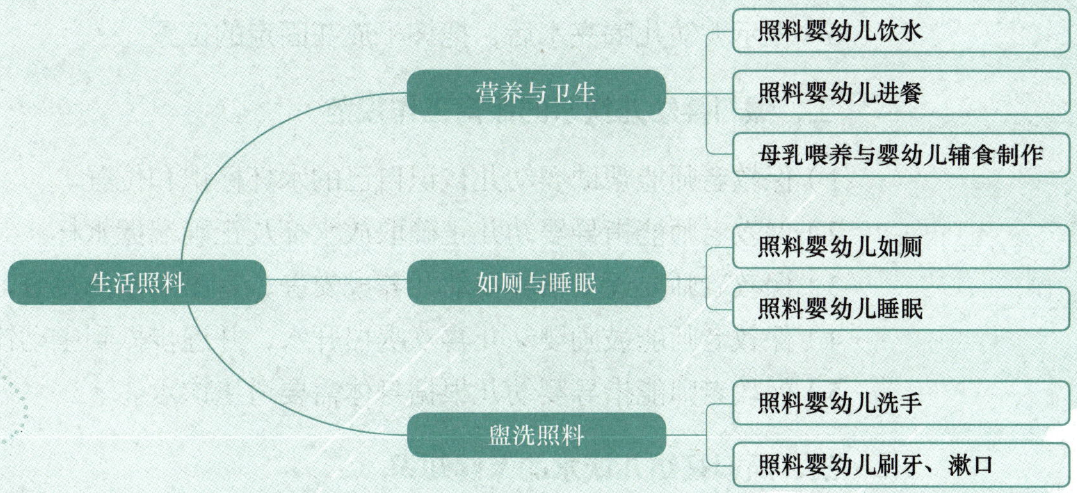

任务一 营养与卫生

案例情境

小朋友在集体喝水时间，张老师总是听到有小杯子底磕碰桌面的声音、杯子与杯子碰撞的声音，还有小朋友嬉笑着说“来来来，干杯”的声音。你认为在喝水环节小朋友的这些行为是否恰当？为保证婴幼儿每天足够的饮水量，作为保教老师，应如何去鼓励和照料婴幼儿喝水，使其养成良好的饮水习惯呢？

学习目标

素养目标
- 培养关注婴幼儿饮水和进食习惯的意识。
- 不断增强保育工作的责任意识。

知识目标
- 了解母乳喂养的好处及婴幼儿辅食制作的基本方法。
- 熟知饮水和进餐照护过程对保教老师的常规要求。

能力目标
- 能有序地组织婴幼儿的饮水和进餐活动。
- 能及时解决婴幼儿在进餐和饮水活动中的常见问题。
- 会制作几种常见的泥类或汁类辅食。

活动一 照料婴幼儿饮水

随堂记

知识准备

一、照料婴幼儿饮水的保育照护程序

1）保教老师提醒婴幼儿在饮水前洗手。
2）提示婴幼儿拿自己的水杯饮水。
3）组织婴幼儿按顺序接水。
4）指导婴幼儿每次接适量的水。
5）引导3岁以下幼儿一口一口地慢慢喝。
6）提示婴幼儿喝完水后，把杯子放在固定的位置。

二、照料婴幼儿饮水的保育工作规范

1）保教老师能帮助婴幼儿认识自己的水杯标识和位置。
2）保教老师能指导婴幼儿正确取放水杯及正确端握水杯。
3）保教老师要逐步培养婴幼儿养成安静、有序喝水的良好习惯。
4）保教老师能鼓励婴幼儿喜欢喝白开水，并逐步做到主动饮水。
5）保教老师能指导婴幼儿根据身体需要适量饮水。

三、照料婴幼儿饮水的保健知识

对婴幼儿来说，白开水是最好也是最安全的补水选择。白开水进入体内后最容易吸收，可以较快进行新陈代谢、调节体温、输送养分等。白开水最好选择40℃左右的温开水，尽量不要让婴幼儿喝冷开水甚至冰

水。另外，也可以根据不同宝宝的情况，适当补充一些果汁、汤水等。婴幼儿多数喜欢喝带甜味的液体饮料，但要适量，饮料中的甜味添加剂对身体发育有害。总体来说，在补充水分时应以喝白开水为主。

四、准备饮用水的注意事项

目前，很多托幼园所都是直饮水机，如用饮水桶，桶盖必须加锁，由专人负责。

1）让婴幼儿懂得不去掀饮水桶的盖子。

2）让婴幼儿知道在保教老师补充饮用水的时候不乱跑。

视频2-1

幼儿饮水环节指导

活动实施

步骤一：检查饮水环境，准备好饮用水。

1）在喝水前，观察地面是否干燥，为婴幼儿提供安全的喝水环境。

2）倒掉前一天的剩水，用洗涤剂清洗和消毒饮水桶，做到里外都干净。

3）保教老师为婴幼儿准备好温度适宜（40℃左右）的白开水。

步骤二：组织婴幼儿轮流喝水。

（1）3岁以下的婴幼儿饮水照护

1）保教老师应将温度和水量适中的饮水倒入婴幼儿的杯子中，放置在婴幼儿面前。

2）嘱咐婴幼儿轻轻端起水杯，缓慢地倾斜水杯，一口一口地将水喝下。

（2）3岁以上的幼儿饮水照护

1）喝水前，应先洗手，然后去拿自己的杯子。

2）让幼儿独自接水，接半杯水，喝完再接（见图2-1）。

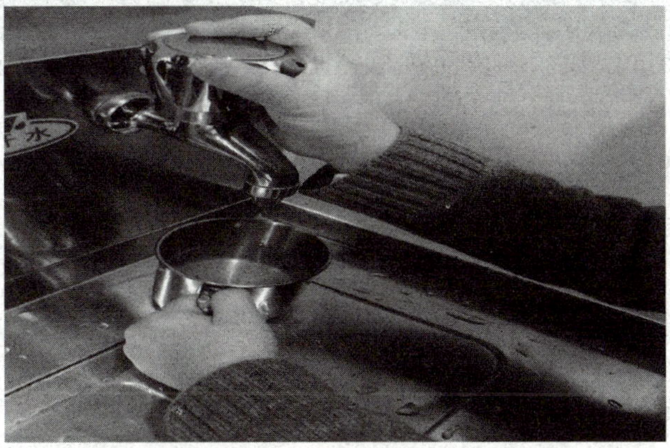

图2-1　幼儿接水

3）接水后，端水杯回自己的座位，坐下安静地喝，喝完可再接再喝。

4）喝水时，保教老师应提醒婴幼儿不要说笑，防止呛咳。

步骤三：个人卫生及环境整理。

1）提醒婴幼儿用纸巾将嘴擦干净。

随堂记

随堂记

2）指导婴幼儿用小抹布将自己桌面上的水擦干净（见图2-2）。

图2-2 擦桌面上的水

3）提醒并协助婴幼儿喝完水后把杯子放回固定的位置，杯口朝上，摆放整齐（见图2-3）。

图2-3 放杯子

4）保教老师用半干墩布擦拭一遍地面。

拓展训练

训练一 请尝试组织一次托班婴幼儿的饮水活动“我会喝水”，体会所学要领。

操作练习建议：

1. 保教老师与婴幼儿一起规范洗手并擦干净。
2. 保教老师拿自己的水杯喝水，示范讲解接水的步骤和方法。
3. 指导婴幼儿独立接水喝水，模拟全过程。
4. 组织讨论：保教老师是怎样接水的？

训练二 案例分析

这是我们在一所幼儿园见习时录下的视频，请观察幼儿的饮水活动，分析保教老师在组织幼儿饮水活动中的照护程序。

要求：

1. 请回答各环节是否正确。
2. 如有异议，请写出你的想法。

拓展链接 本部分学习内容见电子资源包

视频2-2

饮水拓展训练案例

活动二 照料婴幼儿进餐

知识准备

一、进餐照护的保育照护程序

1）保教老师在餐前组织婴幼儿依次洗手，同时稳定婴幼儿的情绪。

2）营造安全、温馨、愉快的进餐环境，并有序地组织婴幼儿进餐。

3）向婴幼儿介绍菜肴的特点和营养，并观察了解其进餐情况，做好记录。

4）指导婴幼儿正确使用餐具。

5）提示并鼓励婴幼儿饭菜搭配着吃。

6）照顾个别差异，对进餐技能弱的婴幼儿给予宽容和适时的帮助。

7）要引导婴幼儿咽下最后一口饭再离开，鼓励其独立送回餐具。

8）提醒婴幼儿饭后擦嘴、漱口。

二、进餐照护的保育工作规范

1）保教老师穿好工作服，戴好工作帽，洗手、戴一次性手套，戴口罩。

2）对饭前有各种行为问题的婴幼儿，要做到不批评、不指责、不解决问题，保证其能愉快进餐。

3）首次盛饭应做到大多数孩子满足正常进餐量，个别吃饭困难的孩子可以采取“少盛勤添”的措施。

4）对进餐习惯良好但咀嚼速度慢的婴幼儿，保教老师不催促婴幼儿吃饭。

5）对不会使用餐具，进餐能力弱的婴幼儿，保教老师喂饭的动作要轻。

6）在进餐过程中遇到婴幼儿撒饭现象，要按照“先清理婴幼儿身上，再清理桌面、地面”的顺序及时清理。

7）在最后一名吃完饭的婴幼儿离开餐桌之前，不得扫地。

三、进餐指导涉及的保健知识

1．什么是食欲

食欲是由食物引起的兴奋。食欲的产生是生理因素和心理因素共同作用的结果。食欲的产生依靠食物的“色香味”和由食物唤起愉快经验的吻合。

2．影响婴幼儿的食欲的因素

1）环境对食欲的影响。窗明几净，温暖明亮，舒适美观，餐具清洁，安静、熟悉的地点等能够提高婴幼儿的食欲。

案例情境

琪琪小朋友最近总说肚子疼，而且是只在吃饭时间疼，玩游戏、做活动时都没有任何反应。这不，又到快吃中午饭了，保教老师李老师端上了热腾腾的白米饭、胡萝卜炖牛肉、西红柿炒鸡蛋。她又开始吵着“肚子疼，肚子疼……”假如你的班级中也有这样的小朋友，面对这种情况，你会怎么做呢？

视频2-3

幼儿漱口环节指导

随堂记

2）食物对食欲的影响。有营养、多样、符合儿童特点的食物容易提高婴幼儿的食欲。

3）情绪对食欲的影响。语言和情绪对食物有直接的影响。在进餐中比赛吃饭，批评婴幼儿，保教老师大声说笑、发脾气，保教老师打扫卫生等都会降低婴幼儿的食欲。

4）健康状况对食欲的影响。患身体疾病、心理疾病及缺乏运动等会降低婴幼儿的食欲。

3．提高婴幼儿的食欲的方法

1）给婴幼儿提供多样化的食物，注意食物的“色香味形”，以吸引婴幼儿进食。

2）给婴幼儿创设干净、整洁、明亮的进餐环境。

3）保持婴幼儿愉快、平静的进餐情绪。

4）尽早教会婴幼儿自己动手吃饭，可以提高婴幼儿进餐的兴趣。

5）科学而适当的体育锻炼，保持婴幼儿健康，可以使其保持良好的食欲。

四、进餐照护及教育内容

1．鼓励托班的婴幼儿独立进餐的方法

1）2岁的婴幼儿开始对独自吃饭感兴趣，此时鼓励其独立进餐很重要。

2）进餐方法。教会婴幼儿将饭碗放在距桌边约10cm处，吃饭时用一只手扶碗，喝汤时应该双手端碗。低龄婴幼儿在学习用勺吃饭的过程中，保教老师应该用另一把小勺喂饭。

3）咀嚼方法。每口不能吃太多食物，闭口咀嚼，细嚼慢咽，当口中食物过干时，喝一口汤或粥。

2．指导中大班幼儿进餐的要求

1）中大班幼儿自取食物的准备。同样的食物应该放置在至少2个器皿中，容纳食物的容器应该分开摆放；主食和副食分开放置；准备充足的公勺或夹子。

2）中大班幼儿自取食物的要求。自取食物应做到排队、不扎堆、不拥挤；用公勺盛饭菜；吃多少盛多少，少盛多添，避免挑挑拣拣，避免每次盛得太满；盛汤时将汤搅拌均匀然后盛起。

3．指导不同年龄的婴幼儿使用餐具的方法

（1）指导低龄婴幼儿使用勺子的方法

1）保教老师拿一把勺子给低龄婴幼儿做示范，并在低龄婴幼儿自己吃的时候，用另一把小勺喂其吃饭。

2）让低龄婴幼儿手握勺柄，凹陷处向上，看着勺中的食物放入口中，咽下一口再吃一口，每口不能吃太多。

（2）指导4～5岁幼儿使用筷子的程序

1）准备易夹的食物。

2）教幼儿认识筷子的形状。

3）使用方法训练：抓住筷子的中后部，两只筷子从大拇指和其余四指间穿过，外侧的筷子应靠在食指与中指之间，内侧的筷子靠在无名指和小指上，中指放在两根筷子中间，大拇指搭在两根筷子中间偏上部，靠中指和食指夹住上面的筷子，上下夹动。

4. 指导不同年龄婴幼儿使用餐具的注意事项

1）指导婴幼儿使用勺子应注意多鼓励和表扬，不过分强调抓握勺子的姿势，不限制左右手，宽容孩子用手抓饭和弄脏衣服、地面的行为。

2）指导幼儿使用筷子应注意多鼓励和表扬，允许不规范动作，如使用筷子时手的位置过低等。

5. 婴幼儿进餐的正确姿势

1）进餐的正确姿势。脚平放在地面上，身子略微前倾，不耸肩膀，前臂自然地放在餐桌上。

2）手持餐具的正确姿势。一只手扶碗，饭碗应该放在距桌边10cm处，另一只手拿勺子或筷子。

活动实施

视频2-4

幼儿进餐环节护理

步骤一：组织婴幼儿，做好餐前的准备。

1）营造餐前宽松、温馨的气氛，安抚婴幼儿的情绪。

2）有序地组织好婴幼儿的餐前如厕、洗手。

3）用形象、生动的语言，向婴幼儿介绍饭菜的营养，激发其进餐的愿望。

4）应注意夏季散热，冬季保温，保证婴幼儿的食物温度适中。

5）取来的饭菜要放在餐桌的安全处，避免婴幼儿靠近，发生烫伤。

随堂记

步骤二：组织婴幼儿进餐，培养婴幼儿良好的进餐习惯。

1）指导较大的幼儿自己取餐。较小的婴幼儿，保教老师要根据其进食量，少盛多添。在添饭时，保教老师应避免添饭用的热汤盆（桶）在幼儿面前或从幼儿的头上传递，以免发生意外伤害（见图2-4）。

图2-4 热汤盆（桶）的正确放置

2）要鼓励婴幼儿爱吃各种食物，在保教老师的帮助下能吃完自己的饭。

3）指导婴幼儿正确使用餐具，提醒婴幼儿喝汤时两手端平饭碗，避免撒汤。

4）引导婴幼儿饭菜搭配、干稀搭配着吃。

5）关注个别不会嚼、吞咽有困难的婴幼儿，及时给予指导和帮助。

6）关注个别身体不舒服的婴幼儿。

7）提示婴幼儿安静进餐、细嚼慢咽，不东张西望、不打闹、不把小勺放在嘴里，养成良好的进餐习惯。

步骤三：餐后整理。

1）引导婴幼儿自己将餐具送到固定的容器里，将餐具分类。

2）帮助、指导婴幼儿饭后用正确的方法擦嘴、漱口。

3）待所有婴幼儿都进餐结束后，再进行湿性扫除。

4）引导婴幼儿餐后到安静的区域活动。

5）及时向家长反映个别婴幼儿在园的进餐情况，提出有针对性的意见和建议。

拓展训练

训练一 请尝试组织一次中大班幼儿的进餐活动“吃饭香香 身体棒棒”

操作练习建议：

1. 保教老师与幼儿一起规范洗手并擦干净。
2. 保教老师将同样的食物放置在至少2个器皿中，主食和副食分开放置；准备充足的公勺或夹子。
3. 保教老师向幼儿介绍饭菜。
4. 指导幼儿正确使用餐具，引导幼儿饭菜搭配、干稀搭配着吃。
5. 关注个别幼儿。

训练二 案例分析

早上来园时，心语的妈妈对王老师说：“昨天晚上给心语洗衣服时，她的衣兜里装着半个吃剩下的包子。”这是怎么回事呢？请分析是在哪个环节出了问题，并找出解决方案。

拓展链接 本部分学习内容见电子资源包

活动三 母乳喂养与婴幼儿辅食制作

案例情境

13个月大的宝宝，大概在7个月的时候尝试了米乳，不是很喜欢吃，又吃了胡萝卜米粉，也不是很喜欢。宝宝早上吃了鸡蛋羹，又吃了母乳后去睡觉。之后听见宝宝咳嗽了两声，大人跑过去时，发现已经吐了一床，吐的还特别多；想着不吐了，换了衣服，没想到又吐了，来回吐了好多次，真是吓坏了……你能分析这里面有什么原因吗？

知识准备

一、母乳喂养的好处

1. 营养价值高

健康母亲的乳汁是营养价值高、最适合乳儿生长发育需要的理想食品。人乳与牛奶相比，其优点是人乳中的乳蛋白形成的乳凝块较小，容易消化；脂肪颗粒小，容易吸收，而且含有较多的不饱和脂肪酸。人乳的乳糖含量大，乳糖不仅可提供大脑所需的热量，还能抑制大肠杆菌的繁殖，减少发生腹泻的机会。人乳中钙和磷的比例适宜，易被吸收利用。人乳中含有多种维生素，且因直接喂哺，维生素不被破坏。这些优点都是牛乳所不能及的。

2. 提高抵抗力

人乳中含有抗体，可增强乳儿对疾病的抵抗力。人乳中的溶菌酶可杀死细菌。牛奶中虽然含有某些抗体，但对人类不产生作用，而且经过加热煮沸，免疫成分被破坏殆尽。

3. 减少过敏反应

湿疹（俗称奶癣）是乳儿中常见的一种过敏症，多因喂牛奶引起。牛奶中的蛋白质对人体来说是异体蛋白，进入有过敏体质的乳儿体内，可引起过敏反应。

4. 有利于乳儿的心理健康

乳儿在吸吮母乳的同时，享受着母体的温暖和亲切的爱抚，这能给乳儿带来安全感，有利于乳儿的心理健康。

二、添加辅食的方法

随着婴儿月龄的增加，对营养素的需要量也在逐步提高，母乳和各种代替品中的营养成分如铁、钙、维生素等已不能满足婴儿的需要。而且，婴儿的消化系统功能也在不断提高，胃容量在增大，牙齿逐渐开始萌出，因此对食物的种类、性质都提出了新的要求。为了保证供给婴儿足够的营养，提高婴儿的咀嚼和吞咽能力，使婴儿逐渐适应乳类以外的各种食物，应逐渐给婴儿添加半流食和固体食物。保证婴儿逐步添加辅食，还有利于断奶。

1. 添加辅食要领

1）循序渐进，逐步适应。辅食的添加应由少到多，由一种到多种，由稀到干，由软到硬，由细到粗，适时添加，循序渐进。水果和蔬菜的添加，最初可吃一点儿水果汁、蔬菜汁，以后可以喂果泥、菜泥，长牙后可喂碎菜。

2）辅食应在喂奶前添加，防止婴儿吃饱奶后不吃辅食。

3）在炎热的夏季或婴儿生病时，应暂时延缓添加新辅食。

4）辅食种类、添加量应结合月龄、健康状况及营养需要而定，可增可减，灵活掌握。若添加过早，会引起婴儿的消化不良；若添加过晚，可引起婴儿营养不良和断奶困难。在给婴儿添加辅食的时候，还应注意观察婴儿在精神、食欲、睡眠、大小便等方面有无异常，若出现问题应及时调整。

2. 制作辅食的常用设备、工具

制作辅食的工具，要保证材质稳定，容易清洁。

（1）小汤锅　小汤锅可用来烫熟食物或煮汤，也可用普通汤锅，但小汤锅省时节能。

（2）磨泥器　磨泥器能将食物磨成泥，是辅食制作常用的工具，在使用前需要将磨碎棒和器皿用开水浸泡消毒。

（3）榨汁机　人工喂养3个月后可以添加果汁和菜汁，所以榨汁机也是必不可少的。最好选购有特细过滤网、可分离部件清洗的榨汁机。榨汁机是制作辅食常用的工具，每次使用后都要及时清洗、晾干。

（4）过滤器　过滤器用一般的过滤网或纱布（细棉布或医用纱布）即可，每次使用之前都要开水浸泡消毒，用完洗净、晾干。

（5）搅棒　搅棒是制作泥糊状辅食的常用工具，用筷子、长把勺子都可以代替。有条件的可以使用具有榨汁搅拌功能的小家电，使用前后要及时清洁，用电要规范、安全。

（6）计量器　计量器是用来称量辅食的容器，用家用电子秤可以代替。

（7）电磁炉　电磁炉是以电为能源的现代化厨具，具有体积小、重量轻、移动方便、安全节能等优点，可以烧水、煮饭、煲汤等。

3．制作辅食的注意事项

做婴儿辅食要满足婴儿的口感和营养所需。食材要新鲜、健康，选用当季、当地盛产的食品，少用或不用反季食品，特别是蔬菜、水果等，注意保持食物中的维生素和矿物质，不要长时间浸泡和烧煮。在首选辅食时，要选择大米制品，因为它引起过敏反应现象比较少，蛋白质食物要选择豆类。在添加辅食时，要注意从稀到稠、从细到粗、从少到多，习惯一种食物后再添加另一种食物。

4．给婴儿添加辅食的注意事项

（1）逐次添加辅食　每次只添加一种辅食，可以从添加宝宝米粉、香蕉泥、蛋黄泥开始，观察添加辅食后婴儿的精神状态、大便形状、皮肤的状况，如发生过敏要及时查出由什么食物引起的。

（2）留意婴儿的反应　每次添加新辅食后，要密切注意其消化情况，如有胃胀、呕吐、大便反常或其他情况，应暂停喂此类辅食。当肠胃功能恢复正常后，再从少量喂起，逐步增加。如遇婴儿患病，暂停增添新辅食。

（3）辅食量由少到多　逐样喂食时每次要少量，如从1茶匙，逐渐增加到2～3大汤匙或半碗，具体量由食物的种类而定。在6～8个月期间，每天应喂一顿其他食物，并加喂母乳或奶粉。

（4）婴儿不愿吃辅食怎么办　婴儿开始不愿吃辅食不要强迫，可暂停3～4天再试，也可将这种辅食添加到他（她）喜欢吃的辅食里，刚开始少加一点，然后逐步加量，在母乳（奶粉）喂养之后，或在母乳（奶粉）喂养的间歇添加均可。

（5）辅食不宜加调味剂　食物要呈泥糊状、滑软、易咽，不要加任何调味剂（如盐、味精、鸡精、酱油、香油、糖等）。

（6）每天加一次辅食　4～5个月的婴儿，每天加一次辅食即可；有食欲的婴儿，到6个月可加到一日两餐，可分别安排在上午、下午各一次。如果只加一种，可放在婴儿小睡起床之后。

（7）灵活掌握增添辅食的品种和数量　在具体喂养时，应根据婴儿的特点，进行适当调整。判断喂养是否得当的客观指标是：婴儿食后不哭闹，睡眠好，大便正常，体重增长满意。

活动实施

步骤一：准备。

1）操作人员保持清洁、卫生，穿好工作服、戴好口罩和一次性手套。在制作辅食前，操作人员必须剪短指甲，用肥皂反复用“七步法”洗手。在患传染病或手部发炎时，不要为宝宝制作辅食。

2）准备工具。对工具进行清洁、消毒。避免和成人的餐具混用，易形成交叉感染。过滤用的纱布，在使用前要进行煮沸消毒。

3）准备新鲜的辅食原料，确保蔬菜、水果等原料的品质。

步骤二：制作。

1）对食品进行初加工。例如，摘掉多余的叶子、洗净、切断、焯水等。

2）用来制作和盛放食物的各种工具，要提前洗净并用开水消毒。

3）水果、蔬菜要用干净的流动水清洗，建议用开水烫一遍，这样才能保证宝宝吃的东西不会被细菌、农药等污染。

4）准备专用工具，如榨汁机（有榨汁、干粉、压汁等功能）、研磨器等，在使用前应先检查有无用电安全隐患，然后进行清洁、消毒。

5）将食物制作成汤汁、泥糊状，慢慢地过渡到半固体、碎末状、小片形的固体食物。

6）蒸有皮的食物要带皮蒸，蒸完后再剥皮；用蒸、加压或不加水的方法烹煮蔬菜，尽可能减少蔬菜与光、空气和水的接触。

7）制作动物性食物，如肉糜，不宜选择肉松，因为添加剂偏多。

8）深绿色和黄色蔬菜、水果，可制作成菜泥、果泥，或混合在一起的果蔬泥。

步骤三：喂食。

1）使用小勺喂食，选择大小合适、质地较软的勺子。开始时，只在小勺前面舀上少许食物，轻轻地平伸小勺，放在宝宝的舌尖上，然后撤出小勺。要避免小勺进入口腔过深或用勺压宝宝的舌头，以避免引起宝宝反感。

2）语言鼓励进食，不强迫、不着急。出现吐出来、洒落食物的情况，及时清洁。

步骤四：整理。

1）协助婴幼儿离开喂养的桌面位置，避免弄脏婴幼儿的衣服和踩脏地板。

2）用干净的湿抹布擦拭婴幼儿衣服上的污渍，必要时可将婴幼儿的脏衣服脱下来清洗。

3）按清洁规范，及时清理、消毒餐桌。

4）婴幼儿用完的餐盘、餐盆、勺子等餐具清洗干净后，用专用抹布由里到外擦干水渍，放入消毒柜消毒。

活动案例

为较小的婴幼儿制作泥类、汁类、粥类辅食

（一）泥类

1. 红枣泥

食材：红枣100g、白糖20g。

随堂记

制作方法：将红枣洗净，放入锅内，加入清水煮15～20min，至烂熟。去掉红枣皮、核，调匀即可。

2. 蔬菜泥

食材：绿色蔬菜嫩叶部分、牛奶、玉米粉。

制作方法：将绿色蔬菜嫩叶部分煮熟或蒸熟后（绿叶菜不要过度蒸煮），磨碎、过滤；取碎菜与少许水至锅中，边搅边煮；在快好时，加入牛奶以及由1/5～1/4小匙玉米粉用等量水调好的玉米粉水，继续加热搅拌，煮成泥状即可。

3. 肝泥

食材：猪肝100g。

制作方法：猪肝清洗干净，放入锅中，加调味料，急火煮开，撇去浮沫，慢火炖熟。把熟肝放碗中，加少许汤汁，用汤匙搅成泥状即可。

4. 鲜红薯泥

食材：红薯50g。

制作方法：将红薯洗净、去皮、切碎捣烂，稍加温水，放入锅内煮15min左右，至烂熟，加入白糖少许，稍煮即可。

5. 蛋黄土豆泥

食材：过滤土豆泥1匙、切碎的苹果1大匙。

制作方法：取熟蛋黄1/2个进行过滤；把土豆煮软，过滤后加入蛋黄和牛奶中进行混合，然后放火上加热。

（二）汁类

1. 番茄汁

食材：成熟的番茄50g、白糖少许、温开水适量。

制作方法：将番茄洗净，用开水烫软去皮，然后切碎，用清洁的双层纱布包好，把番茄汁挤入小盆内。将白糖放入汁中，用温开水冲调后即可。

2. 橘子汁

食材：橘子1个。

制作方法：将外皮洗净，切成两半；将每半个置于挤汁器盘上旋转几次，果汁即可流入槽内，过滤后即成。每一个橘子约得果汁40mL。在饮用时，可加水稀释。

（三）粥类

1. 肉末粥

食材：肉、青菜叶（菠菜、油菜等绿叶菜）。

制作方法：将整块肉放入锅中加水煮烂，取出剁成泥，加入菜粥中，搅拌均匀即可。粥要煮烂一点，这样宝宝比较好吞咽和消化。

2. 小米山药粥

食材：鲜山药、小米、白糖。

制作方法：鲜山药清洗干净，放入锅中加水煮烂、捣成泥，倒入小米粥中加白糖拌匀即可。

拓展训练

请结合所学知识，为13个月的宝宝制作辅食。

材料：鸡蛋2个、土豆1个、小米100g、青菜50g。

要求：1. 学生按小组完成两种辅食的制作，展示全过程。

2. 介绍制作的思路及创新点。

3. 请同学们相互评价、共同提高。

拓展链接 本部分学习内容见电子资源包

任务二 如厕与睡眠

学习目标

素养目标
- 增强培养婴幼儿良好午睡和如厕习惯的意识。

知识目标
- 熟知婴幼儿睡眠照料的流程。
- 掌握照料婴幼儿大小便的常规要求。

能力目标
- 能够为婴幼儿提供安静的睡眠环境。
- 指导婴幼儿穿脱衣服和整理床铺。
- 能够做好婴幼儿大小便的照料和清洁工作。

活动一 照料婴幼儿如厕

案例情境

户外活动后，张老师组织幼儿进行盥洗。孩子们有的喝水，有的上厕所。这时，厕所里传来了争执的声音：这是我第一个抢到的！我就要第一个！哇！（哭声）！

原来，由于人多厕盆少，有些小朋友就要等待如厕。小班幼儿刚刚从家庭中走出来，他们的独占心理比较明显。在他们的意识中，我抢到的就是我的。我抢不到就闹，甚至有时还会动手。因此，他们在与同伴的交往中，常常发生冲突。如何做好照护和正确解决出现的问题呢？

知识准备

一、组织如厕的保育照护程序

1）保持温暖安静的排便环境。

2）准备清洁的卫生纸（要把卷纸事先都剪成20cm左右的段，摞成摞放在一个小容器里）。

3）保教老师提示婴幼儿要如厕了。

4）保教老师组织婴幼儿有序如厕。

5）帮助并指导婴幼儿脱、提裤子、擦屁股、掖衣服、便后冲厕。

6）检查并督促婴幼儿便后洗手。

二、组织如厕的保育工作规范

1）不限制婴幼儿便溺次数。

2）逐步培养婴幼儿定时大小便的习惯。

3）引导婴幼儿在有解便需求时，及时告诉保教老师。

4）提示婴幼儿不在厕所打闹，便后要冲厕、洗手。

5）帮助年龄小和自理能力差的婴幼儿。

6）对于遗尿、遗屎的婴幼儿，耐心地为他们更换、清洗衣物。

7）将卫生纸裁好放在固定的位置上，并教会婴幼儿正确使用。

8）观察婴幼儿大小便的情况，发现异常情况及时处理。

9）在婴幼儿集中如厕时，厕所内必须有教师或保教老师照看。

10）在离园时，检查是否有婴幼儿在厕所、盥洗室滞留。

三、如厕活动的保健知识

1．及时发现婴幼儿大小便的预兆

婴幼儿在排大便前，常排出有臭味的气体，同时伴有身体用力的动作和发出使劲的声音。保教老师应及时把婴幼儿放在便盆上，或提示较大的幼儿如厕。婴幼儿排小便前，也会出现打冷战的反应，保教老师对这些信号应十分敏感，及时帮婴幼儿脱掉裤子，督促排便。

2．督促婴幼儿专心排便

应避免婴幼儿在排大便时吃东西、看书、听故事或玩耍。排便是一种条件反射，需要婴幼儿专心致志。如果婴幼儿在排便时吃东西或玩耍，便会分散他的注意力，不利于排便反射的建立，而且较长时间坐盆，还会造成婴幼儿肛门脱出，臀部的疲劳麻木，不利于婴幼儿健康。

3．准确掌握婴幼儿每次排便的时间

婴幼儿每次排便的时间，通常以5～10min为宜，时间过长，会使婴幼儿养成不安心排便的不良习惯，同时也会影响正常的生理机能。

四、如厕涉及的教育内容

1）让婴幼儿懂得在园如厕是一件很正常的事，不紧张，不拒绝。

2）知道及时排便对身体有好处，有便意时知道自己要如厕。

3）能自己脱裤子、提裤子、便后自理。

4）便后会用手纸自前向后擦屁股。

5）知道用肥皂、流动水洗手，能自己整理好衣裤。

视频2-5

幼儿盥洗如厕指导

活动实施

步骤一：提示婴幼儿要如厕了。

1）较低龄婴幼儿容易遗尿，保教老师要在户外活动、进餐、入睡前后，提示婴幼儿如厕，不限制婴幼儿如厕次数。

2）教会较大幼儿熟知如厕环节，保教老师应允许幼儿按需如厕。

步骤二：组织幼儿有序如厕。

1）年龄较小的婴幼儿可按座位，以组为单位（组名可以水果命名：

如苹果组、鸭梨组，也可以小动物命名）如厕。

2）年龄较大的幼儿，分组按顺序如厕，男女分开如厕。

步骤三：组织婴幼儿有序排便

1）指导并帮助有困难的婴幼儿脱裤子。

2）提示婴幼儿专心排便。

3）提示婴幼儿大小便入池。

4）提示婴幼儿按正确的方法从前向后擦屁股。女孩小便后，保教老师也要鼓励其擦屁股（第一步，两层纸对折，再对折；第二步，拿好纸从前往后擦，擦过后再叠一下，这样既卫生也不浪费；第三步，将用过的纸丢到厕纸篓里；第四步，穿好衣裤去洗手）。

5）提示婴幼儿便后主动冲厕。

6）指导并帮助婴幼儿整理衣裤，把上衣一层一层掖到裤子里（见图2-5）。

图2-5　指导并帮助幼儿整理衣裤

步骤四：提醒婴幼儿便后用肥皂、流动水洗手。

步骤五：提醒婴幼儿不在厕所逗留，陆续回到活动室。

拓展训练

案例分析：小班幼儿刚入园不久，有很多家长向老师反映，孩子不在托幼园所大便，有时离园，走在回家的路上就憋不住了。事情虽小却牵动着家长的心，对幼儿身心健康也有很大危害。如果你是保教老师该怎样处理呢？

拓展链接　本部分学习内容见电子资源包

活动二　照料婴幼儿睡眠

案例情境

小晴是新入园的小朋友，午睡时小朋友都陆续进入睡眠室，她却躲在活动室一角，无论保教老师张老师如何劝阻，就是不肯进睡眠室。不一会儿，她还大声地哭了起来："我要找姥姥，我要找姥姥……"如果你是张老师，你怎么在照护好全班幼儿的同时，做好小晴的工作呢？

知识准备

一、睡眠照料的保育工作程序

1．睡前

1）保证寝室空气清新，保证每天的开窗通风时间。

2）根据天气变化，利用多种手段调节室内温度。在天冷时，要在婴幼儿户外活动时开窗，保证室内温度，也可通过空调调节，以使室温保持在18～20℃；若风大，根据风向决定开哪扇窗，根据温度计的度数及时调整开窗时间。若室温过高，要采用打开电风扇、窗子对流、地面适当洒水等方法降温。

3）拉上窗帘，使室内光线幽暗。

4）为婴幼儿准备温暖、舒适的寝具。保证睡眠时间周围环境安静、无噪声。

2. 起床后

1）婴幼儿起床后，要及时拉开窗帘，让充足的阳光照进寝室。

2）在气温比较低的情况下，要等待婴幼儿都穿好衣服，离开寝室后，方可开窗通风。

3）要轻声叫醒赖床的婴幼儿。

4）督促、指导并帮助婴幼儿有序穿衣服。

5）帮助、指导婴幼儿整理床铺。

6）开窗通风，保证室内空气新鲜。

7）每天擦拭窗栏杆、窗台，并对寝室地面进行湿性清扫。

二、组织睡眠的保育工作规范

1）不要在睡前批评婴幼儿，在睡前可播放一些舒缓的音乐或睡前故事。

2）检查婴幼儿的衣袋，摘下女孩子的头绳和发卡，防止婴幼儿将小物品带到床上玩耍。

3）要根据幼儿的年龄，进行自己穿脱衣服和整理床铺的培养。

三、组织睡眠的保健知识

1. 睡眠的意义

睡眠对婴幼儿的健康十分重要，它能消除婴幼儿一天中脑力、体力活动造成的疲劳，使神经系统和骨骼、肌肉、内脏器官等得到休息。尤其是睡眠时人体生长激素大量分泌，有助于婴幼儿身高的增长和大脑皮层的发育。因此，无论是在幼儿园还是在家里都应保证婴幼儿充足的睡眠，其中养成婴幼儿良好的睡眠习惯是非常重要的。

2. 睡眠的几种姿势

人的睡姿分为四种：仰卧、俯卧、左侧卧、右侧卧，我们极其推崇的睡姿是右侧卧。

（1）仰卧

优点：不压迫身体脏腑器官。

缺点：容易导致舌根下坠，阻塞呼吸。不适应人群：打鼾和有呼吸道疾病的人。

（2）俯卧

优点：采用这种睡姿的人睡觉时会感到安全，也有助于口腔异物的排出。

缺点：压迫心脏和肺部，影响呼吸。

（3）左侧卧

这种睡姿容易让人在睡觉时翻来覆去，造成不稳定的睡眠。而且，由于人体心脏位于身体左侧，左侧卧会压迫心脏，所以它是一种不健康的睡姿。

优点：无。

缺点：压迫心脏、胃部。

（4）右侧卧

优点：不会压迫心脏，睡眠有稳定感。

缺点：影响右侧肺部运动，不适合肺气肿患者。

四、睡眠照料涉及的教育内容

1）懂得午睡对身体有益，养成按时午睡的习惯。

2）明白正确的睡姿有益健康，入睡时能保持正确的睡姿。

3）不带小玩具上床，尽快安静睡眠，不蒙头、不吃手、不咬被角。

4）不赖床，自己穿脱衣服，不拖拉、不等待，会自己整理床铺。

活动实施

视频2-6

幼儿午睡环节指导

随堂记

步骤一：创设良好的睡眠环境。

（1）调整室温

1）保教老师到园后应立即开窗通风，冬季开窗的时间一般为10～15min，每半日至少通风一次，或者始终打开一扇窗户。夏季一般执行全天通风制度，在使用空调的房间里应保持每半日通风一次。

2）保教老师应根据季节、气温、风力的大小，调整开窗通风的时间、打开窗子的数量，以及开窗的大小。

3）寝室开窗通风应在婴幼儿睡眠前及睡眠后，或使用风斗式通风口或定时开关排风扇。

（2）拉好窗帘，天冷、风大、阴雨、雾霾天要关窗户

步骤二：提醒婴幼儿睡前如厕。

1）让睡眠时间长、动作慢、体质弱的婴幼儿先如厕。

2）监督、保证每个婴幼儿都如厕。

步骤三：提醒婴幼儿按时起床，指导、帮助婴幼儿整理床铺。

1）按时拉开窗帘。

2）轻声叫醒赖床的婴幼儿（见图2-6）。

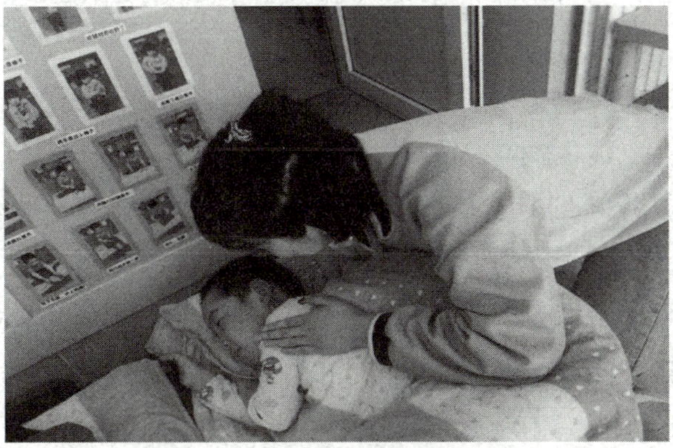

图2-6　叫醒赖床的婴幼儿

3）观察婴幼儿情绪、精神状态有无异常。

4）帮助婴幼儿穿衣、穿鞋，低龄婴幼儿要在保教老师的帮助下穿好衣服再下床，避免着凉（见图2-7）。

5）督促并指导中大班幼儿自己整理床铺，低龄婴幼儿可由保教老师完成（见图2-8）。

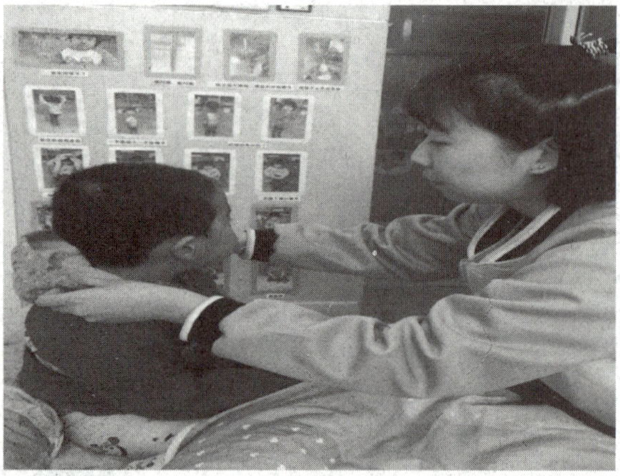

图2-7　帮婴幼儿穿衣服

图2-8　帮婴幼儿整理床铺

6）提示婴幼儿不在寝室打闹，安静走出寝室。

步骤四：寝室的清洁卫生。

1）检查婴幼儿叠放被褥的情况，进一步整理床铺。使用折叠式床铺的，要按要求整理、放好。

2）检查婴幼儿是否有遗尿现象发生。

3）用潮湿、干净的抹布擦拭床栏杆、窗台（见图2-9）。

4）待婴幼儿都走出寝室后，打开窗户，让空气对流，保证室内空气清新。

5）对寝室地面进行湿性扫除。

图2-9　擦拭床栏杆

拓展训练

训练一　根据所学知识，完成一次整理床铺的训练任务。

操作练习建议：

1. 两个同学一组，轮换角色，互相观摩、检查、评价。

2. 5min完成3张床铺的整理（被子叠放整齐，床单、枕巾平整、摆放整齐，按正确的方法擦拭床栏杆）。

3. 要求：操作流程正确、操作过程完整。

训练二　案例分析

早上来园时，姥姥领着倩倩，有些不满地找到了保教老师张老师："张老师，我跟你说个事，我们家倩倩昨晚差点儿出大事了。就在她睡觉的时候，我发现她呼吸有些不顺畅，就走近她仔细地看了看，原来，她一个鼻孔里塞满了卫生纸。我叫醒她，问她怎么回事，她说是中午睡觉时，睡不着就塞着纸玩，最后弄不出来了。"请分析出现这件事的原因，并找出整改措施。

拓展链接 本部分学习内容见电子资源包

任务三 盥洗照料

学习目标

素养目标
- 在组织盥洗时，注重引导幼儿养成良好的个人卫生习惯。
- 养成耐心、细致的工作态度。

知识目标
- 了解指导婴幼儿洗手洗脸的正确方法及其常规要求。
- 熟知刷牙、漱口环节中的保育照护程序。

能力目标
- 能够指导婴幼儿用正确的方法洗手、洗脸、刷牙、漱口。
- 能及时解决婴幼儿在盥洗环节中出现的问题。

案例情境

进入盥洗室后，浩浩小朋友打开水龙头冲了冲水，就把小手擦干了。于是，保教老师请浩浩学学图示上洗手的方法，用洗手液把手洗干净。浩浩抬头看了一眼图示，便又低头随意挤了一点儿洗手液，随即打开水龙头把手一冲就回到了座位上。请你说一说，保教老师应如何对待浩浩的行为呢？

活动一 照料婴幼儿洗手

知识准备

一、洗手环节的保育照护程序

1）检查盥洗室地面是否整洁干爽，以防婴幼儿滑倒。

2）如果水池高度超过婴幼儿肘关节，要将水池前的地面垫高，防止水灌进婴幼儿的衣袖。

3）检查肥皂数量，要和水龙头数量相同，如有用完的，要及时添补。

4）为婴幼儿每人准备好一条干净的小方巾，挂在固定的地方。

5）事先调整好水的温度。

6）组织婴幼儿排队洗手。

二、洗手环节的保育工作规范

1）要让婴幼儿懂得勤洗手对身体的好处。

2）鼓励婴幼儿主动洗手，逐步形成一种自觉的行为习惯。

3）要随时提醒婴幼儿节约用水，控制水流的大小。

4）尝试和婴幼儿一起边说儿歌，边洗手，增强婴幼儿洗手的趣味性。

5）要密切关注每个婴幼儿的洗手过程，对搓洗不仔细、冲洗不干净等行为，要耐心示范并做语言提示。

6）洗完手后，应帮助婴幼儿用正确的方法擦手，将衣袖放下，整理平整。

7）及时用干墩布擦干地面上的水，等最后一个婴幼儿洗完手后再离开盥洗室。

8）用竖大拇指、抚摸婴幼儿的方法，及时鼓励、表扬婴幼儿在洗手过程中的良好表现。

三、洗手环节的保健知识

1）提示婴幼儿饭前、便后要及时用肥皂洗手，做到不用脏手揉眼睛。

2）洗手时双臂应向下倾斜，避免水倒流，弄湿衣袖，以防感冒。

3）提示婴幼儿不乱用别人的毛巾，预防流行性传染病的发生。

4）秋冬季节指导并帮助婴幼儿抹护肤油，保护皮肤的清洁、柔软、不干燥。

四、七步洗手法

手的卫生消毒有科学的方法，七步洗手法可以有效减少手上的细菌，预防传染病。七步洗手法的步骤可以总结为“内、外、夹、弓、立、大、腕”。

1）内指的是手的内面，即手掌，两个手的手掌要对起来搓洗。

2）外指的是手的外面，即手背，在洗完内面后，两手的手背相互搓洗。

3）夹指的是两手的手指交叉进行搓洗，先手掌对手掌，让手指交叉洗，然后用手掌和另一手的手掌相对，手指交叉洗外手指缝。

4）弓指的是两手的手指并紧，如弯弓一样紧扣在一起进行搓洗。

5）立指的是一只手的手指尖在另一手的手心立起揉洗，然后再换另一只手继续上述操作。

6）大指的是大拇指，分别用一只手紧握另一只手的大拇指进行搓洗。

7）腕即手腕，洗完手后要把两只手的手腕也要进行搓洗。

五、洗手环节涉及的教育内容

1）让婴幼儿知道洗手的好处，饭前、便后、手脏时能及时洗手。

2）要持续关注并督促婴幼儿养成用“七步法”洗手的习惯。

3）对婴幼儿进行示范教育，注意自己的行为，并做到节约用水。

活动实施

步骤一：检查地面是否清洁、干爽（见图2-10）。

视频2-7

幼儿洗手环节指导

图2-10 地面清洁、干爽

步骤二：准备好肥皂（大小适宜），保证每个水龙头旁一块，引导婴幼儿在每个活动环节主动洗手。

步骤三：将婴幼儿合理分组，组织婴幼儿有序洗手（见图2-11）。

图2-11　有序洗手

步骤四：提示并指导婴幼儿按“七步法”正确洗手。

步骤五：仔细观察婴幼儿的洗手过程，并给予适当的提示或引导。

1. 搓肥皂的方法

一只手拿肥皂，在另一只手上涂抹，先涂抹手心，然后涂抹手背，之后换手拿肥皂，动作相同。

2. 擦手的方法

把小毛巾打开，平放在左手手心上，把右手放在左手上，左手握住右手，用小毛巾从右手的手腕、手背、手指、手心依次转动双手擦，然后换手，动作相同。

步骤六：及时清除地上的水渍，避免滑倒。

拓展训练

训练一　根据所学知识，模拟一次婴幼儿洗手全过程的指导。

训练要求：1. 洗手前的提示语。

2. 完整的“七步法”洗手步骤的重点照护。

3. 擦手、抹油的正确方法。

训练二　案例分析：忘记洗手。

小班幼儿常常会被一些事物吸引，运动后和同伴边聊边走，有时就会忘了洗手，直接走到饮水机旁接水喝。如何针对小班幼儿注意力易分散、对新鲜事物好奇心强等特点，帮助其自觉养成洗手的好习惯？你有什么好的办法？

拓展链接　本部分学习内容见电子资源包

活动二　照料婴幼儿刷牙、漱口

案例情境

中一班最近有好几个小朋友经常吵闹着说牙疼，经查看发现这些孩子都不同程度地存在龋齿现象。牙齿健康对孩子们的生长发育尤为重要，为了让孩子们树立保护牙齿的意识，学习并能掌握正确的刷牙方法，请你考虑一下，应如何指导婴幼儿刷牙、漱口？如何在一日生活中培养幼儿良好的刷牙漱口习惯呢？

知识准备

一、刷牙、漱口的保育照护程序

1）检查婴幼儿的口杯、牙膏及牙刷是否齐全。

2）调整好冷热水的温度。

3）组织婴幼儿排队刷牙、漱口。

二、刷牙、漱口的保育工作规范

1）鼓励婴幼儿主动刷牙、漱口，逐步形成自觉行为。

2）做好寄宿制婴幼儿早晚刷牙的监督和检查工作。

3）用餐之后，保教老师要提醒婴幼儿取口杯漱口。

4）指导婴幼儿将漱口水吐入水槽中。

5）提醒婴幼儿漱口后，将口杯放回原处 。

6）密切关注每个婴幼儿的刷牙、漱口过程，纠正不认真、不仔细等行为。

7）耐心给予动作示范和语言提示（在漱口过程中，保教老师可以提示婴幼儿接适量的水，避免接水过多，并提示婴幼儿用正确的漱口方法漱口2~3次）。

8）在婴幼儿盥洗结束后，及时用干墩布擦干地面上的水，等最后一个婴幼儿洗完手后再离开盥洗室。

9）应及时鼓励、表扬婴幼儿在刷牙、漱口过程中的良好表现。

三、刷牙、漱口涉及的保健知识

1）世界卫生组织一直推荐使用含氟牙膏来预防龋齿。氟是一种坚固骨骼和牙齿的物质，当婴幼儿学会含漱时，建议使用儿童含氟牙膏。

2）婴幼儿口腔较小，软组织柔嫩，选择婴幼儿牙刷的标准应该是：牙刷头小，刷毛较柔软。

3）为了使牙刷头保持干燥，细菌不容易滋生，刷完牙后，提示婴幼儿将牙刷头朝上放入口杯，以便风干。

4）牙刷在使用1～2个月后牙刷毛就弯曲了。弯曲的牙刷毛不仅不容易刷净牙缝中的食物残渣，还会擦伤牙龈。使用时间过长的牙刷头内易存留细菌。所以牙刷最好1～2个月更换一次。

5）为保证刷牙的质量，提示婴幼儿每次刷牙时间不少于3min。

6）漱口要每次不少于3次的鼓漱。

四、刷牙、漱口涉及的教育内容

1）婴幼儿知道漱口能清洁口腔，喜欢漱口。

2）婴幼儿会用鼓漱的方法漱口。

3）餐后婴幼儿能坚持用正确的方法漱口。

4）婴幼儿知道节约用水、不打闹。

活动实施

步骤一：指导婴幼儿按照正确的方法漱口。

口中含一口水，不能咽下，用力鼓腮，做“咕嘟”的动作，用水把粘在牙齿表面和间隙的食物残渣冲洗掉，然后吐出漱口水（见图2-12）。

图2-12　漱口

步骤二：指导婴幼儿学习挤牙膏。

双手持牙膏缓慢地用力挤压，待牙膏挤出约黄豆粒大小后，拿起牙刷，将牙膏涂在牙刷上。

步骤三：指导婴幼儿刷牙。

除上下磨牙的牙冠需要横刷外，所有的牙齿无论牙的外表面还是内面都应顺着牙缝竖刷；在刷牙的内侧时需要掏着刷，而且需要反复刷；可以用最简单的“画圈法”刷牙，将刷毛放置在牙面上，轻压使刷毛屈曲，在牙面上画圈，每个部位反复画圈5次以上，牙齿的各个面均应刷到。每次刷牙不能少于3min。3岁以下较低龄婴幼儿要在保教老师的帮助下刷牙。

步骤四：冲洗牙刷。

将牙刷在牙缸里反复振荡，并用水将牙刷洗涮干净。

步骤五：整理牙具。

将牙刷头朝上放入无水的牙缸中，以便风干。

拓展训练

案例分析：某天，张老师拿出浸泡在醋里的蛋壳和浸泡在水里的蛋壳，请幼儿观察并讨论为什么泡在醋里的蛋壳会变黑、变软……如果你是张老师，你会如何给幼儿讲解保护牙齿的重要性，并用正确的方法指导幼儿练习刷牙。

拓展链接 本部分学习内容见电子资源包

单元小结

本单元主要带领同学们了解了如何照料婴幼儿饮水、进餐、如厕、睡眠、洗手、刷牙、漱口的内容和保育照护程序，掌握了一日生活各环节中教师的保育工作规范，了解了一日生活各环节中涉及的保健知识及教育内容，掌握一日生活各环节任务的实施步骤。组织生动有趣的生活活动，能有效满足婴幼儿的基本生理和心理需要，使他们在快乐的童年生活中获得有益于身心的发展经验。

单元检测

一、单选题

1. 七步洗手法的正确步骤是（　　）。

A. 内、外、夹、弓、大、立、腕　　B. 内、外、夹、弓、立、大、腕

C. 内、外、腕、夹、弓、大、立　　D. 内、外、夹、大、立、弓、腕

2. 我们最推崇的睡姿是（　　）。

A. 仰卧　　B. 俯卧　　C. 左侧卧　　D. 右侧卧

3. 婴幼儿每次排便的时间以（　　）为宜。

A. 3～5min　　B. 5～10min　　C. 15min以上　　D. 随意

4. 你认为母乳喂养会（　　）。

A. 降低乳儿的抵抗力　　B. 对乳儿的心理健康不利

C. 减少过敏反应　　D. 不易消化，造成乳儿积食

5. 婴幼儿饮用的白开水最好是在（　　）左右。

A. 40℃　　B. 50℃　　C. 30℃　　D. 70℃

6. 以下因素中会降低婴幼儿食欲的是（　　）。

A. 缺乏运动　　B. 舒适美观的就餐环境

C. 营养、多样、美味的食物　　D. 保教人员悉心照顾

7. 向婴幼儿介绍餐饭可以采用（　　）的方法。

A. 用猜谜的方法猜菜名　　B. 讲有悬念的故事

C. 唱歌表演　　D. 做游戏

8. 婴幼儿进餐时手持餐具的正确姿势是（　　）。

A. 双手端碗吃饭

B. 一手扶碗，饭碗放在距桌边10cm处，一手拿勺

C. 一手扶碗，饭碗放在距桌边15cm处，一手拿勺

D. 用饭碗顶住下巴，一手拿勺

9. 喝汤端碗的正确姿势是（　　）。

A. 双手端碗　　B. 一手端碗

C. 头低下，嘴靠近碗边　　D. 不端碗，用吸管喝汤

10. （　　）的幼儿可以学习使用筷子。

A. 不足2岁　　B. 不足3岁　　C. 4～5岁　　D. 2岁

11. 对初步使用筷子而动作不规范的幼儿，保教老师应该（　　）。

A. 坚决制止　　B. 以鼓励为主　　C. 及时纠正　　D. 以批评为主

12. 洗手前婴幼儿应先（　　），以防洗湿袖子。

A. 卷衣袖　　B. 抹肥皂　　C. 拧水龙头　　D. 用干毛巾擦手

13. 正确的搓洗手顺序是（　　）。

A. 手心—手背—手腕—手指—手指尖—手指缝

B. 手指尖—手指—手心—手背—手腕

C. 手指—手心—手背—手腕—手指尖

D. 手心—手背—手指—手指尖—手指缝—手腕

14. 婴幼儿学习刷牙的适宜年龄为（　　）。

A. 1岁　　B. 2岁　　C. 3岁　　D. 4岁

15. 婴幼儿每次刷牙的时间为（　　）。

A. 1min　B. 2min　C. 不少于3min　D. 不少于4min

16. 婴幼儿自己洗脸时容易遗漏的部位是（　　）。

A. 嘴　B. 鼻子　C. 脸蛋　D. 脸侧面

17. 婴幼儿刷牙时容易遗漏（　　），成人应该及时提醒。

A. 牙冠　B. 外侧面　C. 内侧面　D. 以上全部

18. 保教老师提醒睡眠中的婴幼儿排尿时必须首先（　　）。

A. 唤醒婴幼儿　B. 将婴幼儿抱起

C. 不叫醒让其排尿　D. 发现婴幼儿熟悉的排尿信号

19. 婴幼儿患遗尿症的原因是（　　）。

A. 饮水过多　B. 没有养成良好的排尿习惯

C. 玩的需要没有得到满足　D. 食量大

第三单元

安全健康管理

单元导读

婴幼儿身体的各个器官和系统发育还不完善，抵抗力差，极易受到外界环境和内在因素的影响，从而引发各种疾病。例如，生活环境改变、饮食结构改变、天气变化，以及恐惧、苦恼等负面情绪导致婴幼儿身体出现疾病。不仅如此，婴幼儿好奇好问的天性使其对新鲜事物充满好奇心，但缺乏对危险的防范意识及自我保护的防范技能。因此，我们应掌握婴幼儿常见疾病的护理和应对意外伤害的紧急处理的技能等。在日常生活中，还要采取有效的预防措施，从而保护和促进婴幼儿健康成长。本单元将学习婴幼儿常见病、传染病、突发意外伤害，以及突发灾害的应急处理技能，保障婴幼儿的生命安全。

单元目标

- 能够协助保健医对婴幼儿做好晨、午、晚检和体检。
- 能为婴幼儿制定健康指导方案。
- 能识别和护理婴幼儿常见病及传染病。
- 掌握基本的急救方法，能对婴幼儿意外伤害进行急救处理措施。
- 能应对突发灾害，组织婴幼儿进行安全演练。

单元内容

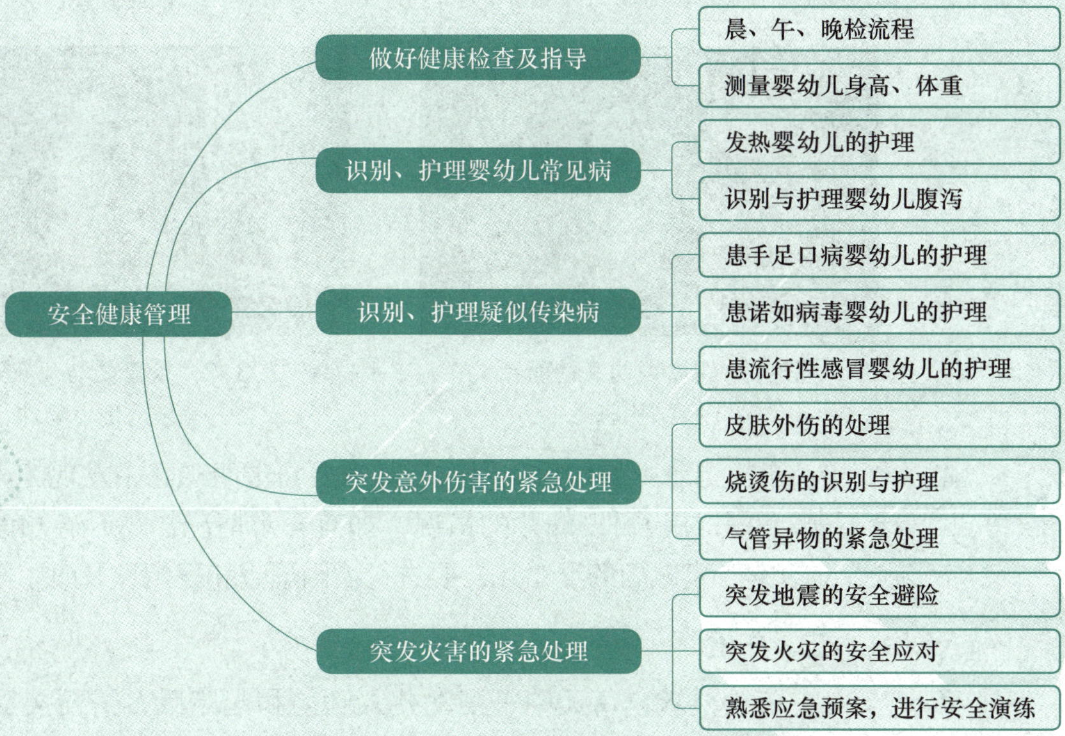

任务一

做好健康检查及指导

案例情境

下午离园时，壮壮被妈妈接走没几分钟，又被妈妈抱着返了回来。壮壮妈妈对张老师说："老师，壮壮今天拉裤子了。我领他走的时候发现他走路不正常，经过我的再三追问和检查，才发现是这种情况……"出现这种情况，是离园的哪个环节出现了问题？如果你是张老师，会怎样解决？

随堂记

学习目标

素养目标 ❍ 树立密切关注婴幼儿，促进婴幼儿健康成长的工作意识。

知识目标 ❍ 了解身高、体重健康检查项目及标准。

能力目标 ❍ 能够协助保健医对婴幼儿进行体检。

活动一 晨、午、晚检流程

知识准备

一、晨检

1）晨检要求：保健医在园门口进行入园晨检，无异常婴幼儿进班。婴幼儿进入班后，由保教老师进行二次晨检并进行卫生消毒。

2）晨检内容：一摸、二看、三问、四查。

一摸：摸婴幼儿的额头温度是否正常，颌下、腮部是否肿大。

二看：看婴幼儿的面色、精神状态和咽部有无异常（见图3-1），皮肤有无皮疹及某些传染病的早期症状。

三问：向家长了解婴幼儿在家的饮食、睡眠和大小便情况。

四查：检查婴幼儿衣兜中是否携带小物件等（见图3-2）。

图3-1 查看婴幼儿的面色、精神状态

图3-2 检查婴幼儿衣兜中是否携带小物件

3）晨检记录：晨检后，保教老师需要将健康观察中发现的异常情况记录下来，并关注当日婴幼儿的情况，如有异常情况，及时通知教师联系家长，对因病、事缺勤的婴幼儿，要进行病因追查和登记，及时了解其动态。

二、午检

1）午检要求：每天中午婴幼儿入睡前和起床后，需要接受保教老师的午间检查，保健医巡查督导。

2）午检内容：先观察婴幼儿的精神状态、面色，以及有无发热症状，然后检查婴幼儿有无携带不安全物品，发现后及时拿走，以免婴幼儿发生吞咽等危险（见图3-3）。在婴幼儿睡觉过程中，保教老师须加强巡视，及时纠正婴幼儿不良睡姿及危险行为（见图3-4）。

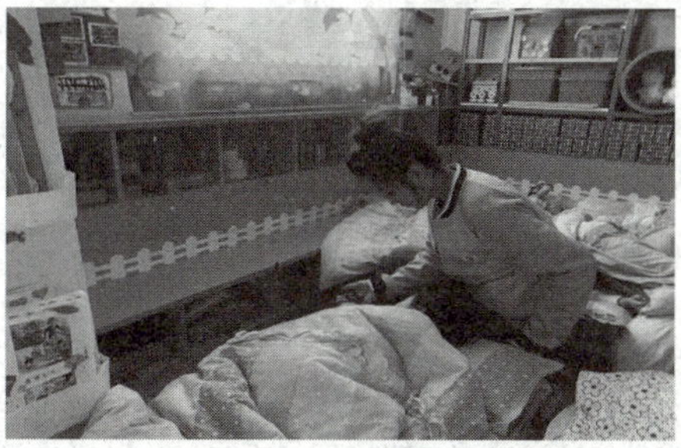

图3-3 保教老师发现不安全物品及时拿走

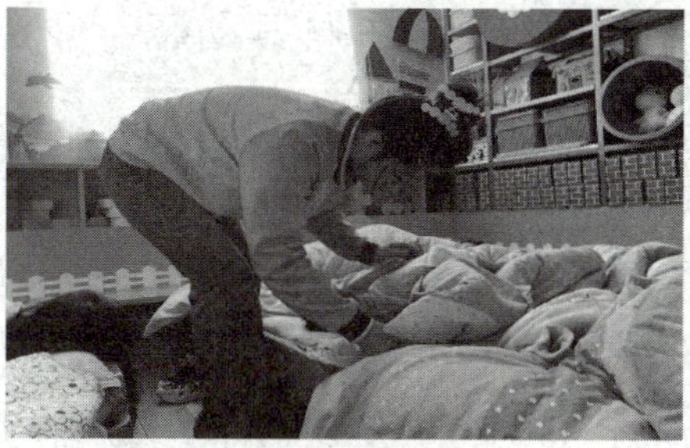

图3-4 保教老师及时纠正婴幼儿不良睡姿

3）午检记录：午检后，保教老师需要将巡查中发现的异常情况登记下来，并关注当日婴幼儿的情况，如有异常情况，及时通知教师联系家长。

三、晚检

1）晚检要求：每天婴幼儿放学前，必须接受本班保教老师的晚检，保健医巡查督导。

2）晚检内容：看婴幼儿的个人卫生是否良好，是否有精神不振的婴幼儿；摸一摸婴幼儿的额头是否有发热症状，如果有，则要及时与家长联系；检查一下婴幼儿有无擦伤、碰伤，如果有，则离园时应与家长解释，以免引起误会（见图3-5）；检查婴幼儿是否携带托幼园所的玩具回家，如果有，则要及时制止，引导婴幼儿养成良好的行为习惯；检查婴幼儿穿衣戴帽是否整齐，是否有遗落下的物品等。对于小班婴幼儿，要检查是否有弄湿衣袖、尿裤子等情况（见图3-6），如果有，则要及时帮助婴幼儿换衣服。

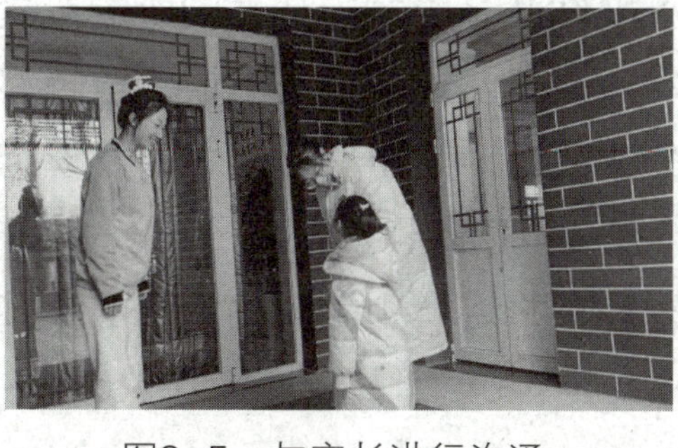

图3-5 与家长进行沟通

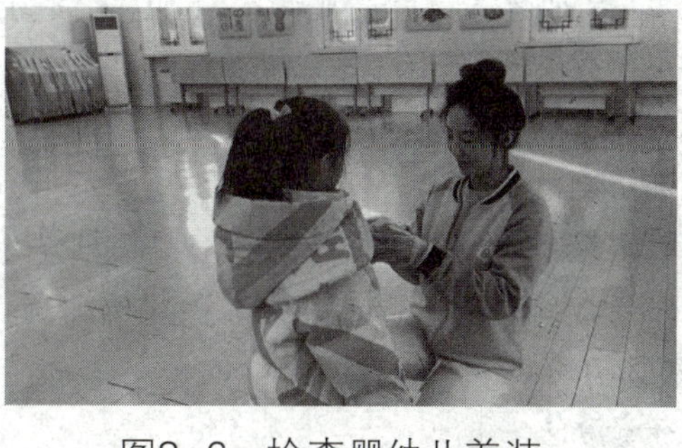

图3-6 检查婴幼儿着装

3）晚检记录：晚检后，保教老师需要将巡查中发现的异常情况登记下来，并追踪记录。

视频3-1

入园晨检

活动实施

一、婴幼儿入园晨检的流程

步骤一：摸婴幼儿的额头温度是否正常，颌下和腮部是否肿大。

步骤二：观察婴幼儿面色、精神状态和咽部有无异常，皮肤有无皮疹及某些传染病的早期症状。

步骤三：向家长了解婴幼儿在家的饮食、睡眠和大小便情况。

步骤四：检查婴幼儿衣兜中是否携带小物件等。

步骤五：检查异常的婴幼儿由家长带回，无异常婴幼儿方可入园。撰写晨检记录，对因病、事缺勤的婴幼儿，要进行病因追查和登记，及时了解其动态。

视频3-2

午睡午检

二、婴幼儿午睡午检的流程

步骤一：摸婴幼儿的额头温度是否正常，颌下和腮部是否肿大。

步骤二：观察婴幼儿的精神状态、面色，以及有无发热症状。

步骤三：检查婴幼儿有无携带不安全物品，发现后及时拿走，以免婴幼儿发生吞咽等危险。

步骤四：在婴幼儿睡觉过程中，保教老师须加强巡视，及时纠正婴幼儿不良睡姿及危险行为。

步骤五：午检后，保教老师需要将巡查中发现的异常情况登记下来，并关注当日婴幼儿的情况，如有异常情况，及时联系家长。

视频3-3

离园晚检

三、婴幼儿离园晚检的流程

步骤一：看婴幼儿的个人卫生是否良好，是否有精神不振的现象。

步骤二：摸一摸婴幼儿的额头是否有发热症状，如果有，则要及时与家长联系。

步骤三：检查一下婴幼儿是否有擦伤、碰伤，如果有，则离园时应与家长解释，以免引起误会；检查婴幼儿是否携带托幼园所的玩具回家，如果有，则要及时制止，引导婴幼儿养成良好的行为习惯；检查婴幼儿穿衣戴帽是否整齐，是否有遗落下的物品等。对于小班幼儿，要检查是否有弄湿衣袖、裤子等情况，如果有，需要及时帮助幼儿换衣服。

步骤四：晚检后，保教老师需要将巡查中发现的异常情况登记下来，并追踪记录。

拓展训练

案例分析：小朋友午睡时，乐乐却拿着铃铛玩，响亮的铃声影响了其他小朋友午睡。面对这种情况，保教老师应该怎么办？

拓展链接 本部分学习内容见电子资源包

活动二 测量婴幼儿身高、体重

案例情境

托幼园所会定期给婴幼儿做健康体检，小明是个男孩，今年4岁了，测量结果身高100cm，体重17kg，请问小明的身高、体重属于正常范围吗？

知识准备

一、儿童生长发育参照标准

婴幼儿定期健康检查是保护、促进婴幼儿健康成长的重要措施。通过定期健康检查，可以帮助保教人员了解他们的健康状况、生长发育情况，及早发现问题，及早治疗，为婴幼儿排除不健康发展因素，建立科学育儿方式，以保证婴幼儿的健康成长。男孩和女孩的发育情况不同，可参考卫健委2023年3月1日正式实施的标准（见图3-7和图3-8），来检测孩子的身高、体重是否正常。需要注意的是，以下数据并非绝对标准，只要孩子的身高、体重值在正常范围内，身体无异常病症，家长、保教老师不必过分担心。

7岁以下女童年龄别身高/体重百分位数值

中华人民共和国国家卫生健康委员会发布　2022-09-19 发布　2023-03-01 实施

年龄	P_3		P_{10}		P_{25}		P_{50}		P_{75}		P_{90}		P_{97}	
	身高（cm）	体重（kg）	身高（cm）	体重（kg）	身高（cm）	体重（kg）	身高（cm）	体重（kg）	身高（cm）	体重（kg）	身高（cm）	体重（kg）	身高（cm）	体重（kg）
0月	46.8	2.7	47.9	2.9	49.1	3.1	50.3	3.3	51.6	3.6	52.7	3.8	53.8	4.1
1月	50.4	3.5	51.6	3.7	52.8	4.0	54.1	4.3	55.4	4.6	56.6	4.9	57.8	5.3
2月	53.8	4.4	55.0	4.7	56.3	5.0	57.7	5.4	59.1	5.8	60.4	6.2	61.6	6.6
3月	56.7	5.1	58.0	5.4	59.3	5.8	60.8	6.2	62.2	6.7	63.5	7.2	64.8	7.6
4月	59.1	5.6	60.4	6.0	61.7	6.4	63.3	6.9	64.8	7.4	66.1	7.9	67.4	8.4
5月	61.0	6.0	62.4	6.4	63.8	6.9	65.3	7.4	66.9	7.9	68.2	8.5	69.6	9.1
6月	62.7	6.4	64.1	6.8	65.5	7.2	67.1	7.8	68.7	8.4	70.1	9.0	71.5	9.6
7月	64.2	6.7	65.6	7.1	67.1	7.6	68.7	8.1	70.3	8.8	71.7	9.4	73.1	10.0
8月	65.6	6.9	67.0	7.4	68.5	7.9	70.1	8.4	71.7	9.1	73.2	9.7	74.7	10.4
9月	66.8	7.2	68.3	7.6	69.8	8.1	71.5	8.7	73.1	9.4	74.6	10.0	76.1	10.8
10月	68.1	7.4	69.6	7.8	71.1	8.3	72.8	9.0	74.5	9.6	76.0	10.3	77.5	11.1
11月	69.2	7.6	70.8	8.0	72.3	8.6	74.0	9.2	75.7	9.9	77.3	10.6	78.8	11.4
1岁	70.4	7.7	71.9	8.2	73.5	8.8	75.2	9.4	77.0	10.1	78.6	10.9	80.1	11.6
1岁1月	71.4	7.9	73.0	8.4	74.6	9.0	76.4	9.6	78.2	10.4	79.8	11.1	81.4	11.9
1岁2月	72.5	8.1	74.1	8.6	75.7	9.2	77.5	9.8	79.3	10.6	81.0	11.3	82.6	12.2
1岁3月	73.5	8.3	75.2	8.8	76.8	9.3	78.6	10.0	80.5	10.8	82.1	11.6	83.8	12.4
1岁4月	74.6	8.4	76.2	9.0	77.9	9.5	79.7	10.3	81.6	11.0	83.3	11.8	84.9	12.7
1岁5月	75.5	8.6	77.2	9.1	78.9	9.7	80.8	10.5	82.7	11.3	84.4	12.1	86.1	12.9
1岁6月	76.5	8.8	78.2	9.3	79.9	9.9	81.9	10.7	83.8	11.5	85.5	12.3	87.2	13.2
1岁7月	77.5	9.0	79.2	9.5	80.9	10.1	82.9	10.9	84.8	11.7	86.6	12.6	88.3	13.5
1岁8月	78.4	9.1	80.2	9.7	81.9	10.3	83.9	11.1	85.9	12.0	87.6	12.8	89.4	13.8
1岁9月	79.3	9.3	81.1	9.9	82.9	10.5	84.9	11.3	86.9	12.2	88.7	13.1	90.4	14.0
1岁10月	80.2	9.5	82.0	10.1	83.8	10.7	85.8	11.5	87.9	12.4	89.7	13.3	91.5	14.3
1岁11月	81.1	9.7	82.9	10.3	84.7	10.9	86.8	11.7	88.8	12.6	90.7	13.6	92.5	14.6
2岁	81.2	9.8	83.0	10.4	84.9	11.1	87.0	11.9	89.1	12.9	90.9	13.8	92.8	14.8
2岁3月	83.6	10.3	85.5	10.9	87.4	11.6	89.5	12.5	91.7	13.5	93.6	14.4	95.5	15.5
2岁6月	85.7	10.7	87.7	11.4	89.7	12.1	91.9	13.0	94.1	14.1	96.1	15.1	98.1	16.2
2岁9月	87.7	11.1	89.8	11.8	91.8	12.6	94.1	13.6	96.4	14.6	98.4	15.7	100.5	16.9
3岁	89.7	11.5	91.8	12.3	93.9	13.1	96.2	14.1	98.5	15.3	100.7	16.4	102.7	17.7
3岁3月	91.5	12.0	93.6	12.7	95.8	13.6	98.2	14.7	100.6	15.9	102.8	17.1	104.9	18.4
3岁6月	93.2	12.4	95.4	13.2	97.6	14.1	100.1	15.2	102.5	16.4	104.8	17.7	106.9	19.1
3岁9月	94.9	12.8	97.1	13.6	99.4	14.5	101.9	15.7	104.4	17.0	106.7	18.3	108.9	19.8
4岁	96.5	13.1	98.8	14.0	101.1	15.0	103.7	16.2	106.3	17.6	108.6	18.9	110.9	20.5
4岁3月	98.1	13.5	100.4	14.4	102.8	15.4	105.4	16.7	108.1	18.1	110.4	19.6	112.8	21.1
4岁6月	99.7	13.9	102.1	14.8	104.5	15.9	107.2	17.2	109.9	18.7	112.3	20.2	114.7	21.9
4岁9月	101.3	14.3	103.8	15.3	106.2	16.4	109.0	17.8	111.8	19.3	114.2	20.9	116.7	22.6
5岁	103.0	14.7	105.5	15.8	108.0	16.9	110.8	18.4	113.6	20.0	116.1	21.6	118.6	23.4
5岁3月	104.6	15.1	107.1	16.2	109.7	17.5	112.6	19.0	115.4	20.7	118.0	22.4	120.6	24.3
5岁6月	106.1	15.5	108.7	16.7	111.3	18.0	114.3	19.6	117.2	21.4	119.8	23.2	122.4	25.1
5岁9月	107.6	15.9	110.3	17.1	112.9	18.5	115.9	20.2	118.9	22.0	121.6	23.9	124.2	26.0
6岁	109.0	16.3	111.7	17.6	114.5	19.0	117.5	20.7	120.6	22.7	123.3	24.7	126.0	26.8
6岁3月	110.4	16.7	113.2	18.0	116.0	19.5	119.1	21.3	122.2	23.3	124.9	25.4	127.7	27.6
6岁6月	111.8	17.0	114.6	18.4	117.4	19.9	120.6	21.8	123.7	24.0	126.6	26.1	129.4	28.5
6岁9月	113.2	17.4	116.0	18.8	118.9	20.4	122.1	22.4	125.3	24.6	128.2	26.8	131.0	29.3

图3-7　7岁以下女童年龄别身高/体重百分位数值

7岁以下男童年龄别身高/体重百分位数值

中华人民共和国国家卫生健康委员会发布 2022-09-19 发布 2023-03-01 实施

年龄	P_3 身高（cm）	P_3 体重（kg）	P_{10} 身高（cm）	P_{10} 体重（kg）	P_{25} 身高（cm）	P_{25} 体重（kg）	P_{50} 身高（cm）	P_{50} 体重（kg）	P_{75} 身高（cm）	P_{75} 体重（kg）	P_{90} 身高（cm）	P_{90} 体重（kg）	P_{97} 身高（cm）	P_{97} 体重（kg）
0月	47.6	2.8	48.7	3.0	49.9	3.2	51.2	3.5	52.5	3.7	53.6	4.0	54.8	4.2
1月	51.3	3.7	52.5	3.9	53.8	4.2	55.1	4.6	56.5	4.9	57.7	5.2	59.0	5.6
2月	54.9	4.7	56.2	5.0	57.5	5.4	59.0	5.8	60.4	6.2	61.7	6.7	63.0	7.1
3月	58.0	5.5	59.4	5.9	60.7	6.3	62.2	6.8	63.7	7.3	65.1	7.8	66.4	8.3
4月	60.5	6.1	61.9	6.5	63.3	7.0	64.8	7.5	66.4	8.1	67.8	8.6	69.1	9.2
5月	62.5	6.6	63.9	7.0	65.4	7.5	66.9	8.0	68.5	8.6	69.9	9.2	71.3	9.8
6月	64.2	6.9	65.7	7.4	67.1	7.9	68.7	8.4	70.3	9.1	71.8	9.7	73.2	10.3
7月	65.7	7.2	67.2	7.7	68.7	8.2	70.3	8.8	71.9	9.5	73.4	10.1	74.9	10.8
8月	67.1	7.5	68.6	8.0	70.1	8.5	71.7	9.1	73.4	9.8	74.9	10.4	76.4	11.1
9月	68.3	7.7	69.8	8.2	71.4	8.7	73.1	9.4	74.7	10.1	76.3	10.8	77.8	11.5
10月	69.5	7.9	71.0	8.4	72.6	9.0	74.3	9.6	76.0	10.3	77.6	11.0	79.1	11.8
11月	70.7	8.1	72.2	8.6	73.8	9.2	75.5	9.8	77.3	10.6	78.8	11.3	80.4	12.0
1岁	71.7	8.3	73.3	8.8	74.9	9.4	76.7	10.1	78.5	10.8	80.1	11.5	81.6	12.3
1岁1月	72.8	8.4	74.4	9.0	76.0	9.6	77.8	10.3	79.6	11.0	81.2	11.7	82.8	12.5
1岁2月	73.8	8.6	75.4	9.2	77.1	9.7	78.9	10.5	80.7	11.2	82.4	12.0	84.0	12.8
1岁3月	74.8	8.8	76.5	9.3	78.1	9.9	80.0	10.7	81.8	11.4	83.5	12.2	85.1	13.0
1岁4月	75.8	9.0	77.5	9.5	79.2	10.1	81.0	10.9	82.9	11.7	84.6	12.4	86.3	13.3
1岁5月	76.8	9.1	78.5	9.7	80.2	10.3	82.1	11.1	84.0	11.9	85.7	12.7	87.4	13.5
1岁6月	77.7	9.3	79.4	9.9	81.2	10.5	83.1	11.3	85.0	12.1	86.8	12.9	88.5	13.8
1岁7月	78.6	9.5	80.4	10.1	82.1	10.7	84.1	11.5	86.1	12.3	87.8	13.2	89.6	14.0
1岁8月	79.6	9.7	81.3	10.3	83.1	10.9	85.1	11.7	87.1	12.6	88.9	13.4	90.6	14.3
1岁9月	80.5	9.8	82.3	10.5	84.1	11.1	86.1	11.9	88.1	12.8	89.9	13.7	91.7	14.6
1岁10月	81.4	10.0	83.2	10.6	85.0	11.3	87.0	12.2	89.1	13.0	90.9	13.9	92.7	14.8
1岁11月	82.2	10.2	84.1	10.8	85.9	11.5	88.0	12.4	90.0	13.3	91.9	14.2	93.7	15.1
2岁	82.4	10.4	84.2	11.0	86.1	11.7	88.2	12.6	90.3	13.5	92.2	14.4	94.0	15.4
2岁3月	84.8	10.8	86.7	11.5	88.6	12.2	90.8	13.1	93.0	14.1	94.9	15.1	96.8	16.1
2岁6月	87.0	11.2	88.9	12.0	91.0	12.7	93.2	13.7	95.4	14.7	97.4	15.7	99.4	16.7
2岁9月	89.0	11.6	91.0	12.4	93.1	13.2	95.4	14.2	97.7	15.2	99.8	16.3	101.8	17.4
3岁	90.9	12.0	93.0	12.8	95.1	13.6	97.5	14.6	99.9	15.8	102.0	16.9	104.1	18.0
3岁3月	92.7	12.4	94.8	13.2	97.0	14.1	99.5	15.2	101.9	16.3	104.1	17.5	106.2	18.7
3岁6月	94.4	12.8	96.6	13.7	98.8	14.6	101.3	15.7	103.8	16.9	106.1	18.1	108.3	19.4
3岁9月	96.0	13.2	98.3	14.1	100.6	15.1	103.1	16.2	105.7	17.5	108.0	18.7	110.2	20.1
4岁	97.6	13.6	99.9	14.5	102.3	15.5	104.9	16.7	107.5	18.1	109.8	19.4	112.2	20.8
4岁3月	99.2	14.0	101.6	15.0	104.0	16.0	106.6	17.3	109.3	18.7	111.7	20.1	114.1	21.6
4岁6月	100.8	14.5	103.2	15.4	105.7	16.5	108.4	17.9	111.1	19.3	113.6	20.8	116.0	22.4
4岁9月	102.4	14.9	104.9	15.9	107.4	17.1	110.2	18.4	113.0	20.0	115.5	21.6	117.9	23.3
5岁	104.1	15.3	106.6	16.4	109.1	17.6	112.0	19.1	114.8	20.7	117.4	22.4	119.9	24.2
5岁3月	105.7	15.8	108.2	16.9	110.9	18.1	113.7	19.7	116.6	21.4	119.2	23.2	121.8	25.1
5岁6月	107.2	16.2	109.9	17.4	112.5	18.7	115.5	20.3	118.4	22.2	121.1	24.0	123.7	26.0
5岁9月	108.8	16.6	111.4	17.9	114.1	19.3	117.1	21.0	120.2	22.9	122.9	24.8	125.5	27.0
6岁	110.3	17.1	113.0	18.3	115.7	19.8	118.8	21.6	121.9	23.6	124.6	25.7	127.3	27.9
6岁3月	111.7	17.5	114.5	18.8	117.3	20.3	120.4	22.2	123.5	24.3	126.3	26.5	129.1	28.9
6岁6月	113.1	17.8	116.0	19.2	118.8	20.8	122.0	22.8	125.2	25.0	128.0	27.3	130.8	29.8
6岁9月	114.5	18.2	117.4	19.7	120.3	21.3	123.5	23.4	126.7	25.7	129.6	28.0	132.5	30.6

图3–8 7岁以下男童年龄别身高/体重百分位数值

二、身高测量仪器及使用方法

测量3岁以下的婴儿身高采用量床，测量3岁以上幼儿身高采用身高仪。

（一）用量床测量身高

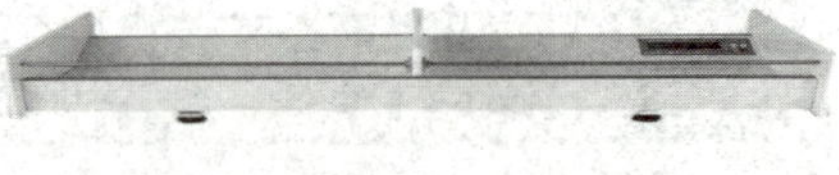

图3–9 量床

采用卧位测量，且需要两个人完成。

1）准备量床（见图3–9），并熟悉量床的使用方法。

2）保教老师帮3岁以下宝宝脱去鞋袜。

3）宝宝仰卧于量床底板中线上，身体伸直，背部、臀部、腿部靠测量板，头部由保健医（或教师、保教老师）固定，两耳在一个水平线上，颅顶接触头板。

4）另一位老师位于婴幼儿的右侧，左手握住其双膝，使下肢伸直并紧贴于量床底板，右手移动足板，使足板接触婴幼儿的足跟。

5）读量床上的刻度数，以厘米为单位，精确到小数点后一位数。

（二）用身高仪测量身高

图3-10　身高测量仪

3岁以上幼儿采用立位测量。

1）准备身高测量仪（见图3-10），也可以将皮尺或木尺固定在墙上测量身高。

2）保教老师指导幼儿脱去鞋袜（见图3-11），站立于测量仪底板或靠墙站立，头部保持正直，两眼直视正前方，躯干自然挺直，双臂自然下垂，脚跟靠拢，足尖分开，脚跟、臀部和肩胛三点靠在身高仪立柱上（见图3-12）。

图3-11　指导幼儿脱去鞋袜

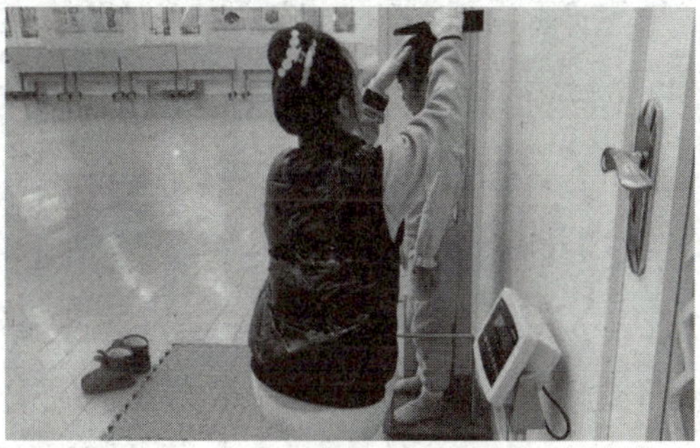

图3-12　测量幼儿身高

3）保教老师手持滑测板使之向下滑动，直到底板与颅顶点相接触，读立柱上所示的数字，以厘米为单位，记录到小数点后一位。

（三）测量身高的注意事项

1）在卧位测身高时，应使身体的中轴与测量板上的中线相重叠。

2）测量者的动作要轻柔。

3）两侧有标尺的量板应注意两侧的读数一致。

4）在站姿测身高时，滑测板不应过分下压。

5）幼儿的站姿应自然，不可过分挺胸。

随堂记

三、测体重仪器及使用方法

（一）准备称重的工具

最大载重量为50kg的体重秤（见图3-13）。

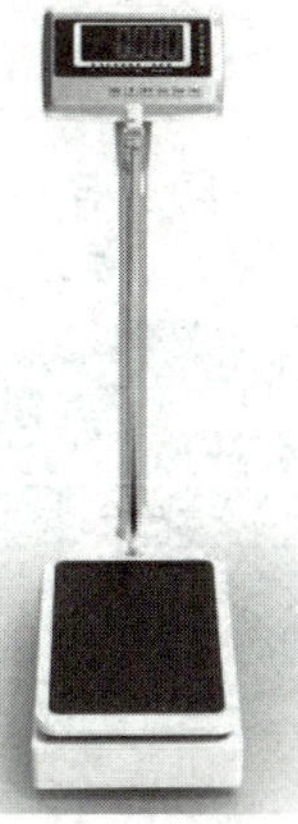

图3-13　体重秤

（二）使用方法

1．熟悉秤的用法

首先，确保体重秤的表面干净、无尘、无杂质，以免影响测量结果。其

随堂记

次，确保体重秤的电量充足，如果没有足够的电，务必提前给体重秤充电。最后，确保体重秤放置在坚实平稳的地面上，以避免不准确的测量结果。

2．矫正体重秤的零点

在测量前，教师把体重秤调整到“0”刻度上（见图3-14）。

3．轻身、空腹

被测儿应尽量脱去鞋、帽和外衣，仅留衬衣和衬裤，排空大小便，这样测量的结果比较准确（见图3-15）。

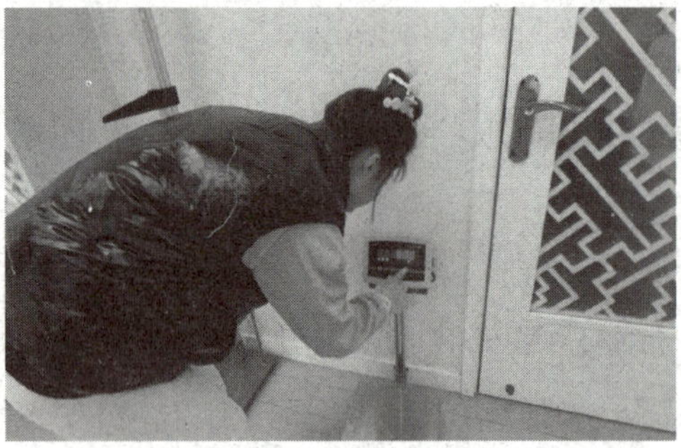

图3-14　把体重秤调整到“0”刻度上

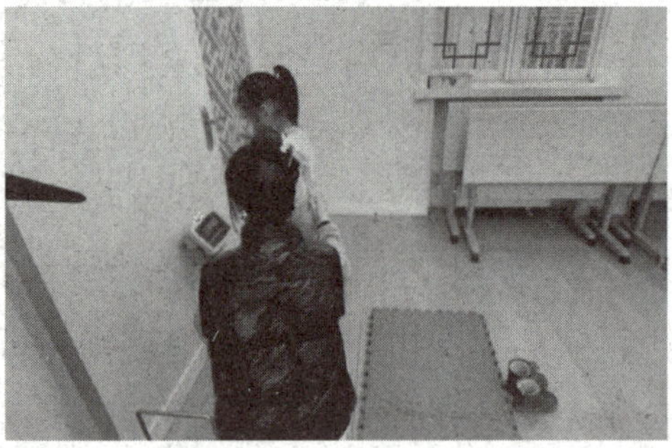

图3-15　测量体重

（三）测量体重的注意事项

1）环境应是房间宽敞、明亮，恒温，地面平坦，避免对流风。

2）测量工具性能良好、清洁。

3）保教老师和保健医的手应保持温暖。

4）测量迅速，避免婴幼儿受凉。

5）在测量时，应尽量避免婴幼儿身体晃动。

6）站立的位置以秤盘中间为宜。

7）如果室温过低，可不脱外衣，但应扣除衣服的重量。

视频3-4

测量身高

视频3-5

测量体重

活动实施

一、测身高

步骤一：在测量时，指导、帮助幼儿脱去鞋帽。

步骤二：指导幼儿立正姿势，脚跟、臀部及两肩胛间几个点同时靠于立柱，头部保持正直，两眼平视正前方，胸稍挺起，腹微收，上肢自然下垂，脚跟靠拢、脚尖分开约60°，将滑测板放在小朋友头顶，读立柱上标注的数字。保教老师的眼睛要与滑板在同一水平高度上。

步骤三：观察并做好记录，以厘米为单位，精确到小数点后一位数，准确记录在体检表上。

二、测体重

步骤一：在测量前，应将体重秤稳稳地置于水平地面上，按照体重秤的读码及使用方法，检查调整零点（每次测量前及测量中均应检查一次）。

步骤二：组织婴幼儿事先排小便，脱去鞋、袜、帽子和外衣，最好仅穿内衣裤（若在室温较低的房间，婴幼儿要穿好外衣，测量后要扣除衣服的重量）。

步骤三：观察并做好记录，体重要以公斤（千克）为单位，记录到0.01公斤（千克），准确记录在体检表上。

任务二 识别、护理婴幼儿常见病

学习目标

素养目标	❍ 培养细心观察的习惯，以及促进婴幼儿健康成长的保育意识。
知识目标	❍ 熟悉婴幼儿常见病的种类、病因、症状。
能力目标	❍ 能对常见病进行预防、护理。

活动一 发热婴幼儿的护理

知识准备

一、测量体温的主要工具和方法

（一）水银体温计

水银体温计是常用的测量体温工具。它的优点是测量体温准确、经济实惠。但是水银体温计玻璃易碎、水银有毒，如果水银泄漏会影响婴幼儿的健康。所以，5岁以下的婴幼儿不建议使用水银体温计测量口温或肛温。在孩子安静的状态下，可以选用水银体温计测量腋温。

（二）电子体温计

电子体温计相当于传统水银体温计的电子版，它测量准确，并且测量的时间较短，大概1min就能准确测出体温。首先长按电源开关3s开机，然后将电子体温计对准额头或者手腕，按下测温键，这样就能在体温计上读出体温的具体值。使用完成后，关闭电子体温计的电源，将其放入干净卫生的环境保存即可。

（三）耳温枪

耳温枪不宜在婴幼儿喝奶、吃饭、喝开水或哭闹时测量体温，因为此

拓展训练

又到体检的时候了，保健医决定在各班活动室给幼儿测身高、体重。作为保教老师应如何配合保健医做好幼儿体检准备和辅助测量工作呢？请按流程和规范写出实施步骤，并进行模拟。

拓展链接 本部分学习内容见电子资源包

案例情境

今天早晨，妈妈送果果到托幼园所的时候，告诉托幼园所张老师，果果前些天发烧了，还有一些咳嗽，今天一早发现孩子已降温，精神状态较好，所以就送果果来了，请老师多关注一下果果的体温变化，让果果多喝水。如果你是张老师，将如何正确地测量体温？如何做好发热后的护理工作？

随堂记

随堂记

时婴幼儿的体温会升高，会导致测量的体温不准确；刚结束剧烈运动或刚洗完热水澡等，应该休息30min左右进行测量。每个人两侧耳道的温度是不同的，最好在同一侧耳朵测三次体温，采取最高值。

二、测量体温的操作规范

一般使用水银体温计，在测量前需要检查体温计有无破损、水银柱有无断裂、水银线是否在35℃以下。在测量腋下温度时，要确保婴幼儿腋下没有汗渍，然后把水银那一端放进腋窝里保持5min，取出体温计，放在眼睛等高处的水平线位置，读出体温计上的刻度数。

三、发热婴幼儿的护理

在婴幼儿发热时，营养物质和水分消耗多，应注意及时补充营养、易消化的流食并多饮水，以助发汗并防脱水。

退烧常用的方法有药物降温和物理降温两种。药物降温包括吃退烧药等；物理降温是用温水擦拭等方法。对婴幼儿来说，物理降温的方法更安全，必要时可以在医生指导下服用退烧药。在退烧过程中出汗比较多时，要用温毛巾擦去胸、背、腋下及面部的汗，及时更换内衣；不要给婴幼儿穿得过多或盖得过厚。全程密切观察婴幼儿的病情变化，至少每四个小时测量一次体温。如果发热伴有精神萎靡、表情淡漠、眼神发呆、喷射性呕吐、面色发紫、腹痛、腹泻、发疹等情况，必须及时送医院诊治。

活动实施

步骤一：消毒。使用酒精棉签或其他消毒用品，对体温计进行消毒（见图3-16）。

步骤二：甩体温计。一手持体温计略中间偏向尾端的部位，水银头朝下，使用腕部力量将体温计的刻度甩至35℃以下备用。

步骤三：擦干腋下。保教老师需要在婴幼儿平静的状态下测量体温，测量之前先使用干毛巾擦净腋窝下的汗液（见图3-17）。

视频3-6

测量体温

图3-16 对体温计进行消毒

图3-17 擦净幼儿腋窝下的汗液

步骤四：读数。5min后取出体温计，将体温计拿至眼前水平横放，使视线与体温计内的水银垂直；然后边转动体温计边观察，直至看清楚水银柱所指的刻度，读数。体温在36～37.4℃属于正常，如超过37.5℃，说明孩子发烧了。

步骤五：出现体温异常后，需要上报保健医，并配合护理（见图3-18）。

步骤六：及时告知家长，将孩子接回去后做好发热幼儿照护工作，如婴幼儿情况严重，则务必及时送医院治疗（见图3-19）。

图3-18　配合护理

图3-19　与家长进行联系

> **拓展训练**
>
> 在托幼园所实习的小李老师发现，近段时间托幼园所里请假的小朋友越来越多，她不知道怎么回事，赶紧去请教经验丰富的王老师。王老师告诉小李老师，现在刚好是冬春交替的季节，许多小朋友感冒了，有的还发热。面对托幼园所出现发热的婴幼儿，保教老师应如何处置？请写出流程及职责，然后分组模拟体温测量。
>
> 拓展链接　本部分学习内容见电子资源包

活动二　识别与护理婴幼儿腹泻

知识准备

一、腹泻症状

腹泻是由感染、饮食不当、腹部着凉、贪吃冷食冷饮等多种原因造成的消化道综合征，是婴幼儿最常见的疾病之一。其症状如下：

1）腹泻症状轻的，食欲不振，偶有呕吐，大便次数增多，但每次大便量不多，大便稀薄或带水。

2）腹泻严重者多因肠道内感染所致，起病急，一日腹泻数十次，有较明显的脱水、电解质紊乱等症状，如发热、精神烦躁等。

二、腹泻的预防

在日常生活中，可以通过以下四种方法达到预防婴幼儿腹泻的目的：

1）注意卫生，餐具要注意消毒，饭前、便后要洗手。

2）勿食生冷食物，吃熟食，喝开水，少吃凉性的瓜果或食物。瓜果、蔬菜、肉制品等要保证新鲜，不要吃变质的东西，少吃过夜饭。

3）注意腹部保暖，不要受凉。在天气突变时，应注意不要迎风说话，以免冷空气直入，伤及脾胃。

4）注意锻炼身体，增强体质；保证睡眠，提高免疫力。

拓展训练

在音乐活动中，张老师看到佳佳皱着眉头，捂着肚子蹲在地上，于是赶紧走到佳佳身旁询问情况。佳佳表示肚子疼，想去厕所。张老师急忙带佳佳去如厕，发现孩子的大便为黄色稀水样。排便后，佳佳表示舒服多了，但仍想继续如厕。面对这种情况，保教老师应该如何处理？

拓展链接 本部分学习内容见电子资源包

三、婴幼儿腹泻的护理流程

保教老师要善于观察婴幼儿的情况，及时发现婴幼儿腹泻的情况，并对腹泻的婴幼儿进行护理，提醒婴幼儿多喝水，饮食上尽量清淡，做好婴幼儿臀部的护理工作，并第一时间告知家长，必要时及时就医。

活动实施

步骤一：发现婴幼儿有腹泻，甚至脱水症状时，保教老师要跟踪婴幼儿的身体状况，无论程度轻重，均应第一时间告知家长，必要时送医院治疗。

步骤二：可根据腹泻婴幼儿的饮食情况，确定食物的种类和量。食物宜软、碎、烂，少食多餐。保教老师可提前通知厨房老师做一些流食等，以便腹泻婴幼儿食用。

步骤三：要悉心照料婴幼儿，避免腹部着凉。经常提醒婴幼儿做好日常饮食卫生，养成良好的卫生习惯，注意生活用品的消毒。室内温度保持适度，经常通风。

任务三 识别、护理疑似传染病

学习目标

素养目标 ❍ 注意观察婴幼儿的情况，树立促进婴幼儿健康成长的工作意识。

知识目标 ❍ 熟悉婴幼儿常见传染病的种类及典型症状。

能力目标 ❍ 能做好常见传染病的预防、识别及护理工作。

活动一 患手足口病婴幼儿的护理

知识准备

一、症状

手足口病是一种婴幼儿传染病，又称发疹性水疱性口腔炎，是由肠道病毒引起的传染病。其症状如下：

发病初期，部分患病婴幼儿多伴有流涕、咽痛、厌食、呕吐、腹泻等症状。病后不久，在患病儿手足远端部位，如手指、手掌、足趾以及口腔出现红色小丘疹，并迅速转为小疱疹，直径2～4mm，如米粒大小，呈圆形、椭圆形，周围有红晕（见图3-20）。

一般该病以手、足、口腔疱疹为主要特征，故通称为手足口病。口腔疱疹多分布在舌、颊黏膜、口唇、硬腭、咽、扁桃体等处，并很快变成小溃疡，患病幼儿流口水、吃东西痛，甚至影响进食。多发生于5岁以下婴幼儿，少数患病婴幼儿可引起心肌炎、肺水肿、无菌性脑膜炎等并发症，个别重症儿如果病情发展快，可导致死亡。

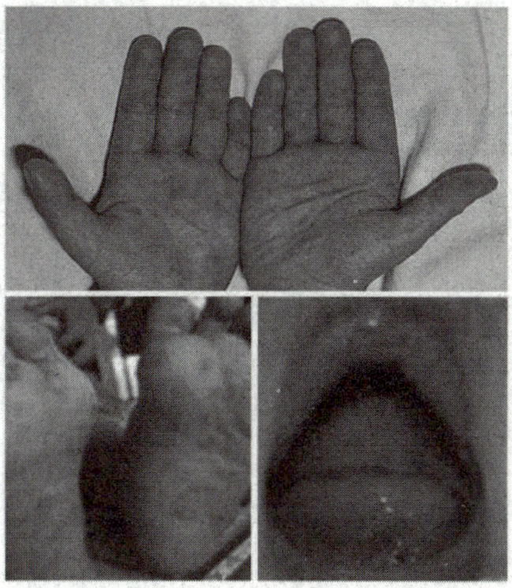

图3-20 手足口病患儿的症状

二、护理流程

手足口病的护理主要从对症治疗、保持周身及病损部位清洁干燥、按需隔离、保持环境清洁、避免反复感染等方面着手。

（1）对症治疗 一般该病以手、足、口腔疱疹为主要特征，照护时应做好局部的清洁及护理，保持婴幼儿皮肤的干燥，按照医生的建议定时服用抗病毒药物及清热解毒的中药，同时补充维生素B、维生素C。

（2）保持周身干燥、清洁 使用干净舒适的被褥，穿着柔软干燥的衣物，勤洗勤更换，以免造成二次感染。

（3）及时清理大小便 如果是臀部有皮疹的婴幼儿，还应该注意随时清理大小便，保持臀部清洁、干燥，避免感染。

（4）修剪指甲 剪短婴幼儿的指甲，必要时将双手包裹住，以免抓破皮疹。

（5）按需隔离 必要时进行隔离，以免病毒传染，接触者还应该注意消毒。婴幼儿使用过的衣物要进行消毒处理，以免二次感染。

（6）室内空气清新 手足口病是可以直接接触、经肠道感染的，也可以经空气飞沫传染，所以一定保持空气清新，避免反复感染。

三、紧急处理

当班级发现患传染病的婴幼儿时，保教老师要做到以下几点：

1）在第一时间告知保健医，并按保健医的要求进行隔离、检疫、消毒。

2）在检疫期间，患病班级要主动远离健康班级，不收新生入班，不向外班转出儿童。

3）患传染病婴幼儿痊愈回班，持有效的医院证明，方可进班。

4）在常规预防消毒的基础上加大力度，避免反复传染。根据不同传染病的传播途径，有针对性地进行消毒。

5）要做好预防宣传工作，提示家长不要带孩子到人多密集的公共场所，不要与患儿接触，防止交叉感染。

活动实施

拓展训练

作为保教老师，你如何识别幼儿是否患手足口病？如班内发现手足口病患儿，应如何处理？分组讨论提出对策，并进行交流。

拓展链接 本部分学习内容见电子资源包

随堂记

步骤一：做好疫情报告。发现手足口病患儿，积极采取处置措施，防止疾病蔓延、扩散，及时上报保健医、告知家长。

步骤二：加强消毒隔离工作。发现当日应及时将患儿隔离，并通知家长接走婴幼儿，建议留在家中，直到热度、皮疹消退及水疱结痂。一般须隔离2周，持有效的医院证明，方可进班。患儿用过的玩具、餐具或其他用品应彻底消毒。

步骤三：养成良好的卫生习惯。让婴幼儿勤洗手，不与别人共用毛巾、牙刷和餐具，避免病从口入。

步骤四：加强营养，适当补充清淡的蔬菜；让婴幼儿经常参加室外活动，提高抵抗力；在病毒流行期间，提醒家长少带孩子去人多的公共场所；在居家时，注意室内通风。

步骤五：加强与缺席幼儿家长的联系，了解病情进展。

活动二 患诺如病毒婴幼儿的护理

知识准备

一、症状

感染诺如病毒后，婴幼儿会出现肠胃炎的症状，典型的表现是呕吐和腹泻（儿童患者以呕吐为主，成人患者以腹泻为主），同时伴有发烧、头痛、恶心、腹痛、畏寒等表现，严重的可能会脱水。诺如病毒，又称诺瓦克样病毒，一年四季都有，秋冬季是高发期。这种病毒具有高传染性，可通过飞沫、呕吐物、粪便的接触或不洁饮食传播，5岁以下的婴幼儿是高发人群。同时，它具有变异速度快、可能重复感染的特点。

二、感染诺如病毒的婴幼儿的护理

诺如病毒肠胃炎是自愈性疾病，一般不需要特殊治疗，擅长“闪电战”，一般3天后症状会明显缓解。应对诺如病毒没有特效药，不需要进行“抗病毒”治疗。但是“呕吐+腹泻”的双重夹击，容易导致婴幼儿脱水。因此，在婴幼儿感染期间，要注意及时给婴幼儿补水，建议使用口服补液盐，以防脱水。

三、诺如病毒预防

1．切断传播途径

病毒性腹泻的主要传播途径为“粪—口”传播，传染源多为轻型病人或无症状携带者，故主要预防措施是做好食品和饮水工作，加强病人、密切接触者及其直接接触环境的管理等工作，积极切断疾病的传染途径。

2．控制传染源

已经发病的婴幼儿要隔离治疗，暂停入园，应该在家休息，直到症状消失3天后才回园，以免将疾病传染给其他婴幼儿。对病人、疑似病人的吐泻物和污染过的物品、厕所等进行消毒。

3．避免病从口入

不吃生冷食品和未煮熟、煮透的食物，尤其是禁止生食贝类等水产品；对一些放置时间较久的冷菜最好少吃或不吃，饮用水煮开后再喝，不要喝生水。

4．健康教育

加强以预防肠道传染病为重点的宣传教育，提倡喝开水，不吃生的或半生的食物，生吃瓜果要洗净，饭前、便后要洗手，养成良好的卫生习惯。

5．个人的预防措施

1）锻炼身体，提高机体的抵抗力。

2）注意个人卫生，勤洗手，防止病毒病原体的感染。

3）不吃生冷食品和未煮熟、煮透的食物，减少到校外的餐厅就餐，特别是无牌无证的街边小店。

4）在流行季节，少去人多的公共场所，杜绝传染渠道，减少感染机会。

5）在家中有腹泻病人时，应积极治疗病人，并适当地隔离。

6）在情况严重时，应尽快就医，以免耽误病情。

随堂记

活动实施

步骤一：早发现早隔离。在诺如病毒流行期间，保教老师加强早检时的观察、询问，及时发现有感染症状的婴幼儿；积极采取隔离措施，防止疾病蔓延、扩散，及时上报保健医、告知家长。

步骤二：加强消毒工作。对日常用品、玩具、门把手、桌面等进行消毒处理，消除卫生死角，经常保持通风换气，填写消毒记录。

步骤三：加强宣传教育。保教老师利用多种形式正面宣传诺如病毒的预防知识及预防措施，增强婴幼儿及家长的防控意识，引导、教育婴幼儿养成良好的卫生行为习惯，做到“勤洗手、喝开水、吃熟食、勤通风”等。

步骤四：加强营养，适当补充清淡的蔬菜；让婴幼儿经常参加室外活

拓展训练

小勇因病没来托幼园所，症状为呕吐、腹泻，同时伴有发烧、头痛、腹痛、畏寒等表现。经医生诊断，小勇感染了诺如病毒。请问接下来保教老师将如何指导家长做好小勇的护理工作？

拓展链接 本部分学习内容见电子资源包

动，提高抵抗力；在病毒流行期间，提醒家长少带孩子去人多的公共场所；居家时，注意室内通风。

步骤五：与缺席婴幼儿的家长及时联系，了解缺席原因，以便及时采取预防措施。

活动三 患流行性感冒婴幼儿的护理

知识准备

一、症状

流感是由流感病毒引起的呼吸道传染病，病毒经飞沫传播。其特点如下：

1）潜伏期为数小时至数日。

2）发病急、寒战、发热，体温可达39℃及以上，伴有头痛、倦怠乏力、关节酸痛，还可出现恶心、呕吐、腹泻等消化道症状。

3）流感的全身症状明显，而呼吸道症状较轻。

4）婴幼儿患流感容易并发肺炎。发热3～4天后逐渐退烧，通常可持续1～2周，症状缓解。

二、护理流程

1）居室宜空气清新、流通、阳光充足，有条件者应实行家庭隔离，让患儿单独居住，对居室进行消毒，以控制流感病毒，防止传播。隔离期限自发病至热退48h。

2）发热患儿宜卧床休息，注意保暖，防止复感风寒，应多饮开水。

3）保持口咽、鼻腔清洁，早晚刷牙，进食后以淡盐水或温水漱口，防止继发感染。

4）患儿用过的生活用具应注意消毒，可用煮沸消毒法或日光暴晒。

5）平时多参加体育锻炼，增强体质，适时增减衣服；流行季节，少去公共场所。

6）患儿饮食宜营养丰富，易于消化。高热时可进流质或半流质饮食，适当饮用富含维生素C的食物。

三、预防

1. 搞好个人卫生

饭前便后洗手，不随地吐痰，定期对餐具、孩子的玩具等进行消毒，可以有效降低被流感病毒感染的概率。

2. 搞好室内外的卫生

除了经常开窗通风、为室内的空气消毒之外，还可以用消毒液擦拭门把手、手机屏幕、计算机鼠标、键盘等经常接触到的物品，减少流感病毒的滋生。

3. 积极锻炼身体

积极锻炼身体、强身健体，可以有效地提高身体的抗病能力，即使处在流感高发季和流感高发区，被感染的概率也会大大地降低。可以根据体质状况选择跑步、散步、快走、打球、游泳等运动，提高抵抗力。

4．合理饮食

在流感高发季多吃一些高蛋白、高维生素的食物，如鸡蛋、牛奶、新鲜的果蔬等，可以为身体补充营养，也可以提高免疫力，降低被感染的概率。

5．接种流感疫苗

一般接种了流感疫苗，10～15天后身体就会产生抗体，降低感染流感的概率，所以建议体质较差的婴幼儿接种流感疫苗。一般每年的11月到次年的2月是流感的高发季，所以可以在9月或10月接种最新的流感疫苗。

活动实施

步骤一：要善于观察，及时发现患流行性感冒的婴幼儿。如患病婴幼儿会出现发热、头痛、倦怠乏力、关节酸疼症状，还可出现恶心、呕吐、腹泻等消化道症状。

步骤二：发现疑似案例后，保教老师要第一时间联系保健医、告知家长，做到早发现早隔离。

步骤三：对患儿所在班级进行消毒工作，患儿接触过的物品、玩具等都要进行彻底消毒；观察班级有无发热、感冒症状的婴幼儿。

步骤四：加强每天入园幼儿的晨检及午检工作，一旦发现有流行性感冒疑似病例，及时隔离，做好疫情报告。

步骤五：加强卫生宣传教育，督促婴幼儿饭前、便后洗手，增强自我防病意识。

步骤六：来园时发现缺席婴幼儿即刻联系家长，了解缺席原因，以便及时采取预防措施。

随堂记

拓展训练

明明来园时，李老师发现他无精打采，经检查发现他发热并伴有乏力、浑身酸痛、流涕、干咳等症状，请问针对这种情况李老师应该如何应对？

拓展链接 本部分学习内容见电子资源包

任务四 突发意外伤害的紧急处理

学习目标

素养目标 ❍ 关心爱护婴幼儿，增强责任意识和安全保护意识。

知识目标 ❍ 掌握判断婴幼儿常见突发意外伤害的正确方法；掌握针对突发意外伤害处理的救助措施。

能力目标 ❍ 能正确识别常见突发意外伤害，培养敏锐的观察力；能按规范流程对突发意外伤害进行正确处理。

案例情境

小明和小强是一对好朋友，他们经常在一起玩。到了户外活动的时间，一开始他们还是轮流跳。但是过了一会儿，两个人开始争抢，你不让我，我不让你。突然小明把小强推倒，小强的胳膊摔伤了。你应如何紧急处理幼儿的摔伤呢？

活动一 皮肤外伤的处理

知识准备

一、皮肤外伤的种类

婴幼儿生性好动，难免会出现各种意外和伤害，常见的皮肤外伤主要是指皮肤擦伤、划伤、挤伤等。

1．皮肤擦伤

婴幼儿在奔跑、跳跃、与同伴嬉闹时不慎跌倒，很容易蹭破皮肤，尤其是在夏天更为常见。

2．划伤

婴幼儿在使用剪刀、小刀等文具或触摸纸边、草叶和打碎的玻璃器具、陶器时，都有可能发生手被划破的事故。

3．挤伤

婴幼儿的手指经常被门、抽屉挤伤，严重时可出现指甲脱落的现象，给婴幼儿造成痛苦。

二、皮肤外伤的处理流程

皮肤创伤严重程度不同，临床上的处理方法不同，但总的原则相同，首先需要处理创伤，其次要做好局部消毒。若皮肤创伤出血过多，需要及时止血；若皮肤创伤伤口较大、较深，需要马上去医院进行缝合并注射破伤风抗毒素。此外，还需注意定期换药直到伤口完全愈合。

1．处理创伤

可以及时用清水冲洗，然后使用无菌的生理盐水冲洗，同时还需要清除创面伤口当中可能存在的一些异物，并将其尽量地清除干净。

2．局部消毒

可以用碘酊消毒伤口，如果伤口比较深，建议使用过氧化氢进行冲洗，以杀灭伤口中的细菌。

3．止血

如果皮肤创伤出血量比较多，还要注意及时止血，可以使用止血带进行压迫止血。

4．缝合

如果局部皮肤创伤有较大的破口，可能需要进行相应的缝合，此时应及时到医院外科急诊做清创缝合处理。

5．注射破伤风抗毒素

通过创面处理之后，需要进一步使用抗生素预防感染，若是深处有闭合性伤口，还要注意注射破伤风抗毒素以预防破伤风。

6．定期换药

皮肤局部伤口处理之后，还要定期更换敷料，直到伤口痊愈，以促进伤口的愈合。

三、托幼园所发生皮肤外伤的预防

1）要经常平整场地，做到无坑、无砖、无松动、无积水、无突起物等，及时清理园中影响婴幼儿活动的障碍物，随时检查有无螺丝松动、铁皮外露等不安全因素。

2）经常检查婴幼儿有无携带有碍安全的危险物，如尖锐利器、玻璃球等危险物，并经常对婴幼儿进行安全常识教育，增强婴幼儿自身的安全意识。

3）各种物品的摆放位置要恰当、稳固，以不妨碍婴幼儿活动为前提。

4）在组织婴幼儿活动时，保教老师要对婴幼儿提出明确的活动要求和规则，在活动中加强巡视指导，及时制止婴幼儿相互推拉扯拽、追逐打闹的行为，避免发生皮肤外伤事件。

随堂记

活动实施

一、皮肤擦伤的处理

可按照以下步骤处理皮肤擦伤：

步骤一：先检查伤口的深浅，若伤口无出血，仅蹭破皮肤表皮，只需要将伤口处的泥沙清理干净（见图3-21），再用碘酊由伤口中心向外消毒即可。

步骤二：如果伤口较深，有少量出血，则应用生理盐水清洁伤口，并用碘酊给伤口消毒，处理后无须包扎（见图3-22）。

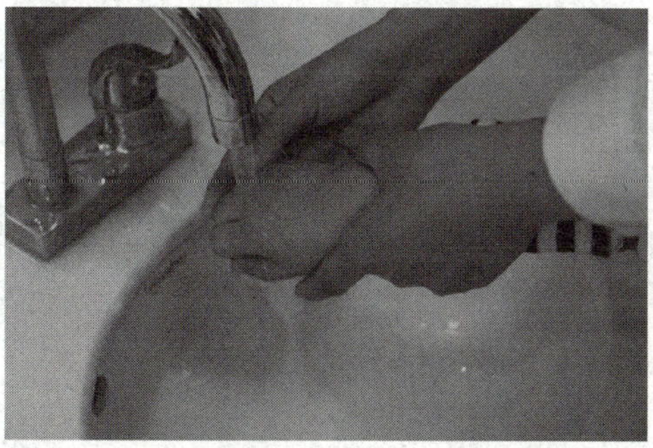
图3-21 将伤口处的泥沙清理干净

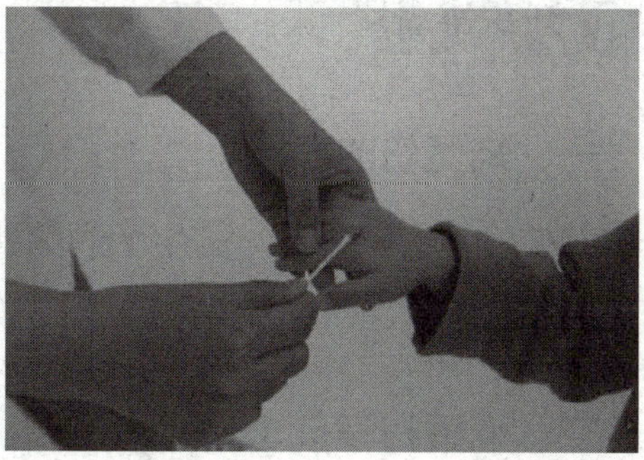
图3-22 用碘酊由伤口中心向外擦拭消毒

二、划伤的处理

可按照以下步骤处理皮肤划伤：

步骤一：用无菌纱布按压伤口止血。

步骤二：在伤口周围用碘酊由里向外消毒。

步骤三：视伤口大小、深浅决定是否用无菌纱布包扎（见图3-23）。

步骤四：如果是玻璃器具扎伤，应先用镊子清除玻璃碎片（见图3-24），再清理伤口，消毒后进行包扎。包扎时做到：快、准、轻、牢，

视频3-7

皮肤划伤的处理

即动作迅速敏捷，部位准确严密，动作轻柔，包扎牢靠。当扎伤严重或涉及面部时应及时送医院治疗。

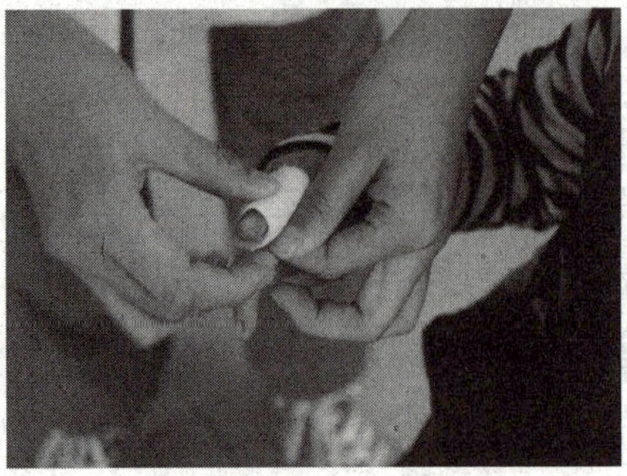

图3-23 用无菌纱布进行包扎

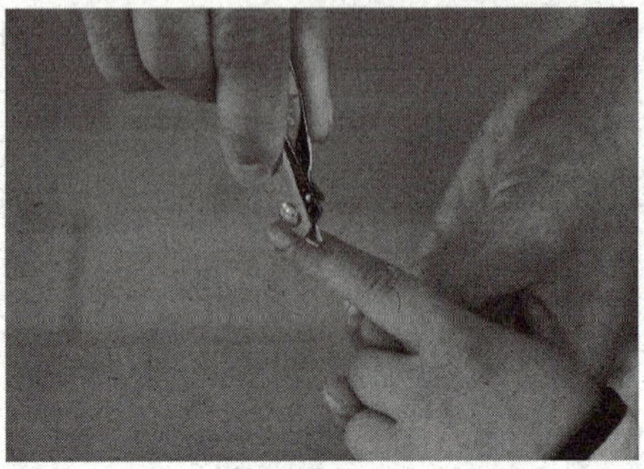

图3-24 用镊子清除玻璃碎片

三、挤伤的处理

可按照以下步骤处理皮肤挤伤：

步骤一：若无破损，用水冲洗、冷敷，在疼痛难忍时，可将受伤的手指高举过心脏，以缓解疼痛。

步骤二：若有出血，应止血、消毒、包扎、冷敷。

步骤三：若指甲掀开或脱落，应立即去医院。

活动二 烧烫伤的识别与护理

知识准备

一、烧烫伤的原因

在托幼园所，极少发生大面积或是严重的烧伤、烫伤，一般是偶然情况下幼儿被开水或热汤烫伤。

二、烧烫伤程度

1）一度烧烫伤，表现为受伤处皮肤轻度红、肿、热、痛，感觉过敏无水泡。

2）浅二度烧烫伤，表现为受伤处皮肤疼痛剧烈、感觉过敏，有水泡；水泡剥离后可见创面均匀发红、潮湿、水肿明显。

3）深二度烧烫伤，表现为受伤皮肤痛觉较迟钝，可有或无水泡，基底苍白，间有红色斑点；可感觉疼痛。

4）三度烧烫伤，表现为皮肤感觉消失，无弹性，干燥，无水泡，蜡白、焦黄或炭化；无疼痛。严重的烧烫伤不仅损伤皮肤，还可深达肌肉、骨骼甚至引起全身变化，如休克、感染等。

随堂记

拓展训练

一天，王老师组织幼儿进行跑步比赛。由于阳阳跑得太快，一不小心摔了一跤，导致膝盖磕破了，皮肤擦伤渗血。针对这种情况，王老师应该如何紧急处置？

拓展链接 本部分学习内容见电子资源包

案例情境

午餐时间，某托幼园所的幼儿们都坐在椅子上等待张老师分发饭菜。佳佳迫不及待地去抢张老师手上的面汤，结果汤碗打翻在地，热面汤撒在了坐在旁边的丽丽的腿上，丽丽立刻大哭起来。张老师应如何进行紧急处理？

三、托幼园所烧烫伤的预防措施

（一）落实四项管理

1）管理好水。对热水要加强管理，开水要放在婴幼儿碰不到的地方。热水必须凉到一定的温度，才能让婴幼儿去喝。

2）管理好人。对婴幼儿加强教育，加强管理。密切注意婴幼儿饮水安全，不碰热水瓶，不饮开水。

3）管理好物。加强托幼园所保温桶的管理，加强防范。注意烧水的电器设备的安全使用，每周检查一次，并做好检查记录，及时维修。避免发生烧伤、触电等现象。

4）管理好饭菜。厨房严禁婴幼儿入内，一定要注意热汤、热菜稍凉后再给婴幼儿吃，防止烫伤事故。

（二）做好三个动作

保教老师必须做好三个动作：看、盯、说。

1）看：平时多观察，注意用水安全，注意饮水设备安全。

2）盯：盯住婴幼儿，特别要盯住调皮爱动的婴幼儿；盯住饮水设备，不能把热水直接放入其中。

3）说：平时要多提醒。

活动实施

烫伤急救的步骤是：冲、脱、泡、盖、送。婴幼儿烫伤后，如果时间允许应立刻呼叫保健医或送往保健室。

步骤一：冲：婴幼儿烫伤后，要立即用流动的冷水不断冲洗伤处（见图3-25），降低表面温度，减少伤处的进一步损伤，然后立即呼叫保健医。

步骤二：脱：在冲洗过程中，尝试边冲洗边将婴幼儿的衣服脱掉，如果衣服与皮肤粘连，应该用剪刀剪开衣服。

步骤三：泡：用干净的冷水将伤处进行浸泡，注意如有水泡，切不可随意挑破，以免感染。

步骤四：盖：用干净的敷料将伤口遮盖起来（见图3-26），避免在阳光下直射（如果是轻度烫伤，可涂烫伤膏；如果面积较大，不要随便涂药物）。

步骤五：送：视烫伤程度及烫伤面积，送医院做进一步医治。

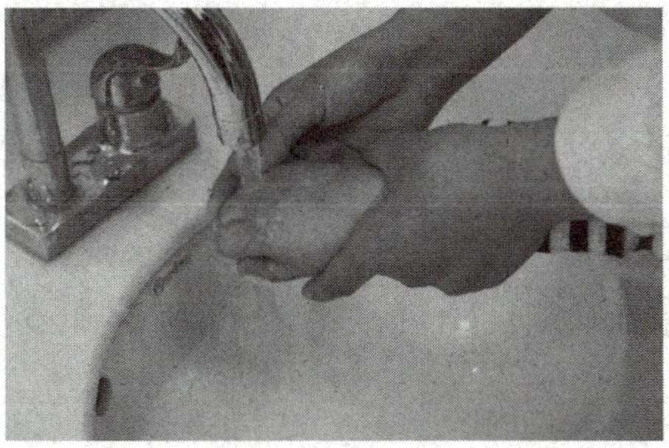

图3-25　用流动的冷水不断冲洗伤处

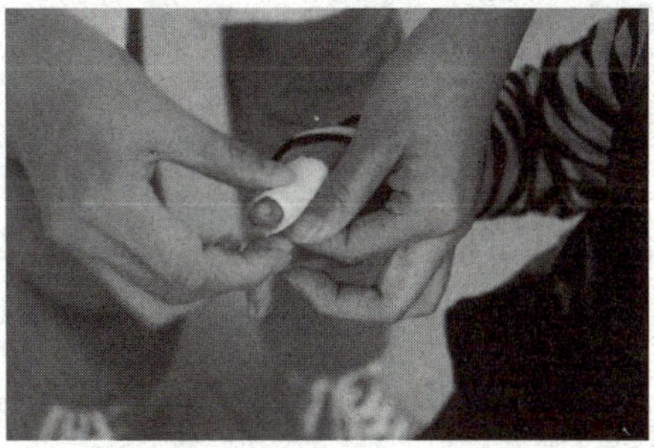

图3-26　用干净的敷料将伤口遮盖起来

拓展训练

在托幼园所喝汤的时候，保教老师提醒幼儿不要着急喝。一个“大胆”的男孩非要试一试，结果一大口下去，顿时哭了。请问发生什么了？保教老师应该怎么办？

拓展链接 本部分学习内容见电子资源包

活动三 气管异物的紧急处理

案例情境

某托幼园所在午餐时，佳佳和旁边的同学聊天，时不时发出笑声。突然，佳佳的小脸瞬间憋得通红，好像被食物卡住了，她剧烈咳嗽起来，米饭喷射而出。请问佳佳可能出现什么危险？你如何帮助佳佳摆脱危险？

随堂记

知识准备

一、气管异物发生的原因及症状

因婴幼儿咀嚼功能未发育成熟，吞咽功能不完善，气管保护性发育不健全，同时具有好动、好奇的天性，常常会有食物或体型较小的异物吸入，如花生、糖果、小豆子、图钉、小玻璃球等，最突出的症状是剧烈的刺激性呛咳。由于气管或支气管被异物部分阻塞或全部阻塞，出现气急、憋气、短时间内即可发生窒息性死亡。气管异物在幼儿阵发性呛咳时可能会部分咳出，自然咳出的机会为1%～4%，因此大部分需要急救处理。

二、气管异物的预防

保教老师要多关注婴幼儿，吃饭时要提醒婴幼儿细嚼慢咽，吃饭过程中不要嬉笑，以防食物误入气管。当发现婴幼儿嘴里有小玩具、花生米等时，保教老师切勿吓唬他，因为婴幼儿在惊恐中深呼吸时，极易使异物吸入气管。保教老师平时还要多提醒婴幼儿不要将小物件放入口中，以免发生意外。

三、气管异物的处置流程

保教老师遇到婴幼儿突发疾病，应该按照“现场观察—及时上报—伤情检查—急症救助”的流程处理，并不断与婴幼儿沟通，稳定婴幼儿的情绪，减轻婴幼儿的痛苦，最大限度地减少对婴幼儿的伤害。

急救的目的：

1）抢救生命、降低死亡率。

2）防止病情的继续恶化。

3）减轻病痛，减少意外损害，降低伤残率。

活动实施

婴幼儿气管出现异物后，应立刻呼叫保健医，通知家长。在等待保健医到来之时，保教老师可做如下急救。

步骤一：对于较小的患儿，可采用拍背法。让其趴卧在保教老师的腿上，头部略低，拍背，使其将异物排出（见图3-27）。

步骤二：还可以采用海姆利克急救法。保教老师站在婴幼儿身后，双手环绕抱住患儿的腰部，右手大拇指的背部顶住患儿肚脐上方两指处，左手重叠于右手之上，间断地向上、向后冲击性地推压，以产生冲击气流，重复上述动作，直至其将异物排出（见图3-28）。

步骤三：采用以上两种方法，如有异物排出，保教老师要注意迅速从口腔内清除阻塞物，以防再度阻塞气管，影响正常呼吸；如无效，要立即送患儿到医院治疗。

图3-27　拍背法

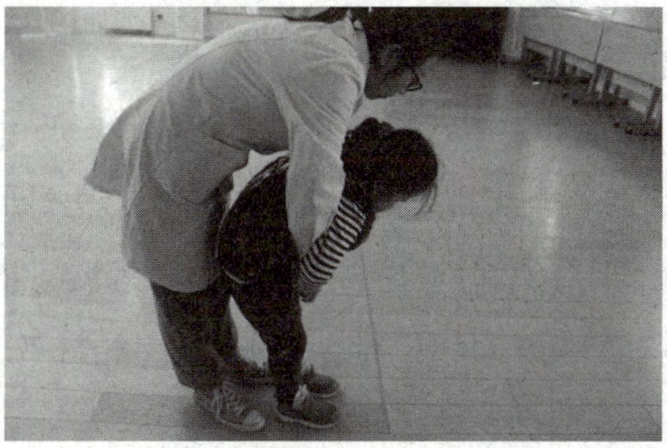

图3-28　海姆利克急救法

拓展训练

在幼儿吃饭过程中，保教老师发现楠楠的脸憋得通红，呼吸困难，还不断地呛咳，疑似发生了气管异物。请问楠楠怎么了？如何对他进行施救？

拓展链接　本部分学习内容见电子资源包

随堂记

任务五
突发灾害的紧急处理

学习目标

素养目标　○　保护婴幼儿的生命安全，提升防灾减灾意识。

知识目标　○　掌握托幼园所活动期间突发灾害的避险处理方法与举措。

能力目标　○　能够冷静应对突发灾害，培养突发灾害时对婴幼儿的保护能力。

活动一　突发地震的安全避险

知识准备

一、地震的特点

1）地震主要是突发性比较强，瞬间发生十分突然，持续时间短。

2）地震的破坏性大，成灾广泛，对楼房内的人员伤害性较大。

3）地震具有周期性，相隔地点和时间没有规律性。

4）人类无法在短时间内组织有效的防御行动。

5）地震容易引发火灾、有毒有害气体扩散、海啸等其他次生灾害。

案例情境

托幼园所进行室内地震避险演练。地震警报发出后，主班、配班、保教老师迅速组织幼儿躲藏到桌子下面、墙角，用手保护头部、颈部；“地震”结束，疏散哨声响起，托幼园所教师组织幼儿按照规定路线，安全有序地撤离到指定位置。教师第一时间上报幼儿撤离情况，集合所有师生进行地震知识普及与讲解。通过不定期的地震避险演练，加强托幼园所师生的防震避险意识，为孩子们的健康成长保驾护航。

二、突发地震的避险原则和内容

为了保护地震到来时托幼园所师生的生命安全，保证地震应急工作高效、有序地进行，结合托幼园所的实际情况合理制定地震应急处置流程。通过对师生防震减灾的培训与教育增强其防震意识，有效应对突发地震。

地震发生时，如果婴幼儿处在室内活动区域，保教老师应第一时间组织婴幼儿进行安全躲避。

活动实施

步骤一：地震发生时如果婴幼儿正处在室内，教师和保教老师应第一时间就近指挥婴幼儿进行躲避，躲避地点为桌子底下、无柜子的墙角、水房墙角等，跪地趴下迅速护住头、颈；避免靠近玻璃、瓷器、灯具，一定要注意躲避摆放物品的地方，避免物品摇晃掉落，造成伤害；不要使用电梯逃生。

步骤二：地震结束后，迅速组织婴幼儿有序撤离教室（见图3-29），到远离高层建筑的操场或应急避难所。

步骤三：清点人数、查看是否有婴幼儿受伤（见图3-30），如果人员不齐至少有一名老师应迅速返回教室，寻找婴幼儿。如果有婴幼儿受伤，应立即查看婴幼儿伤情，进行紧急处理。

步骤四：安抚婴幼儿的恐惧情绪，必要时抱起哭闹的婴幼儿进行安慰，缓解婴幼儿的恐惧、焦虑情绪。

步骤五：善后工作，及时联系家长，优先通知受伤婴幼儿的家长，告知其基本情况，为所有婴幼儿报平安，等待救援或者家长接走婴幼儿，直到送走最后一名婴幼儿。

图3-29 组织婴幼儿有序撤离

图3-30 教师清点人数

随堂记

拓展训练

小王老师所在托幼园所发生地震后，部分幼儿家长失联，必须在托幼园所留宿。托幼园所教师该如何安排？写出具体流程，然后分组模拟。

拓展链接 本部分学习内容见电子资源包

案例情境

托幼园所二楼睡眠室发现插座短路，发现明火。教师第一时间拨打119火警电话，迅速组织幼儿撤离火灾现场，并逐级上报学校领导。你是否了解应对突发火灾的工作程序？

活动二 突发火灾的安全应对

知识准备

一、防火的基本知识

（一）火灾的预防

了解如何防止火灾发生，树立人人防火的安全意识。减少可燃物的堆积，采取隔离存放等措施。增强人走断电的意识，熟悉生活中、工作中容易出现火灾的区域并加强防范，最大限度地减少发生火灾的可能性。

教育幼儿不玩火、托幼园所内不乱接电线、明火照明时不离人、不用明火照明寻找易燃物、离家或睡觉前要检查电器是否断电、燃气阀门不用时及时关闭等。

（二）灭火的基本方法

发现火灾迅速拨打119，报警时要讲清楚详细地址、起火部位、燃烧物质、火势大小、报警人姓名及电话号。

家用电器着火，要先切断电源，再使用干粉灭火器进行灭火，不可直接用水灭火以防触电或电器爆炸伤人；木制家具、纸、棉布材料着火可就近取水进行灭火，救火时不要贸然开门、开窗，避免空气对流加速火势蔓延。

（三）火场逃生技能

1）保持头脑冷静：根据火势情况选择最佳逃生路线，有序组织婴幼儿按照就近原则选择逃生路线。

2）被困火场：找到有窗房间，组织婴幼儿远离起火墙壁，避免高温烫伤；紧闭房门、用湿毛巾或者衣物堵住门缝，避免浓烟和有毒气体进入房间。在窗口发出求救信号，敲击金属器皿或者打开手机闪光灯，等待救援。

3）不乘坐电梯：楼房起火容易断电，这时乘坐电梯有“卡壳”的可能，使疏散失败，反而处于更危险的境地。

4）用湿毛巾或衣物捂住口鼻：在疏散过程中，应采用湿毛巾或衣物捂住口鼻，防止吸入有毒气体；在逃生过程中不要直立行走，应弯腰或匍匐前进；若是遇到液化气或城市煤气火灾时，不应采用匍匐前进。

二、托幼园所突发火灾的预防

1）明确火灾预防职责，落实责任。

2）加强培训，提高园所所有人员的自防自救能力。定期组织托幼园所教职工参加消防安全培训，掌握防火基本知识、灭火的基本方法、火场逃生的基本技能。

3）定期开展灭火疏散演练，掌握火灾情况下如何快速安全地疏散婴幼儿撤离。

4）安全规范地使用园所的各种电器，严禁使用热得快等，电器使用应远离可燃物。

5）加强婴幼儿消防安全教育，引导婴幼儿认识消防安全的重要性。

活动实施

托幼园所活动区着火时，应按照以下步骤处理：

步骤一：主班老师预判着火火势是否可控，如果火势可控，果断吩咐保教老师紧急疏散火点附近的婴幼儿。

步骤二：用灭火器（见图3-31）、灭火毯（见图3-32）等进行灭火。

拓展训练

托幼园所中班突发火情，火势有蔓延风险。应如何做好幼儿疏散？如何做好幼儿恐惧情绪安抚？

拓展链接 本部分学习内容见电子资源包

随堂记

步骤三：移开桌椅疏散婴幼儿，有序疏散，避免造成婴幼儿受伤。

步骤四：上报学校安全保卫负责人，进行灭火后处理。

步骤五：将婴幼儿带到就近的空教室，清点人数、查看婴幼儿在撤离时是否有磕伤擦伤。如果有受伤婴幼儿，及时联系保健医进行处理或送医院就医。

步骤六：安抚婴幼儿的情绪、消除婴幼儿的恐惧心理。

图3-31　灭火器

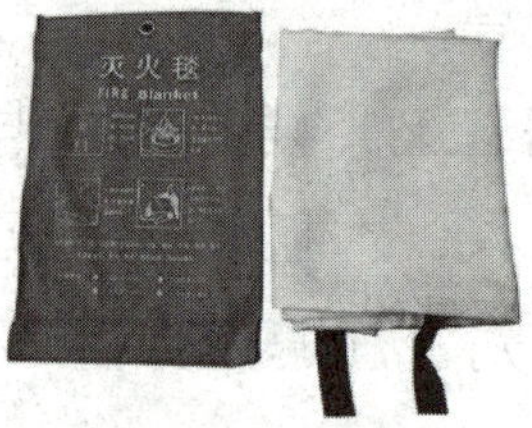

图3-32　灭火毯

活动三　熟悉应急预案，进行安全演练

知识准备

一、安全应急预案

（1）应急预案工作目标　增强托幼园所师生的安全意识，做到早预判、早发现、早制止、早解决，打造“平安托幼园所”确保突发事件不在托幼园所内发生。

（2）以预防为主　定期宣传及科普突发安全事件的预防知识，加强自我防范能力；严格管理统一领导，坚决按照国家的法律法规进行教育活动；成立预警和快速反应机制，保证发现早、报告早、制止早、治疗早紧密结合，启动应急预案及时准确。

（3）组织管理

1）应急处理领导小组及领导小组成员：园长、副园长、安全主任、保健医等。

2）应急预案报告制度：由发现应急事件人第一时间上报托幼园所安全负责人，根据事故等级上报上级管理部门。（事故导致幼儿受伤严重或者出现生命丧失视为重大安全事故，务必上报）

3）托幼园所可能引发的意外事故：火灾、食物中毒、摔伤、磕伤、大型活动、流行传染病等。

4）应急预案报告的内容：时间、地点、信息来源、事件的性质、影响的范围、事件的发展趋势、已经采取的措施、应急处理的过程等。

5）应急保障：突发应急事件的人力、物力、通信、医疗、秩序、善后等保障。

二、托幼园所安全演练方案的要点

1．演练目的

通过托幼园所安全演练，增强托幼园所师幼的安全意识，使全体教师掌握应急处置方法，了解处置程序等，通过演练找出不足，平时加强训练，提升师幼应急反应能力和自救能力。

2．演练组织

成立托幼园所安全演练领导小组、统一指挥、明确责任，协调演练工作。

1）全体教师相互配合、有序组织、分工明确，进行婴幼儿心理疏导、紧急救治、家长联络等工作。

2）发现突发事件，现场教师第一时间上报主管领导，并报上级主管部门，根据实际情况联系120。

3）每层楼梯拐角安排安全引导员，接到演练指令，老师们引导婴幼儿有序上下楼，靠右侧行走、不走回头路、严禁打闹。

4）突发婴幼儿摔倒等情况，保教老师护住受伤婴幼儿，其他老师引导后面的婴幼儿离开事故发生区域，并联系保健医，告知保健医受伤婴幼儿的具体位置、伤情等，及时救护。

3．注意事项

安全演练过程中避免婴幼儿受伤，在演练结束后一定要安抚哭闹的婴幼儿，同时加强师生防踩踏安全教育。

活动实施

步骤一：园所安全总指挥通过广播发出指令“托幼园所突发安全事故请大家不要慌张，按照预案进行，确保婴幼儿有序安全地到达指定位置”。

步骤二：听到警报信号后打开教室前后门，保教老师配合主班、配班教师带领婴幼儿进行安全演练。

步骤三：演练模拟婴幼儿受伤情节，要做到正确、及时处置。

步骤四：保健医对受伤婴幼儿及时救治。

步骤五：主班、配班、保教老师对哭闹或受惊吓的婴幼儿进行安抚。

步骤六：做好善后工作，将安全演练情况形成书面材料进行上报。

随堂记

拓展训练

分组在网上收集托育机构的托幼园所安全预案，并参照拟定一个小班安全预案，相互比较一下有什么特点。

拓展链接　本部分学习内容见电子资源包

单元小结

通过本单元的学习，我们掌握了婴幼儿健康检查、识别、护理婴幼儿常见病、护理疑似传染病、突发意外伤害，以及突发灾害紧急处理的核心知识与操作技能。在一日生活保育工作中，如果发现生病或遭遇意外伤害的幼儿，要沉着冷静，然后依据所学知识技能、流程规范，采取相应做法进行处理。如发现婴幼儿的病、伤情比较严重，应及时通知保健医或联系家长去正规医院就医，以保护婴幼儿的生命安全。

单元检测

一、选择题

1. 传染病流行过程包括3个基本环节，即（　　）。

A. 病毒、传播途径、易感人群　　B. 传染源、传播途径、易感人群

C. 传染源、飞沫传播、易感人群　　D. 传染源、传播途径、禽流感

2. 婴幼儿正常体温范围是（　　）。

A. 38～39℃　　B. 37～38℃　　C. 37～37.8℃　　D. 36～37.4℃

3. 应给腹泻后的婴幼儿（　　）。

A. 用流动水洗屁股　　B. 用冷水洗屁股

C. 用水盆中的温水洗屁股　　D. 热敷臀部

4. 协助体检不包括（　　）。

A. 核对姓名　　B. 安抚婴幼儿

C. 指导保健医做体检　　D. 帮助婴幼儿穿脱衣物

5. 气管、支气管进入异物多见于5岁以下的婴幼儿。若气管有异物时，常会表现出呛咳、（　　）、憋气、面色青紫等现象。

A. 不说话　　B. 不吃东西　　C. 微笑　　D. 吸气性困难

6. 处理婴幼儿扎伤的正确程序是（　　）。

A. 用酒精消毒伤口　　B. 拔刺，挤出瘀血

C. 用生理盐水清理伤口　　D. 直接包扎

7. （　　）表现为受伤处皮肤疼痛剧烈、感觉过敏、有水泡；水泡剥离后可见创面均匀发红、潮湿、水肿明显。

A. 一度烫伤　　B. 浅二度烧烫伤

C. 深二度烧烫伤　　D. 三度烫伤

8. 气管异物的预防包括（　　）。

A. 吃饭时细嚼慢咽

B. 吃饭过程中不要嬉笑

C. 多提醒婴幼儿不要将小物件放入嘴里

D. 一边吃饭一边运动

9. 托幼园所建筑物走廊内疏散指示标识指向是（　　）。

A. 安全出口位置　　B. 消防器材位置

C. 报警电话位置　　D. 值班室位置

10. 火灾最佳扑救时间是燃烧的（　　）。

A. 发展阶段　　B. 初起阶段　　C. 猛烈阶段　　D. 下降阶段

11. 电器起火时，要先（　　）。

A. 拨打报警电话　　B. 用灭火器灭火

C. 用水灭火　　D. 切断电源

二、简答题

1. 入园时，保教老师对婴幼儿进行晨检的顺序和内容是什么？
2. 手足口病患儿的特征是什么？如班内发现手足口病患儿，保教老师应该如何处理？
3. 作为保教老师，试述在托幼园所如何防控诺如病毒感染。
4. “海姆利克急救法”的操作方法是什么？请两个人一组进行演示。
5. 在发生火灾后，如何组织高楼层幼儿逃生？

第四单元

早期学习支持——动作发展

单元导读

动作是人类适应环境的重要手段，也是人类生存与生活的一种基本能力。0～6岁婴幼儿时期，动作发展至关重要，不仅是判断智力发育正常与否的重要指标，也对婴幼儿的感觉、知觉、思维、记忆、语言等产生重要影响。因此，早期动作发展是婴幼儿早期发展的重要阶段。本单元重点学习0～3岁和3～6岁婴幼儿动作发展概述和早期学习支持的任务要求、案例与活动实施步骤，动作发展活动的设计、组织与实施。提升保育人员辅助指导婴幼儿早期学习的能力。

单元目标

- 掌握婴幼儿大肌肉、精细动作发展的专业知识，针对不同年龄段（0～6岁）设计适宜的学习内容，有效促进婴幼儿的动作技能发展。
- 能运用大肌肉、精细动作的相关知识，组织0～3岁婴幼儿的游戏活动，辅助指导3～6岁幼儿的动作发展活动。

单元内容

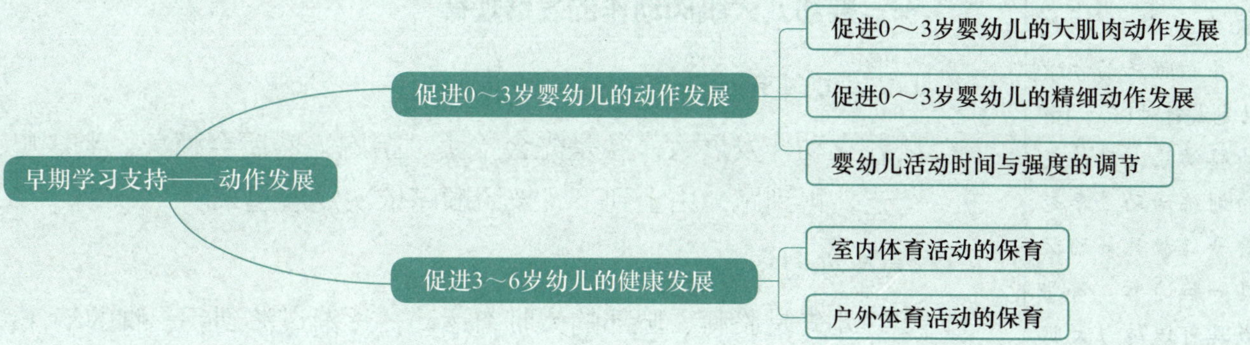

任务一 促进0～3岁婴幼儿的动作发展

学习目标

素养目标
- 正确看待婴幼儿动作发展水平差异，对体质较弱的婴幼儿给予更多的爱。
- 尝试用科学的育儿观规范保育工作行为。

知识目标
- 知道婴幼儿早期动作发展的任务和要求。
- 掌握婴幼儿动作发展的特点，并初步学会组织动作发展活动的方法。

能力目标
- 能组织发展大肌肉动作和精细动作的游戏活动。
- 能按步骤完成婴幼儿大肌肉动作和精细动作活动保育任务。

活动一 促进0～3岁婴幼儿的大肌肉动作发展

案例情境

李老师是一名新入职的保教老师，今天她要协助主班张老师完成18～24个月宝宝班的孩子大肌肉动作游戏活动。张老师把本课教案给了李老师，让她从玩教具箱挑选一些训练婴幼儿大肌肉动作的玩教具，并参照活动方案协助完成针对18～24个月的婴幼儿大动作发展的训练活动。李老师看着玩教具箱的玩教具一脸迷惑，哪些玩教具可以练习大肌肉动作？18～24个月的宝宝大动作发展怎么协调完成？李老师一时没有了想法。请大家来帮助李老师完成玩教具的挑选和摆放，并协助主班张老师完成本活动。

知识准备

婴幼儿0～3岁的大肌肉动作发展对其成长具有深远的影响。这个阶段是孩子的身体和智力发展的关键时期，而大肌肉动作的发展直接关系到孩子的认知、语言和社交能力。此外，大肌肉动作的发展还能提高孩子的注意力、记忆力，以及解决问题的能力。

一、婴幼儿大肌肉动作的发展规律

1．从上到下

婴儿大动作发展大多数是先会抬头、抬胸，然后会翻身、坐、爬、站立、行走，再到跑，由上到下，按照顺序依次发展起来。

2．从近到远

婴幼儿先是胳膊、腿部的大肌肉运动，逐渐过渡到手、脚的动作。

3．从粗到细

手最早会大把攥物，随着生长发育到10个多月后，宝宝可以开始学习精细动作，如用手指练习捏豆等。

二、指导婴幼儿大肌肉动作发展的原则

1．循序渐进原则

婴幼儿大动作发展过程必须遵循一定的顺序，即抬头、翻身、坐、

爬、站、走等阶段。在训练大动作时，必须遵循这一发展规律，不可随意进行干预。过早或过晚地干预婴幼儿的自然发展过程可能会对其健康造成负面影响。

2．适宜性原则

婴幼儿处于生长发育的关键阶段，其精力充沛，但身体耐受力相对较弱。为确保训练效果，避免过度疲劳，每次练习时间应适度控制。同时，由于个体差异的存在，训练时间应根据婴幼儿的实际情况进行调整，确保其在训练过程中保持舒适状态，不产生过度疲劳感。在训练过程中，保教老师要密切关注婴幼儿的反应，适时调整训练强度和时间。

3．趣味性原则

在实施大动作训练时，应遵循趣味性原则。在确保实现动作发展目标的同时，还要注重让婴幼儿充分体验动作的乐趣和与成人合作的快乐。因此，在训练过程中，保教老师应努力营造一个轻松愉快的游戏氛围。

三、0～3岁婴幼儿大动作发展的内容和要求

《托育机构保育指导大纲（试行）》中明确提出，大动作发展有以下学习目标和要点。

1）7～12个月：鼓励婴儿进行身体活动，尤其是地板上的游戏活动；鼓励婴儿自主探索从躺位变成坐位，从坐位转为爬行，逐渐到扶站、扶走。

2）13～24个月：鼓励幼儿进行形式多样的身体活动，为幼儿提供参加爬、走、跑、钻、踢、跳等活动的机会。

3）25～36个月：为幼儿提供参加走直线、跑、跨越低矮障碍物、双脚跳、单足站立、原地单脚跳、上下楼梯等活动的机会。

随堂记

四、训练婴幼儿大肌肉动作发展的注意事项

1）循序渐进，不可操之过急。

2）训练项目适合婴幼儿的年龄特点。

3）注意上下肢同时进行刺激。

4）训练做到时间短、次数多。

5）关注情绪和表情，及时沟通。

活动案例

24～26个月幼儿大肌肉动作活动：训练直线跑

场地选择：室内、室外。

物品准备：玩具（小汽车、玩偶等）。

活动目的：训练幼儿的跑步能力，在活动中有意识地练习跑和停。

训练方法：保教老师可在前方约3m处放置幼儿喜欢的玩具，鼓励幼儿和保教老师比赛跑步，看谁先拿到玩具。帮助幼儿练习停下来、站稳。

注意事项：活动时注意不要跑太快，避免幼儿因失去平衡而摔倒。此类活动运动量较大，游戏时间不宜过长，依照婴幼儿的运动能力，灵活控制游戏时间。

拓展训练

李老师是一名保教老师，今天她要完成24个月的婴幼儿大肌肉动作学习活动。请你帮助李老师选择一个训练大肌肉动作的游戏，写出活动目的、练习方法、注意事项。

拓展链接 本部分学习内容见电子资源包

活动实施

步骤一：保教老师熟悉大肌肉动作游戏活动方案，了解活动内容、活动要求，做好玩教具的准备工作。

步骤二：做好环境准备工作，查看室内温度、通风条件等，将玩教具放到指定位置。

步骤三：按照预先设定的环节，组织、引导婴幼儿参与游戏活动，适时进行示范展示。观察婴幼儿的活动状态，及时回应婴幼儿的需求。

步骤四：活动结束后将玩教具归回原位，可以增加一些放松游戏，让婴幼儿缓解疲劳，同时做好活动成效记录。

活动二 促进0～3岁婴幼儿的精细动作发展

随堂记

案例情境

李老师在大家的帮助下顺利完成了婴幼儿大肌肉动作发展的游戏任务，今天她要继续完成18～24个月宝宝班的精细动作游戏活动，主班张老师把活动方案给了李老师，让她准备一些训练用的玩教具，并参照活动方案，组织幼儿精细动作发展训练。李老师一脸迷惑，哪些玩教具可以练习精细动作？18～24个月宝宝的精细动作发展有哪些要求？请你帮助李老师完成玩教具的挑选和摆放，并协助主班张老师组织游戏活动。

知识准备

婴幼儿手部精细动作的发展能加速其大脑的发育。手部精细灵巧的动作，手关节的肌肉、韧带、皮肤与物体的接触都为大脑提供丰富的刺激和内源性信息，能把大脑中的某些创造性区域激活起来，使大脑神经树突的连接更加复杂而合理，从而促进大脑思维能力的发展。

一、婴幼儿精细动作的发展规律

婴幼儿精细动作的发展主要体现在手指、手腕、手掌等部位的活动能力和手眼协调能力。0～3岁是婴幼儿精细动作发展极为迅速的时期，他们通过手来感知事物的属性和事物间的关系。精细动作包括手指动作、手眼协调能力、手掌抓握能力、手腕的灵活及稳定性和双手协作，五个方面缺一不可。婴幼儿精细动作的发展是循序渐进进行的，最初的精细动作是抓握和取物（见表4-1）。

表4-1 婴幼儿精细动作的发展

精细动作的发展规律							
月份	0～2月	3～4月	5～7月	8～9月	10～12月	13～24月	25～36月
动作发展规律	无意识抓握	自主抓握	全手掌抓握	指间抓握，双手协调	拇指食指配合抓取物品	灵活摆弄小的物品	手部有一定的控制能力

二、婴幼儿精细动作的发展原则

1．适当鼓励

应当适时地鼓励婴幼儿。婴幼儿在完成一套动作时，保教老师的鼓励能够让其感到成功的喜悦，从而增加自信心，勇敢地面对各种新挑战。保教老师应该给婴幼儿做好榜样，让他们拥有不放弃的精神。

2．循序渐进

婴幼儿的精细动作能力是可以进行训练的，但是一定要记住，训练要按照循序渐进的方式进行，一开始不能让婴幼儿完成太复杂的任务，如果任务难度过大，很容易让他们产生畏惧心理。

3．注意安全

对婴幼儿进行精细动作训练的时候一定要注意安全。在抓握东西的时候，一定要确保东西的材质安全，应选择无毒无害的物品，不要接触一些尖锐的物品或者是过烫的物品，同时还要先确保周围环境的安全。

4．多样发展

对于婴幼儿来说，他们对新事物充满好奇心，所以我们在训练其精细动作的时候，要尽可能地多设计一些不同的动作和活动，这能够有效地激发婴幼儿的好奇心和兴趣。

5．坚持、有耐心

对婴幼儿进行精细动作训练是一个需要长期坚持的过程，而且在这个过程中需要家长们足够有耐心。有些宝宝在刚开始进行训练的时候，可能会遇到一些困难和阻碍，这个时候我们一定要及时地给予帮助和鼓励。

三、0～3岁婴幼儿精细动作发展任务及要求

《托育机构保育指导大纲（试行）》中明确提出，婴幼儿精细动作要达到良好的发育水平。

7～12个月：提供适宜的玩具，促进抓、捏、握等精细动作发展。

13～24个月：提供多种活动材料，促进涂画、拼搭、叠套等精细动作的发育，鼓励幼儿自己喝水、用小勺吃饭、自己翻书等。

25～36个月：提供多种活动材料，促进幼儿搭建、绘画、简单手工制作等精细动作的发育，鼓励幼儿自己用水杯喝水、用勺吃饭、协助收纳等。

活动案例

18～24个月幼儿精细动作活动

活动名称：串联积木。

场地选择：室内。

物品准备：桌椅、大颗粒积木玩具、串线。

活动目的：训练幼儿抓握、动手、专注的能力。

训练方法：保教老师让孩子一手拿珠子，一手拿线，在老师的帮助下穿过珠子。可以按照不同颜色、不同形状、不同排列方法的要求进行。

活动实施

步骤一：保教老师阅读主班老师的游戏活动方案，了解活动内容、要求，做好玩教具的准备工作。

步骤二：做好环境准备工作，查看室内温度、通风条件等，帮助主班老师将做精细动作要用的玩教具放到指定位置。

步骤三：在活动中协助主班老师进行活动指导，如反复进行动作讲解与示范演示，并时刻观察幼儿参与游戏的状态，对动作学习较慢或有障碍的婴幼儿，可以分步进行训练，及时纠正动作，给予悉心帮助，并关注他们的安全与健康，做好照护工作。

步骤四：活动结束后，将玩教具归回原位，协助主班老师做好工作记录。

拓展训练

婴幼儿早期游戏活动常用以下三类注塑玩具（见表4-2），请你选择适合训练30个月婴幼儿精细动作的玩具，并写出游戏活动的目的、训练方法、注意事项。

表4-2 婴幼儿早期游戏活动常用玩具

拼插类玩具	乐高、积木类玩具	“串珠”活动玩具

拓展链接 本部分学习内容见电子资源包

活动三 婴幼儿活动时间与强度的调节

案例情境

保教老师李老师已经掌握了如何协助主班老师完成0～3岁婴幼儿大肌肉动作发展和精细动作发展的活动内容，但是又出现了新的问题，针对婴幼儿的年龄、体质、活动内容，如何把控活动时间和强度呢？李老师一时又陷入了困惑，请大家帮助李老师解决困惑。

知识准备

在托幼园所的教育实践中，保教老师需要掌握本班婴幼儿的体质状况，科学安排活动时长与强度，保护婴幼儿的身体健康发育，同时也能有效促进其心理的健康发展。

一、在动作游戏活动中调节时间与强度的意义

动作游戏作为婴幼儿接触世界、锻炼自身能力的重要方式，具有不可或缺的地位。同时，为了婴幼儿的全面发展，合理安排游戏的时间与强度是十分必要的。

1）控制游戏时间对于培养婴幼儿的自律性和时间管理能力具有积极意义。通过规定游戏时间，婴幼儿可以逐渐理解并适应时间概念，学会在规定的时间内完成游戏，然后进行适当的休息和调整。这种习惯的养成有助于培养他们有规律的生活节奏，为未来的成长奠定基础。

2）适度的游戏强度对婴幼儿的身体健康至关重要。过度的游戏活动可能导致婴幼儿过度疲劳，甚至造成身体伤害。因此，适量、适度的游戏能够增强婴幼儿的体质，提高免疫力，促进肌肉和骨骼的发育。同时，也有助于培养婴幼儿的毅力、耐力和自信心，提升他们的心理素质。

二、如何调节游戏活动的时间与强度

随堂记

1）保教老师需要具备一定的洞察力，观察并发现婴幼儿的情绪波动和生理反应。通过细致地观察，全面了解每个孩子的体能状况、兴趣点，以及个性特征，从而为孩子量身打造适合他们的活动内容和方式。

2）对于体能较强的孩子，保教老师可适度增加运动量，以促进其身体发育。对于体能较弱的孩子，保教老师应重视培养他们的运动兴趣和习惯，避免他们过度疲劳。通过这样的方法，可以更好地满足孩子们的个体发展需求，助力他们的健康成长。

3）在活动时间安排方面，保教老师应根据婴幼儿的生理特点进行合理规划。例如，在夏季日照时间较长的情况下，孩子们的活动时间可以相应延长；在冬季，由于日照时间的减少、减弱，孩子们的活动时间可以适当缩短。

4）保教老师还要注重活动的多样性。通过组织不同类型的游戏活动，全面锻炼孩子们的身体素质和协调能力。另外，为了更好地激发孩子们的兴趣和潜能，保教老师要不断尝试引入新颖有趣的活动形式。

三、对婴幼儿运动状态的观察评估

婴幼儿运动状态的观察评估是监测婴幼儿运动发展的重要手段，可以帮助我们了解婴幼儿的运动情况、生理变化、体质发展水平等，以利于科学促进身体发育和心理成长。

运动状态可分为“轻度运动”“中度运动”“剧烈运动”三类。

1）轻度运动：婴幼儿运动后神态自如、呼吸也比较平稳。

2）中度运动：婴幼儿运动后呼吸比较急促，运动中只能讲短句子，不能完整表达长句子，同时还伴随微微出汗。

3）剧烈运动：婴幼儿运动完心跳明显加快，脸色变红，出汗量大，呼吸急促，呼哧呼哧地喘短气，几乎不能连贯地说话。

活动实施

步骤一：对全班婴幼儿进行活动状态观察评估；观察他们的体力、精神状态，以及他们参与活动的意愿。

步骤二：关注重点照护对象，及时判断他们的运动状态，例如身体状况欠佳、情绪不稳定等。

步骤三：做出调整运动强度和时间的决定，做好缓解活动；发现有婴幼儿开始出现疲劳或其他不适症状，应及时降低活动强度或让婴幼儿休息。同时，如果发现活动过于轻松，可以适当增加强度，以保持婴幼儿的参与度和兴趣。

步骤四：如果是个别婴幼儿不适应，及时让其休息，确保他们的健康和安全是至关重要的，因此应根据需要灵活应对。

拓展训练

案例：2岁婴幼儿运动游戏——纸箱取物

活动目的：平衡能力、协调能力的培养。

物品准备：选择3～5个颜色鲜艳的毛绒玩具、大纸箱、报纸。

游戏玩法：将纸箱开口一端用报纸粘上，在报纸上挖开3个洞，将毛线玩具通过“洞口”放到纸箱里，吸引幼儿捅破报纸，爬进纸箱将玩具取出来。

思考：在这个游戏活动中，保教老师重点观察什么？体质不同的婴幼儿会出现哪些差异？如何调节？

拓展链接 本部分学习内容见电子资源包

任务二

促进3～6岁幼儿的健康发展

《3—6岁儿童学习与发展指南》中指出，健康是指人在身体、心理和社会适应方面的良好状态。幼儿阶段是儿童身体发育和机能发展极为迅速的时期，也是形成安全感和乐观态度的重要阶段。发育良好的身体、愉快的情绪、强健的体质、协调的动作、良好的生活习惯和基本生活能力是幼儿身心健康的重要标志，也是其他领域学习与发展的基础。

学习目标

素养目标　❍ 培养以幼儿健康成长为核心的保育观念，形成在各类活动中关心、关注并帮助幼儿的职业意识。

知识目标　❍ 深入了解托幼园所健康领域的内容，熟悉托幼园所健康领域中室内外活动的环境布置及准备，掌握托幼园所室内外活动的保育工作流程及任务。

能力目标　❍ 能够创设3～6岁幼儿室内外体育活动环境，辅助教师开展活动，观察幼儿的活动状态，做好保育工作。

活动一　室内体育活动的保育

案例情境

保育教师李老师，今天要协助主班老师带领中一班的幼儿们完成室内体育活动，主班老师将活动方案交给李老师，并让她提前做好相应准备工作。李老师拿过活动方案后，无从下手，不知道如何协助主班老师，如果你是李老师你该如何去做呢？

知识准备

室内体育活动对于幼儿的健康具有重要意义。由于天气、环境或其他原因，有时候我们无法在户外进行体育活动。此时，室内体育活动就显得尤为重要。在选择室内体育活动时，应该注重活动的多样性和趣味性。我们可以利用各种室内体育活动器材，有条件的还可以设置蹦床、攀岩墙等设施，开展各种有趣的体育活动。保教老师的主要任务是提前了解主班老师的室内体育活动方案，做好活动计划和准备，配合主班老师确保活动过程中的安全，以及调动孩子们的积极性。

随堂记

一、室内体育活动前的准备工作

1）了解主班老师的室内体育活动方案，准备好需要使用的体育活动器材。

2）确保幼儿已经做好了充分的准备，提醒幼儿：穿好衣服、检查衣兜无异物、检查鞋带系紧等有助于保证幼儿在活动中的安全和舒适感。

二、室内体育活动中的保育工作

1）协助主班老师向幼儿详细讲解活动的规则和要求。在讲述活动规则和要求时，要用浅显易懂的语言，注意控制语速、音量；讲述结束后，提示幼儿是否听懂，必要时可以边叙述，边示范。

2）协助主班老师根据活动的具体内容，指导幼儿进行适当的热身运动，以提高他们的身体灵活性和协调性，为接下来的活动做好准备。

3）在活动过程中，保教老师与主班老师分工站到指定位置，全面监测每位幼儿的活动状况，以确保幼儿在活动过程中的人身安全。

4）在活动中如果使用器材，应注意安全。保教老师协助主班老师检查器材的安全性，引导幼儿正确使用，在使用过程中进行监督。在活动过程中，如果出现受伤情况，要及时处理，并时刻关注需要照护的幼儿。

三、室内体育活动后的保育工作

1．整理活动器材

保教老师协助主班老师对器材进行全面清点，并妥善整理和存放；及时对器材进行清洁和维护，发现器材有损坏或磨损，应及时进行维修。

2．帮助幼儿整理衣物

如果幼儿在活动中出汗或弄脏了衣物，确保他们及时更换衣物，为他们提供干净、舒适的衣物，教育他们保持个人卫生。针对小班的幼儿，由于他们的自理能力尚未完全成熟，保教老师需要以引导和协助的方式，帮助他们完成衣物的整理。针对中大班的幼儿，由于他们的自理能力相对较强，保教老师可以让他们尝试自己完成衣物的整理。

3．完成活动后的生活保育

1）保教老师协助主班老师组织幼儿洗手和上厕所，引导幼儿依次洗手，养成良好的卫生习惯；对需要上厕所的幼儿，提供必要的帮助和监督。

2）活动后提醒幼儿喝水，补充因运动而失去的水分；教育他们养成定时喝水的习惯，以保持身体健康。

3）留意幼儿的身体状况，如发现有任何不适或受伤的迹象，应及时采取措施。对于轻微的擦伤或扭伤，寻求托幼园所保健医生进行适当的急救处理，并通知家长。

4．记录活动情况

对活动进行简要记录，包括孩子们在活动中的表现、身体情况，使用的器材和设备，以及其他需要注意的事项。

活动案例

大班体育活动

韩老师是大班的保教老师。今天，韩老师的任务是协助主班老师组织一次特别的游戏“呼啦圈反向蹲走”，旨在提高孩子们的平衡感、协调性，以及上肢的核心力量。在活动前，主班老师详细介绍了游戏规则，并强调了场地和器材准备的重要性。

面对今天要到场的20名幼儿，韩老师意识到，她需要在有限的资源和空间条件下，巧妙地布置场地。于是，韩老师利用教室内的家具作为游戏活动的障碍物，以增加游戏的趣味性和挑战性。然而，反向蹲走游戏要求适合的器材和足够的活动范围，她面临的主要挑战是如何在有限的室内空间内合理安排活动区域。她需要确保足够的游戏空间，同时考虑安全距离，以避免孩子们在游戏中相互碰撞。

韩老师努力寻找一个好的解决方案，并准备好安全、有趣的游戏场地。她的目标是与主班老师一起，顺利地引导孩子们进行这个既能锻炼身体，又富有教育意义的体育游戏活动。

（案例提供：北京市西城区教育研修学院附属幼儿园 汪京莉 韩谨泽）

活动实施

大班体育游戏《呼啦圈反向蹲走》

视频4-1

室内体育游戏

步骤一：保教老师了解主班老师的活动方案，熟悉活动内容、目标和要求，并确保所需的器材和玩教具准备齐全。

步骤二：在进行室内体育活动前，确保地面无积水、开窗通风，保教老师检查活动场地是否安全和适宜的宽敞环境，清理活动场地的桌椅，根据活动的需要合理安排玩教具的布局。

步骤三：在体育活动中，保教老师帮助幼儿正确理解和练习动作技能。若有必要，保教老师可单独对个别幼儿进行示范或辅导，让幼儿都能顺利地参与活动。

步骤四：在运动结束时，保教老师协助主班老师组织一些轻松的游戏，帮助幼儿放松身心，缓解体育活动带来的疲劳。

步骤五：保教老师组织幼儿如厕、洗手、喝水，然后整理和归位所有的器材或玩教具，确保活动场地的整洁。保教老师指导中大班幼儿帮助整理、收纳物品。

步骤六：保教老师协助主班老师完成相关的记录和总结工作，以便于后续活动的改进和提升。

拓展训练

请分析，在“大班室内体育活动：好玩的钻爬游戏”中，保教老师需要做哪些辅助工作？

案例：大班室内体育活动：好玩的钻爬游戏

活动目标

1. 喜欢参加室内体育活动，知道室内体育活动的特点。
2. 能灵活地完成钻爬动作，会创造性地利用室内的桌、椅、玩具柜、床等家具进行钻爬活动。

活动准备

1. 清洁地板、桌、椅，清理玩具柜、床等。
2. 适当宽敞的活动室。

活动过程

1. 保教老师提问：在室内钻爬游戏应该注意什么？怎么玩更安全？
2. 引导幼儿利用床进行钻爬游戏的尝试。
3. 请幼儿探索利用床玩钻爬游戏应采用的动作。
4. 帮助幼儿总结提升。

活动二 户外体育活动的保育

案例情境

保育教师李老师已经熟练地协助主班教师完成室内体育活动的保育工作，今天她要继续协助主班教师完成中一班的户外体育活动。她认真看完活动方案后，发现户外体育活动和室内体育活动不太一样，一时不知道如何去做。请大家帮助李老师，完成户外体育活动的保育辅助工作。

知识准备

户外运动在幼儿日常生活中占有重要的地位，在增强身体素质、提高抗病能力，以及促进健康发展上起着关键作用。对于每一位幼儿来说，体育活动是形成良好锻炼习惯的基础，是保持健康成长的基石，因此保教老师在组织户外活动时，必须充分重视并精心安排相关的保育工作，以确保幼儿在享受户外活动乐趣的同时，能够得到健康照料与呵护。

随堂记

一、户外体育活动前的保育工作

户外体育活动前的保育工作是至关重要的，它不仅关乎幼儿的安全，也影响他们的身心健康。户外体育活动前的保育工作如下：

（一）健康检查

在幼儿参与户外活动之前，保教老师首先要协助主班老师对幼儿当天的身体、情况进行全面的了解与检查。这包括了解幼儿的体温、脉搏、呼吸等基本生理指标，以及是否有任何潜在的健康问题。如果有任何异常情况，应该及时处理，避免他们在活动中出现意外。

（二）制订应急计划

在户外活动中，可能会出现各种意外情况。因此，制订应急计划非常重要，要提前考虑可能出现的紧急情况，并制定相应的应对措施。同时，要确保所有参与者都清楚应急计划的内容，以便在需要时能够迅速采取行动。

（三）安全意识教育

在户外活动前，向幼儿讲解安全知识和注意事项。教育他们如何避免危险，如不要随意离开队伍、不要在危险的地方玩耍等。同时，要让他们知道如何应对紧急情况，如遇到突发疾病、意外伤害等。

（四）环境评估

在活动开始前，对活动场地和周围环境进行全面的评估。检查场地是否存在安全隐患，如尖锐的物体等。同时，要了解气候条件和自然环境，以便及时应对突发情况。

（五）特殊幼儿锻炼计划的制订

1. 针对体弱儿的锻炼计划

这类幼儿的锻炼重点是提高身体素质、增强抵抗力，可以安排一些有氧运动，如慢跑、快走、骑小车等，逐渐增加运动强度和时间。同时，可以加入一些柔韧性训练和力量训练，如伸展、跳跃、攀爬等。

2. 针对肥胖儿的锻炼计划

这类幼儿的锻炼重点是减少脂肪、提高运动能力，可以选择一些有氧运动，如慢跑、跳绳等，以加速新陈代谢和消耗热量。同时，结合一些趣味性强、互动性强的运动，提高他们的运动兴趣，还可以在活动中增加锻炼的次数和强度，增强肥胖儿的毅力。

二、户外体育活动中的保育工作

随堂记

户外体育活动中的保育工作是托幼园所教育中的重要一环，它不仅有助于促进幼儿的身体健康，还能培养他们的意志品质和团队协作精神。在进行户外体育活动时，保教老师协助主班老师充分了解幼儿的年龄、身体状况和个性特点，制订符合他们实际情况的活动计划。在活动过程中，保教老师协助主班老师密切关注幼儿的身体状况和情绪变化，及时调整活动内容和强度，确保幼儿的安全和健康。在户外体育活动中，保育工作主要涉及以下几个方面：

1）在热身准备环节，我们需要根据不同年龄段的幼儿特点，精心组织热身运动，以确保幼儿的身体得到充分预热，从而降低在后续运动中受伤的风险。科学合理的热身准备，可以有效保护幼儿的身体健康，为后续的体育活动打下坚实的基础。常用的热身运动：队列练习、音乐律动等。

2）在活动过程中，保教老师需要时刻关注幼儿的身体状况和情绪变化，协助主班老师及时调整活动强度和内容。同时，还需要教育幼儿遵守纪律、听从指挥、注意安全等方面的知识。当幼儿情绪低落或感到不安时，立即进行询问、安抚。

3）在幼儿运动时，保教老师要随时注意幼儿的活动情况，根据天气、活动量协助主班老师调整幼儿活动量，合理安排运动幅度和密度，并根据不同季节调整幼儿运动的时间和内容。例如，夏季温度高，上午运动在10点前完成，强度不宜过大，循序渐进。

三、户外体育活动后的保育工作

在活动结束后，保教老师需要对幼儿的身体状况进行检查和记录，整理归位所有玩教具，并做好以下两个方面的工作：

1. 注意稳定幼儿的情绪

在运动后保教老师协助主班老师稳定幼儿的情绪，从兴奋状态转化为平和状态，并注意运动后动静交替的衔接，不能让幼儿在运动后马上坐下来休息，可以在操场上漫步一会儿再回教室，等幼儿情绪平稳后才能坐下，这样可以减少活动后心脏的负担，有益于消除疲劳。

2. 运动后及时饮水

运动后保教老师要多鼓励幼儿喝水，以补充在体育活动中失去的水分，但不能一次性喝太多水，因为一次喝下大量的水，不但会增加心脏的负荷还会引起胃痉挛，所以保教老师要注意活动后幼儿的饮水问题，控制幼儿的饮水量。

活动案例

小班体育活动

王老师是小班的保教老师，今天阳光明媚、风轻云淡，正是一个适合带领幼儿户外活动的好日子。她的任务是辅助主班老师进行一系列户外阳光体育活动，这些活动旨在通过使用各种器材，如平衡木、攀爬垫、过河石、沙包、小红砖、高跷，以及篮子里的玩偶，来发展幼儿的各项运动技能，包括钻、攀爬、平衡和跳跃。这些活动不仅能增强幼儿的身体协调性，而且能保持趣味性，满足小班幼儿的日常运动需求。

今天，小班共有25名幼儿来到托幼园所。面对全班孩子将参加的活动，王老师需要用各种材料搭建一个适合小班幼儿的，同时又能吸引全班孩子参与的游戏场地。在确保场地安全性和活动趣味性的同时，她还需要考虑材料的多样性和运动的有效性。

王老师希望借助这些材料促进幼儿发展，但也担心过多的材料可能会影响对幼儿的指导，并可能存在安全隐患。在难度设置上，她也在思考如何让所有幼儿都能参与，同时避免活动过于简单或困难，导致幼儿滞留或轻松过关。

王老师对此很是头疼，现在请大家协助王老师设置一个让每个孩子都能在欢乐和安全的环境中成长和学习的有趣户外活动吧（包括场地布局、活动设计、安全护理）。

（案例提供：北京市西城区教育研修学院附属幼儿园 韩谨泽）

活动实施

视频4-2

室外体育游戏

小班户外阳光体育活动

步骤一：保教老师了解体育活动的具体内容、目标和要求，准备好所需的器材，并检查大型运动器材的安全性。

步骤二：在进行户外体育活动之前，保教老师提前到活动场地检查场地安全，感受室外天气，并根据需要协助主班老师安排玩教具的摆放位置。

步骤三：保教老师协助主班老师根据天气情况为幼儿增减衣物。

步骤四：在户外体育活动中，保教老师积极参与指导、照护，协助主班老师进行示范和演示，以确保婴幼儿能够正确理解动作和技能要领，顺利、准确地进行运动。

步骤五：活动结束后，保教老师负责整理和归位所有的玩教具（中大班幼儿可以协助保教老师完成），并可以设计一些轻松的游戏环节，帮助幼儿放松身心，同时协助主班老师完成相关的记录和总结工作。

拓展训练

请分析，在大班户外体育活动案例：“我是球王”中保教老师需要做哪些辅助工作。

案例：大班户外体育活动：“我是球王”

活动目标

1. 能利用球开展一物多玩活动。
2. 熟练地掌握拍球、运球、绕障碍的方法。
3. 锻炼随球运动的灵活性。

活动准备

1. 球、彩带、障碍物、锥桶、椅子等。
2. 场地布置：自起点线后，从左至右依次摆入三组器材，第一组每个间隔50cm呈“之”字形纵向摆放锥桶，共摆放10个。第二组摆放与起点线垂直的两根长约6m的彩带（平行线）。第三组每隔50cm纵向摆放幼儿座椅，共摆放8个。

活动过程

1. 教师：你们都想出了很多玩球儿的方法，现在咱们来比赛，看谁的球最听话，穿过障碍、走窄路都不怕，能成为“球王。”
2. 教师提供材料，与幼儿共同创设游戏环境。
3. 幼儿在创设的不同路线中进行绕障碍拍球、运球活动，创造出随球运动的多种方法。

请梳理一下，此次活动中保教老师要做什么？

拓展链接 本部分学习内容见电子资源包

单元小结

在本单元关于动作发展的学习中，我们深入了解了0～3岁婴幼儿大肌肉动作、精细动作，以及3～6岁幼儿室内、户外活动的教学任务；明确了0～6岁婴幼儿动作发展的活动实施步骤，知道了如何协助主班老师完成相关工作，同时也了解了如何照护肥胖、体弱儿。通过本单元的学习，我们不仅掌握了0～6岁婴幼儿动作发展的理论和实践技能，也初步具备了协助主班老师完成动作发展活动的能力。

单元检测

一、单选题

1. 婴幼儿大肌肉动作的发展规律从上到下、从近到远、（　　）。

A. 从大到小　　B. 从多到少　　C. 从粗到细　　D. 从生到熟

2. 随着生长发育到（　　）后，宝宝可开始进行精细动作，开始用手指练习捏豆等。

A. 10个多月　　B. 11个多月　　C. 12个多月　　D. 13个多月

3. 婴幼儿手部精细动作的发展能加速其（　　）的发育。

A. 小脑　　B. 大脑　　C. 肌肉　　D. 指关节

4. 对婴幼儿运动状态的评估，运动状态可分为“轻度运动”“中度运动”“（　　）”三类。

A. 剧烈运动　　B. 高强度运动　　C. 一般运动　　D. 高度运动

5. 户外体育活动前的保育工作包括：健康检查、制订应急计划、安全意识教育、环境评估和（　　）。

A. 特殊幼儿锻炼计划的制订　　B. 照护肥胖儿童

C. 照护体弱儿童　　D. 热身活动

二、简答题

1. 简述婴幼儿大肌肉动作的发展原则。
2. 简述婴幼儿精细动作的发展规律。
3. 协助主班老师做好室内体育活动前的准备工作有哪些?

第五单元

早期学习支持——语言发展

单元导读

语言是人与人之间交流的工具。一般婴幼儿最简单和最常用的交流方式就是语言交流。0～3岁是语言发展的关键期，语言能力的发展水平在一定程度上决定了婴幼儿智力的发展、情感的表达、个性的养成，以及社会性等各方面的发展。抓住关键期施加教育影响，利用各种手段与途径促进婴幼儿语言能力的提升，对他们的身心健康发展具有重要意义与价值。本单元重点学习0～3岁婴幼儿语言学习的环境创设，识别婴幼儿语言发展异常并给予指导、干预，以及3～6岁幼儿语言领域活动中的保育工作。

单元目标

- 了解0～6岁婴幼儿语言发展的特点，熟悉各年龄段在语言领域活动的内容及要求。
- 能创设支持0～6岁婴幼儿语言学习发展的环境，并运用婴幼儿语言发展指导技能，促进0～6岁婴幼儿的语言发展。
- 能识别婴幼儿语言发展的异常，并能进行有针对性的个别指导。
- 培养热爱幼儿、耐心细致、清晰表达的职业意识。

单元内容

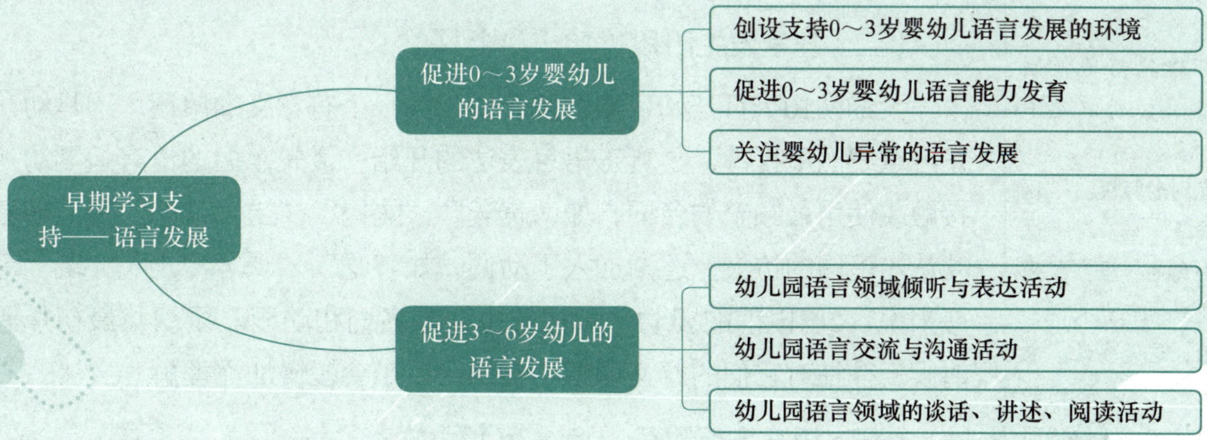

任务一 促进0～3岁婴幼儿的语言发展

学习目标

素养目标 ❍ 理解婴幼儿语言发展关键期的保育理念，形成热爱幼儿、关心、耐心等职业品质。

知识目标 ❍ 理解0～3岁婴幼儿语言发展的特点和学习内容，掌握创设0～3岁婴幼儿语言学习环境的方法。

能力目标 ❍ 能够创设支持0～3岁婴幼儿语言学习的环境，促进婴幼儿语言交流与沟通的能力，培养早期阅读兴趣和习惯，并对语言发展迟缓的婴幼儿给予个别指导。

活动一 创设支持0～3岁婴幼儿语言发展的环境

案例情境

强强2岁多了，仍然吐词不清，如叫爷爷“衣衣”，叫自己的玩具小乌龟是“小乌堆”。老师故意模仿强强的发音：“这是‘衣衣’吗？”“这是你的‘小乌堆’吗？”

强强着急地说：“不是的，这是‘衣衣’。”“这是我的‘乌堆’。”（其实他想发出“yé ye”“wū guī”的声音，但由于还不能很好地控制发音器官，所以发不准音）

直到老师说：“这是‘爷爷’吗？”“这是‘小乌龟’吗？”强强才高兴地点点头说：“是的，这是我的‘衣衣’。”“这是我的‘乌堆’。”（他仍旧发音不准）

你觉得强强的语言发展水平正常吗？如何进行训练？

知识准备

一、0～3岁婴幼儿语言发展的特点

（一）前语言阶段（0～9个月）

婴幼儿从出生到说出第一个词要经历一个较长的语言准备期，称为“前语言阶段”。

这个阶段是婴幼儿的言语知觉能力、发音能力和对语言的理解能力初步发展阶段，主要表现在：学会了分辨语音和其他声音，能够对抚养者和不熟悉的声音做出明显不同的反应；从无意义的单音节，如“ɑ/o /i /e”到有意义的音节，如见到汽车会说“di-di”。

（二）语言发生阶段（10～14个月）

大约从10个月开始，婴幼儿会说出第一个有意义的单词，这是幼儿语言发展重要的里程碑，是真正语言表达的开始。最先掌握的语言是婴幼儿每天接触或使用最频繁的名词，如“爸爸”“妈妈”“蛋”“奶”等。随着婴幼儿认知范围的扩大，逐渐加入了动词，如“吃”“喝”“走”“玩”等。一般来说，2岁以前的婴幼儿掌握的主要是名词和动词。婴幼儿最初掌握词的时候，往往对它们的意义理解不确切，后来会慢慢加深理解。

（三）语言发展阶段（15～36个月）

在语言发展阶段，有意义的语音基本替代了无意义的语音。1～2岁幼儿对词的理解是笼统的，表现出词汇意义与成人词汇意义之间的不匹配现象，以过度泛化和过度窄化为代表。过度泛化是婴幼儿常用一个词代表多

种事物，如“毛毛”指所有带毛的东西。过度窄化是婴幼儿对于词义理解具有专指性，如“车”仅指自己的玩具车。1岁以后，幼儿口头语言的发展经历了单词句—双词句（电报句）—简单句—复杂句的阶段，如水—喝水—宝宝喝水—我要喝这个杯子里的水。3岁左右的幼儿基本掌握了口语，可以用语言与他人进行交际。

二、促进与婴幼儿的语言交流及沟通

（一）提供丰富的语言环境，创造沟通的机会

保教老师要与婴幼儿多交流，使用简单清晰的语言与他们对话。在日常生活中，给予他们更多的语言输入，如诗歌、儿歌、故事等。还可以带他们参观公园、动物园等场所，让他们接触到更多的生活场景和事物，丰富他们的语言经验。托幼园所还可以组织一些互动活动，鼓励婴幼儿与其他孩子一起玩耍，从而促进他们的语言表达能力，促进其社交和沟通能力的提高。

（二）鼓励婴幼儿说话，真诚地倾听和回应

当婴幼儿试图说出词语或句子时，教师与家长要耐心倾听并给予肯定，应给予积极的回应和鼓励。同时，教师与家长也可以通过与他们对话的方式，引导他们逐渐提高语言表达能力。例如，保教老师指着苹果问宝宝：“宝宝，你要吃苹果吗？”引导宝宝回答：“要吃苹果。”

（三）注重语音和发音的培养

婴幼儿的语音发展需要教师与家长的引导和培养。在与他们对话时，教师与家长可以适当地说慢一些，注重培养婴幼儿对语音的模仿，帮助他们纠正发音错误，同时可以借助一些语言学习游戏和玩具，提高他们的语音敏感度和发音准确性。

（四）示范正确的行为和表达方式

教师与家长是孩子最好的榜样和引导者，要示范正确的行为和表达方式，培养孩子良好的沟通习惯。例如，要教会他们礼貌用语，学会与人分享和合作等。

（五）根据婴幼儿的个别差异“因材施教”，有针对性地给予指导

由于受遗传、环境、教育等多种因素的影响，每个婴幼儿的言语发展存在水平、速度、表现形式的差异。例如，开口早晚不同、发音清晰度不同、对言语刺激的敏感度不同、语言的兴趣点不同。教师应根据婴幼儿语言的不同特征调整指导内容和方式，做到“因材施教”。

三、促进0～3岁婴幼儿语言发展的环境要求

（一）物质准备

1）玩教具准备齐全（图片、玩偶等），确保所用物品干净、安全、无毒、无害。

2）室内环境干净、整洁、安全，温湿度适宜；桌椅或半圆形小沙发。

（二）精神准备

教师安抚幼儿的情绪，说明游戏活动的内容。婴幼儿情绪愉悦，乐于参与活动。

（三）保育人员准备

保育人员自身的语言表达规范、准确，讲普通话。

活动实施

步骤一：熟悉游戏活动计划，了解游戏内容及要求，选择语言游戏活动必需的玩教具。

步骤二：根据游戏内容，做好场地布置，将所需玩教具放到指定位置，方便婴幼儿拿取、使用。

步骤三：观察婴幼儿的健康状况、情绪状态，了解婴幼儿的语言水平和需要重点关注的学习行为，有利于指导婴幼儿参与游戏活动，并达到语言学习的目的。

拓展训练

冉红老师（化名）在一家托幼园所上班，她带的“星星班”是31～36个月的幼儿。冉红准备组织一次语言早期学习的亲子游戏活动，请同学们以小组为单位，选择一项语言学习任务及适合的游戏活动，写出创设什么样的游戏环境，并进行模拟展示。

拓展链接 本部分学习内容见电子资源包

活动案例

大班（25～36个月）绘本阅读活动的环境创设

在大班活动中，孩子们对绘本《好饿的毛毛虫》表现出了浓厚的兴趣。为了深入挖掘这个兴趣点，主班老师决定组织一次以《好饿的毛毛虫》为主题的绘本阅读活动。这个活动旨在让孩子们通过故事了解毛毛虫变成蝴蝶的奇妙过程。

保教老师赵老师的任务是支持主班老师，创设一个既有趣又紧密贴合故事内容的学习环境。她计划利用玩偶、坐垫和显示屏等材料来营造一个温馨而富有童趣的氛围。然而，赵老师同时也意识到，如果环境布置过于复杂或材料过多，可能会让孩子们分心，从而影响他们对故事内容的关注和理解。

请大家协助赵老师在“创造吸引幼儿的环境”和“保持孩子们注意力集中”之间找到平衡的方法。

（案例提供：北京市西城区教育研修学院附属幼儿园 韩宇桐）

案例情境

西西老师发现，在婴幼儿的语言活动中，2岁半的贝贝经常把“苹果”延伸为“红红的苹果”，“小狗”延伸成“胖胖的小狗”。经常会说：“老师爱贝贝”“贝贝爱吃苹果”。有时会说否定句：“贝贝不要出去玩”；疑问句：“你在做什么？”

你觉得贝贝的语言发展水平正常吗？如何进行训练？

活动二 促进0～3岁婴幼儿语言能力发育

知识准备

一、25～36个月婴幼儿的语言特点

经历了口语前期（0～12个月）与表达词汇期（13～24个月）的刺激与学习，婴幼儿已经具备了一定的语言表达能力。来到简单句时期之后，2～3岁的婴幼儿已经进入锻炼语言表达技巧的阶段，所以托幼园所教师不仅要继续加强婴幼儿的认知教育、提供丰富的生活经验，以便婴幼儿积累更多的词汇量，还必须更加注意用心引导，教婴幼儿把话说得更完整、更有条理。

1．能听懂比较复杂的句子

随着婴幼儿的认知能力逐步提升，加上之前的词汇累积，他们的理解力也随之增强，此时已经能够听懂比较复杂的句子。托幼园所教师要注意观察婴幼儿的表情，判断婴幼儿的理解程度。如果感觉婴幼儿有点茫然，就需要再重复几次，甚至把原本的句子再拆解成简单一点儿的语句，直到确定婴幼儿听明白为止。

2．会说简单句

简单句的形式包含陈述句、否定句和疑问句。通过各种不同词汇的组合，2岁之后的婴幼儿通常知道大约150个词汇，已慢慢发展出说简单句的能力，但以名词居多，如将“苹果”延伸为“红红的苹果”“小狗”延伸成“胖胖的小狗”等。可说陈述句：“妈妈爱××”“××爱吃苹果”；否定句：“××不爱喝牛奶”“××不要出去玩”；疑问句：“你是谁”“你在做什么”“爸爸在哪里”。

3．以口语为主要表达工具

相比动作或哭闹等非语言形式来说，当婴幼儿认识到用嘴巴说更为有效时，他们自然而然地就会以口语为主要的表达工具；发音更加准确，词汇种类和词汇量扩充；能运用多种简单句型，能说出完整的句子，开始使用多词句和复合句；爱自言自语，说话不流畅，表达常有破句现象。

二、婴幼儿早期阅读的任务与指导

早期阅读是指婴幼儿从口头语言向书面语言过渡的前期阅读准备， 是指学前幼儿凭借变化着的色彩、图像、文字，或凭借成人形象地读讲来理解读物的活动过程。这种阅读对婴幼儿早期的语词概念能力的形成具有积极的作用。婴幼儿时期是个体生理发展和技能发展最迅速、最重要的时期。三岁以前，婴幼儿就可以经过感觉——运动的探索初步形成具有因果关系的观念。所以，在一定的条件下，即使年龄很小的孩子，不管他们所处的社会文化背景如何，也可以发展一种早期的语词概念能力，这是婴幼儿早期阅读重要的身心基础。

实践证明，婴幼儿最初是随自己的意愿去“看书”的，这种“看”是婴幼儿初期的阅读方式，他们甚至会表现出许多奇特的特征：拍书、咬书、把书当作玩具；有时他们还会出现假装性的阅读行为。但随着年龄的增长，婴幼儿开始关注一些随意翻阅到的阅读疑惑，所以教师应该在观察婴幼儿的基础上，帮助婴幼儿开展好早期阅读。

1．创设专门性的阅读区角

从婴幼儿的阅读兴趣和需要出发，为婴幼儿提供专门的、光线充足的图书室和阅读区。图书室和阅读区中应合理摆放小桌子、小椅子、地毯和软垫，尽可能布置得舒适而温馨。婴幼儿可以坐在桌前看书，也可以坐在地毯上或靠在垫子上翻阅图书……实践表明，婴幼儿在宽松而温馨的环境中阅读，会感到阅读是件很舒服和惬意的事情，很自然地萌发和保持对阅读的兴趣。

2．创设适宜的阅读情境，激发婴幼儿的主动性

为婴幼儿选择的阅读材料应色彩鲜艳、图文并茂，画面清晰，主要感知对象突出。因此，教师为25～36个月的婴幼儿提供封塑书、布书、翻折书、卡片书等可以活动和操作的图书，可以激发婴幼儿阅读的兴趣。但并不是每个孩子生来就喜欢看书，而且部分婴幼儿对图书的好奇心最初也只是

受潜在的动机力量驱使，需要通过实践获得成功和乐趣，才能逐渐形成和固定下来。25～36个月的婴幼儿进入阅读情境需要教师特意创设一些问题，即在阅读的读物内容和婴幼儿的求知心理之间制造一种“不协调”，将婴幼儿引入一种与问题有关的情境中，激发婴幼儿产生想阅读读物的欲望。

3．保教老师参与阅读活动

婴幼儿年龄越小，需要保教老师参与共读的需求就越强烈。保教老师的言语讲解是婴幼儿理解图书内容的关键因素。保教老师在翻书时从左到右，在讲述时从上到下，能让婴幼儿逐渐了解到阅读的基本程序，掌握阅读的一般方式与方法。在阅读过程中，保教老师可以和婴幼儿共读一本书，也可以人手一册图书来阅读；保教老师可采用点画讲解、点读文字等方式帮助婴幼儿明确阅读内容，引导婴幼儿观察画面背景、推测故事情节、理解故事的内容等，使婴幼儿逐步将听到的语句、词与图书上的印刷符号相对应。

4．挖掘读物的游戏性，增强婴幼儿阅读的兴趣

保教老师在指导婴幼儿阅读时，利用故事当中的角色，进行角色模仿，一方面可以提高婴幼儿参与阅读的兴趣，另一方面能提高婴幼儿的语言表达与沟通能力，促进婴幼儿对阅读材料的理解。例如，在读《小老鼠的泡泡糖》时，保教老师引导婴幼儿模仿小老鼠这个角色，让婴幼儿体验阅读物本身的愉悦特性。保教老师在指导阅读《猜猜我有多爱你》时，设计“投骰子”的游戏，将有关兔妈妈和小兔子的故事情节的故事片段图片贴在充气骰子上，让婴幼儿通过抛“骰子”增强其阅读的积极性，也可以减轻其阅读过程中的疲倦感。另外，拼图、说相反的、改错法、猜谜法等方式，都是增强婴幼儿阅读积极性的有效方法。

注：充气骰子是为了安全。

活动实施

步骤一：根据25～36个月的婴幼儿的早期阅读特点确定活动内容。

步骤二：熟悉早期阅读活动计划内容及要求，做好所需绘本、玩教具的准备。

因0～3岁婴幼儿年龄较小，为婴幼儿准备的阅读材料要色彩鲜艳、画面清晰，文字要少，页数相对较少，图片要大，主要感知对象突出（见图5-1），可以是封塑书、布书、翻折书、卡片书等可以活动和操作的图书（见图5-2）。

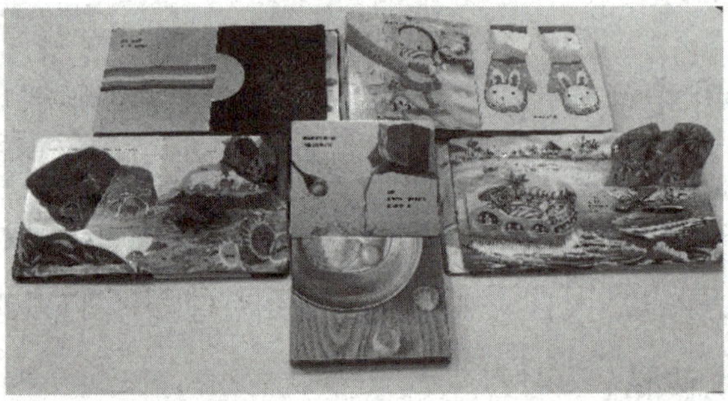

图5-1　托幼园所的阅读材料

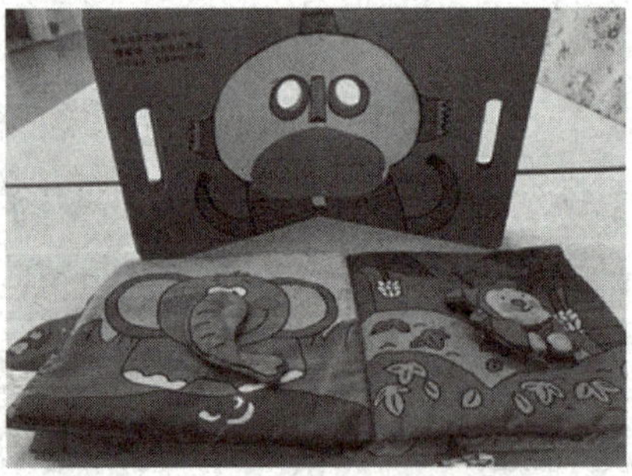

图5-2　托幼园所的图书

步骤三：创造良好的语言环境，激发婴幼儿多听、多看、多说、多问、多想，谈论绘本中的故事。

步骤四：保教老师协助主班老师指导婴幼儿学讲故事、学念儿歌，发展婴幼儿的语言能力，并在活动中进行个别化指导。

步骤五：在阅读游戏结束后，保教老师同婴幼儿一起收拾和整理绘本及玩教具，及时归位。

步骤六：保教老师对阅读活动的效果进行反思，在今后的教育工作中改进。

拓展训练

指导2～3岁婴幼儿进行绘本阅读活动：《我妈妈》

一、活动目标

1. 能识图指认，学说短句“妈妈是××”。

2. 能安静地看书、听故事，倾听他人讲话。

二、活动准备

1. 环境准备：

语言活动区场地宽敞、舒适。为婴幼儿每人提供一本图书《我妈妈》，在其说到短句时，可以用手指指认或者出示《我妈妈》图书分页图片，提示婴幼儿说出短句。

2. 材料准备：

《我妈妈》图书及图书分页图片，图书已经投放到语言区供婴幼儿翻阅。

3. 婴幼儿准备：

脱去较厚重的衣服，婴幼儿清醒、心情愉悦，乐于参与活动。

三、操作步骤

1. 保教老师拿起图书，跟婴幼儿说：“有一个叫东尼的小朋友，他的妈妈在自己心中是厨师、是演员、是仙女……我们一起来看看吧！”

2. 保教老师把书本打开到第一页，拿起婴幼儿的小手，用手指着图书说：“这是我妈妈，她真的很棒！”说话时语速缓慢，多重复几遍，试着让婴幼儿也开口说一说。保教老师可以提问：“这是谁呀？”“妈妈好不好？”引导婴幼儿回答。

3. 保教老师握着婴幼儿的手，“我们一起翻开第二页，看看妈妈在干什么？”“我妈妈是个手艺特好的大厨师！”引导婴幼儿复述，也可以提问：“妈妈都做了哪些好吃的呀？”“好多蛋糕！”婴幼儿学说短句时需要保教老师引导多重复几遍。

4. 对2～3岁婴幼儿，保教老师要采取用完整句问答的方法，引导婴幼儿尝试用完整句表达画面内容，说出故事大意。

拓展链接 本部分学习内容见电子资源包

活动三　关注婴幼儿异常的语言发展

案例情境

托幼园所的玲玲老师发现，强强（2.5岁）说话时语音、语调不正常，语言不清晰，较难理解；有时说话不流利，出现字词的重复、停顿。

你觉得强强的语言发展水平正常吗？如何进行有针对性的指导？

知识准备

一、什么是语言发育迟缓

语言发育迟缓是指在发育过程中的儿童其语言发育没达到与其年龄相应的水平，但是这不包括由于听力障碍而引起的语言发育迟缓，以及构音障碍等其他语言障碍类型。

二、语言发育迟缓的表现

1）婴幼儿没有语言表达，过了说话的年龄仍不会说话，婴幼儿不能进行语言交流、不讲话，也不能表达是否明白，或者比同年龄婴幼儿说话晚或很晚。

2）婴幼儿心里都明白，就是嘴上不说。开始说话后，比别的正常孩子发展慢或出现停滞，语言理解困难和遵循指令困难。例如，擦完手后，保教老师让婴幼儿把毛巾放到脏毛巾筐里，婴幼儿却把毛巾放到了干净的毛巾盆中。

3）虽然会说话，但语言表达技能较低。在语言应用方面，词汇和语法的应用均低于同龄儿童，只会用单词交流，言语能力匮乏，不会用句子表达。

4）交流技能低，不能回答问题。对于保教老师或家长的提问，充耳不闻，或是回答问题反应差。有语言问题的婴幼儿，同时也伴有一些情绪问题和一些行为问题。例如，注意力不够集中、脾气暴躁、易怒、多动、冲动、攻击性强等。

三、改善婴幼儿语言发育迟缓的策略

1）树立成人言语榜样，鼓励婴幼儿言语活动，鼓励创造性言语。

保教老师语音做榜样，对婴幼儿说话时，语速慢、吐字清晰；语调起伏，嘴巴夸张，语言简单（单词，短语和短句），让婴幼儿理解；指导训练方法多样化，儿歌、绕口令、故事等。例如，保教老师示范，婴幼儿通过模仿各种声音，得到语言能力的锻炼，促进语音发展。保教老师在活动过程中耐心纠正婴幼儿的发音错误。

模仿汽车喇叭的声音，滴滴滴。

模仿狗叫的声音，汪汪汪。

模仿青蛙的声音，呱呱呱。

2）对于心里明白却不爱表达，或者无法准确表达出自己想法的婴幼儿，保教老师要为婴幼儿提供充分的听和说机会，通过一些有针对性的练习，让婴幼儿可以将心里想的东西，通过语言表达出来。例如，日常活动口语对话、语言游戏，以及听说轰炸练习。在实际生活中，如果婴幼儿想要一个苹果，他用手指着苹果不说话。就可以用“轰炸练习”的做法：“你想要苹果吗？”“我帮你削苹果，好吗？”“你看，苹果是去皮的。”让幼儿吃苹果，“苹果好吃吗？”保教老师这样与婴幼儿一问一答，句子短，婴幼儿能够控制。此外，苹果被反复强调，并利用听说轰炸的训练来刺激婴幼儿的语言发展。只要婴幼儿能多表达出一两个词，马上给予幼儿行为上的奖赏，如摸摸孩子的头，给孩子一个暖暖的拥抱。

3）保教老师要重视培养婴幼儿集中精力和耐心地听。学会安静地倾听同伴的声音，不要打

断他们；能够主动、专注地倾听别人的谈话，快速掌握别人谈话的主要内容。婴幼儿的思维能力，处在逐步发展时期，集中力不够，导致不能够认真倾听，不能够理解说话人话中的含义，由听话到思考的转化过程出现了问题。因此，婴幼儿无法在脑海里找到对应问题的答案，这就造成了婴幼儿的答非所问，从而出现了易怒、注意力分散等情绪问题。

4）创设良好的言语环境，促进婴幼儿掌握足够的词汇，提升交流、沟通的技能。保教老师要充分利用周围环境，在室内、室外活动中，在亲子游戏中，激发幼儿表达的欲望；运用多种练习方法，谈论生活中的所见所闻，鼓励婴幼儿“想说”的言语行为，创设“多说”的发言机会，提高“会说”的口语质量，培养表达能力。

四、语言发展异常及矫正

1．口吃

口吃（俗称“结巴”“磕巴”）是一种言语障碍，表现为言语频繁地与正常流利的人在频率和强度上不同且非自愿的重复（语音、音节、单词或短语）、停顿、拖长打断。它也包括言语前的反常犹豫或停顿（被口吃者称为“语塞”）和某些语音的拖长（通常为元音）。口吃的许多表现不能被他人观察到，包括对特定音素（通常为辅音）、字和词的恐惧，对特定情景的恐惧，焦虑、紧张、害羞和言语中“失控”的感觉。口吃常伴有跺脚、摇头、挤眼、歪嘴等动作，才能费力地将字迸出。它涉及遗传、神经生理发育、家庭和社会等诸多方面，是非常复杂的语言失调症。

口吃出现的年龄以2～4岁为多，2～3岁一般是口吃开始发生的年龄，3～4岁是口吃的常见期，男孩多于女孩。婴幼儿由于口吃受到讥笑、指责，从而产生紧张、自卑、羞怯、焦虑或退缩反应，有可能使症状加重和发展。

2．缄默症

缄默症是指言语器官无器质性病变，智力发育也无障碍而表现沉默不语。选择性缄默症多发生于敏感、胆怯、性格孤僻的婴幼儿身上，平时父母溺爱、保护、因初次离开家庭、环境变动而起病，部分病例可能与遗传因素有关。

对于口吃或缄默症的婴幼儿，首先要建议家长就医，判定其病因。如果是心理原因导致的语言发展异常，早教机构及托幼园所要以保育照护、养育呵护为主，关心爱护婴幼儿，同时进行有效的语言训练（见图5-3）。

图5-3　语言训练

托幼园所要创设和谐、温馨的环境；保教老师要关注婴幼儿的情感需求，对口吃和缄默症的婴幼儿耐心、关心，避免给予精神刺激；转移紧张情绪，给予支持性心理治疗。因发育迟缓而发生的口吃，约占口吃婴幼儿的9/10，会随着年龄的增长而自行消失。少数口吃婴幼儿的矫正，应从解除婴幼儿的心理紧张入手，避免嘲笑、指责或过分矫正。保教老师与婴幼儿讲话时要心平气和、不慌不忙，使婴幼儿受到感化，养成从容不迫的讲话习惯，鼓励婴幼儿说话时不着急、呼吸平稳、全身放松，不去注意自己是否又口吃了，也可以对口吃婴幼儿进行口型示范和发音矫正的训练，可以多练习朗诵和唱歌，运用鼓励和表扬的方法培养其信心和勇气。对于缄默症的婴幼儿采取行为矫正治疗，保教老师带领婴幼儿参与互动游戏，使婴幼儿感受到集体活动的乐趣，激发语言表达的欲望。

对于口吃和缄默症的婴幼儿，保教老师要积极与家长沟通，共同商议矫正计划和方法策略，家园共同配合，使婴幼儿尽快、尽早达到正常发展水平。

拓展训练

根据所学，初步判断活动案例中的强强是什么类型的语言障碍？请给强强设计一个语言训练发展方案。重点思考保教老师应如何关爱幼儿，并引导班级同伴不耻笑、不嫌弃，创造良好的训练环境。

拓展链接 本部分学习内容见电子资源包

活动实施

步骤一：根据个别婴幼儿语言表达的状况，发现并判断是“语言发育迟缓”，还是“语言发展异常”。

步骤二：确定有针对性的矫正策略和方法，制订语言矫正期的保育计划，征得家长的同意。

步骤三：按照与家长商定的方案，做个性化辅导，落实“改善策略”或“矫正方法”，给予婴幼儿更多的引导与照护。同时在班内创设良好的互相关心、互相包容的语言氛围，不歧视、不嘲讽有语言障碍的婴幼儿。

步骤四：家园密切配合，及时与家长沟通，通过家园共育改善婴幼儿的语言障碍，对语言障碍严重的婴幼儿建议家长就医治疗。

任务二
促进3～6岁幼儿的语言发展

学习目标

素养目标 ❍ 热爱幼儿、耐心细致、以幼儿发展安全为核心，形成关爱幼儿，安全、科学保育的职业素养。

知识目标 ❍ 了解幼儿园语言领域的活动内容，熟知幼儿园语言领域的活动环境准备的内容，掌握幼儿园语言活动中的保育工作步骤。

能力目标 ❍ 能根据活动方案创设语言活动环境，能结合语言活动类型、特点做好语言活动全程的保育工作，能对语言发展异常的幼儿进行矫正训练。

活动一 幼儿园语言领域倾听与表达活动

案例情境

丽丽老师在语言活动时发现中班的明明说：“这本书坏了，不好玩”“贝贝排排坐，明明饭饭”等语言结构松散，缺少连词，由几个单句组成的句子。

你觉得明明的语言发展水平正常吗？如何训练？

知识准备

随堂记

一、3～6岁幼儿语言发展的特点

幼儿期是语言发展，特别是口语发展的重要时期。幼儿在运用语言进行交流的同时，也在发展着人际交往能力、理解他人和判断交往情境的能力、组织自己思想的能力。通过语言获取信息，幼儿的学习逐步超越个体的直接感知。

幼儿的语言能力是在交流和运用的过程中发展起来的。幼儿园应为幼儿创设自由、宽松的语言交往环境，鼓励和支持幼儿与保教老师、同伴交流，让幼儿想说、敢说、喜欢说并能得到积极回应。此外，还要为幼儿提供丰富、适宜的低幼读物，经常和幼儿一起看图书、讲故事，丰富其语言表达能力，培养阅读兴趣和良好的阅读习惯，进一步积累学习经验。

幼儿的语言学习需要相应的社会经验支持，要通过多种活动扩展幼儿的生活经验，丰富语言的内容，增强理解和表达能力；要在生活情境和阅读活动中引导幼儿自然而然地产生对文字的兴趣，用机械记忆和强化训练的方式让幼儿过早识字不符合其学习特点和接受能力。

二、幼儿园语言领域的内容与要求

教育部颁发的《幼儿园教育指导纲要（试行）》中，提出了幼儿园语言教育的内容与要求：

1）创造一个自由、宽松的语言交往环境，支持、鼓励、吸引幼儿与教师、同伴或其他人交谈，体验语言交流的乐趣，学习使用适当的、礼貌的语言交往。

2）养成幼儿注意倾听的习惯，发展语言理解能力。

3）鼓励幼儿大胆、清楚地表达自己的想法和感受，尝试说明、描述简单的事物或过程，发展语言表达能力和思维能力。

4）引导幼儿接触优秀的儿童文学作品，使之感受语言的丰富和优美，并通过多种活动帮助幼儿加深对作品的体验和理解。

5）培养幼儿对生活中常见的简单标记和文字符号的兴趣。

6）利用图书、绘画和其他多种方式，引发幼儿对书籍、阅读和书写的兴趣，培养前阅读和前书写技能。

7）提供普通话的语言环境，帮助幼儿熟悉、听懂并学说普通话。少数民族地区还应帮助幼儿学习本民族语言。

三、语言活动中的倾听与表达特点

随着幼儿发音器官的成熟，语音听觉系统的发展及大脑机能的发展，到了3～4岁语音发展到一个大的飞跃期。

3～4岁幼儿虽已能讲述自己生活中的事情，但由于词汇贫乏，表达显得不流畅，常常带有一些多余的口头语，还有少数幼儿甚至显得口吃。同时，他们在集体（如班级）面前讲话往往不大胆、不自然。

4～5岁的幼儿可以用语言进行简单而有效的交流，并且懂得倾听他人的讲话并做出回应。同时，情感表达能力增强，可以用语言表达自己的情感和需求，并且懂得倾听他人的情感和需求。

5～6岁的幼儿能比较自由地表达自己的思想感情，有强烈的语言要求，乐于谈论每一件事，已经初步掌握语法结构，听懂一些较为复杂的句子，理解一段话的意思，能初步掌握书面语言。

四、倾听与表达语言活动中的保育工作

（一）创设适宜的活动环境

幼儿语言活动的场地要干净、整洁、安全、温湿度适宜、适合开展活动。检查活动场地的安全，活动所需玩教具、书籍、乐器等物品准备齐全，确保安全、卫生。

（二）提供相关的活动设备和学习材料

教具、学具、教学设备等，要保证数量、使用方式恰当，符合幼儿年龄发展特点，能唤起幼儿情感上的共鸣，能为心理环境的创设提供前提条件。

幼儿园语言活动常用设备包括：信息化教学设备、挂图架等。幼儿园语言活动常用玩教具包括：图片、大开本绘本、故事挂图，其他语言活动玩教具。

保教老师在活动前要按照活动方案对环境的要求做好设备、物品的准备。为了使所学的内容得以及时巩固和延伸，保教老师应将活动时使用的相关教具、学具等根据主班教师的要求放置在固定的区角中，这样幼儿可以随时到区角活动、游戏、观察、体验和交流。

（三）创设精神环境

1）保教老师要创造一个自由、宽松的语言交往环境，支持、鼓励、吸引幼儿与教师、同伴或其他人交谈，体验语言交流的乐趣。

在活动中，保教老师应培养幼儿的性格和情绪，创设一个幼儿想说、敢说、喜欢说、有机会说，并能得到积极应答的环境。

2）保教老师要为幼儿提供普通话的语言环境，帮助幼儿熟悉、听懂并学说普通话。

活动实施

步骤一：活动前阅读听说活动方案，了解内容，理解目标，熟知活动步骤，了解活动对环境、材料的基本需求。

步骤二：检查活动场地的安全，根据已定好的活动内容准备需要的材料，如幼儿喜欢的玩教具、故事书（见图5-4）、歌曲、乐器、游戏头饰（见图5-5）等物品准备齐全，要保证材料的充足及安全、卫生，需要人手一份的按要求摆放好。

图5-4 幼儿喜欢的故事书

图5-5 游戏头饰

步骤三：观察幼儿的情绪状态，协助主班教师营造自由、宽松的氛围。主班教师和保教老师相互配合，调动幼儿的积极性，鼓励幼儿积极交流，善于表达和倾听，乐意把自己的疑问或见解传达给保教老师，而保教老师要及时正确地给予解答，满足幼儿的好奇心和求知欲；同时帮助幼儿了解自己的语言表达和沟通表现与不足之处，提供相应的支持和指导，促进其语言和沟通发展，做好个别幼儿的指导。

步骤四：在活动结束后，收拾和整理活动场地、设备、材料等。例如，指导孩子把用过的东西放回原处，对使用过的玩教具进行消毒。

步骤五：活动结束后，要有序组织如厕、饮水等活动。同时，可以安排一些语言延伸活动，如用故事和儿歌引导幼儿自觉参与。

拓展训练

中班绘本活动《我的皇冠在哪里》，根据给定内容，请写出保教老师在开展此次教学活动前的准备工作有哪些？

一、物质准备

1）足够数量的绘本《我的皇冠在哪里》，每位幼儿一本。

2）绘画材料，如油画棒、水彩笔、画纸等，用于创作活动。

3）制作皇冠的材料，如彩色纸、剪刀、胶水、闪光纸等。

4）展示工具，如黑板或展示板，用于展示幼儿的作品。

二、经验准备

1）幼儿对绘本的背景了解：通过之前的阅读或相关故事介绍，让幼儿对故事有基本的了解。

2）幼儿想象力和创造力的培养：通过平时的艺术和创造性活动，激发幼儿的想象力和创造力。

三、教师准备

1）教师对绘本的熟悉程度：教师需熟悉故事内容，以便更好地引导讨论和活动。

2）问题准备：准备一系列开放式问题，引导孩子深入思考和讨论故事内容。

（案例提供：北京市西城区教育研修学院附属幼儿园 韩宇桐）

拓展链接 本部分学习内容见电子资源包

活动二 幼儿园语言交流与沟通活动

案例情境

露露因生病在家休息了两个月后重返幼儿园，她对老师、小朋友和环境感到陌生，显得紧张和不安。保教老师李老师看到露露后，立即用温暖的微笑和友好的语气迎接她，说："露露早上好，你终于回来了，我们都很想你！"然后李老师俯身与露露保持眼神接触，温柔地拉着她的手，帮助她放好衣服和书包。接着，李老师询问露露在家休息时的情况，带她到班里和其他小朋友打招呼。李老师一直陪伴在露露身边，帮助她逐步适应环境。在接下来的几天，李老师也持续关注着露露的适应情况，确保她能够顺利融入班级。

你觉得李老师与露露沟通时使用了哪些技巧？如何做得更好？

（案例提供：北京市西城区教育研修学院附属幼儿园 韩宇桐）

知识准备

《幼儿园教育指导纲要（试行）》指出，发展幼儿语言的关键是创设一个能使他们想说、敢说、喜欢说、有机会说并能得到积极应答的环境。幼儿在生活中，经常要将自己的各种信息，以及主观感受、愿望或要求转换成言语与他人交流。然而，受生活经验、词汇量和思维特点的影响，常常会出现使用"错误"语言。此时，保教老师应正确对待"错误"，给幼儿以支持、鼓励，相信孩子会在宽松的语言交往环境中进行自我调整。保教老师积极的交往态度和高超的应答，不仅会为幼儿"创造一个自由、宽松的语言环境"，还会起到"支持、鼓励、吸引幼儿与保教老师、同伴或他人交谈，体验语言交流的乐趣"，并使幼儿更加敏感、主动地吸收、加工和输出语言信息，促进语言表达能力的发展。

一、创设语言交流与沟通的环境

（一）物质环境

教室要干净、整洁、舒适、温馨，如布置童趣化的墙面背景、卡通的窗帘、好玩的娃娃房等；墙面布置内容要与幼儿相关，环境布置要考虑幼儿的视角，高度要适宜；能激发幼儿沟通、表达的兴趣。

（二）精神环境

创设宽松、和谐的心理环境。宽松、和谐的人际氛围是幼儿尝试语言活动的必备条件，只有为幼儿营造一种轻松、和谐的氛围，他们才敢说、愿意说，也只有在没有负担和压力的环境中，幼儿才会大胆地表达和表现，并获得成功体验。平等的人际关系是教师尊重幼儿的具体体现，也是宽松、和谐的心理环境的关键所在。

幼儿的行为常受情绪的主导，因此可以利用他们的情绪和兴趣顺势开展活动，营造一个幼儿可以自主表达的语言环境。

二、与幼儿进行语言交流的途径与方法

（一）见面亲切称呼，拉近师幼距离

第一次见面，或者在还不熟悉幼儿姓名的情况下，我们可以称其为“小朋友”。可以直接称呼幼儿的名字不加姓，也可以重叠称呼幼儿名字中的某一字，如明明，还可以跟着家长称呼孩子的昵称。在一些正式的场合，特别是需要确认幼儿身份的时候，要称呼幼儿的姓名。

熟记幼儿的名字，是与幼儿沟通的基础。

（二）创造语言机会，把握交流时机

入园和离园是幼儿一天集体生活的开始和结束，也是与幼儿沟通的好时机。

在入园时，保教老师要以亲切、和蔼的态度接待幼儿和家长，热情主动地向幼儿打招呼，如“欢欢，早上好！”“小希，你好！”等。注意不要因为和家长沟通而冷落了幼儿。在离园时，要主动和幼儿说“再见”“明天见”，让幼儿带着愉快的心情回家。

幼儿在园期间，无论主动与被动交流，保教老师均要保持热情、关爱的态度。

（三）恰当运用态势语，增进师幼的感情

在与幼儿沟通时，保教老师要选择蹲下或坐下，幼儿可以平视保教老师，在同一视平面交流，幼儿会感觉自己被尊重，会比较放松。选择适宜的姿势交流，为师幼双方进行平等的沟通创建了更好的环境。保教老师的目光要注视幼儿，要用亲切、柔和或鼓励、赞许的目光，可以抱一抱，让幼儿更真切地感受到保教老师的爱，让其感受到保教老师像家人一般的抚爱，也可以摸摸头、拍下肩、刮下鼻子，这都是幼儿喜欢的动作，让幼儿感受到保教老师对他的关心，他会更愿意与保教老师沟通。微笑是最美的态势语，幼儿说喜欢爱笑的老师。

（四）开展语言交流游戏活动，在情境中提升交流能力

游戏活动可以通过多样化的环境创设，提供有效的场景及练习的机会，对提升全体幼儿的语言表达能力，和引导内向幼儿的发展十分必要。

三、支持幼儿同伴之间交流的做法

（一）营造自由、宽松、开放、接纳的环境氛围

幼儿的互动交流需要在充满安全感、舒适感的环境中实现。幼儿只有在感到安全与被接纳的环境中，才能全身心地释放自己的交流意愿与个性经验，这就需要保教老师结合幼儿的个体差异与活动内容，借助自身语言的多元性、体态的自然性、回应的积极性，以及教育的艺术性等打造和谐、愉悦的交流氛围。

随堂记

（二）创设开放性的语言交流情境

幼儿互动交流的能力是在日常运用的过程中逐步发展起来的。在语言活动中创设开放性的游戏情境并开展师幼、幼幼之间的互动交流，以幼儿喜欢的游戏情境有效调动他们沟通与交流的兴趣。

（三）积极、有效地回应与支持、鼓励

教师有效地倾听回应与积极地鼓励赏识能够让幼儿感受到被关注、被支持、被肯定。全神贯注地聆听不同幼儿的表达，认同幼儿的个体感受与表达，并及时将幼儿的感受与表达用恰当的词语表达出来，在此基础上引导启发全体幼儿的幼幼互动，以满足幼儿之间多元交流的需要。

（四）了解幼儿个体发展的特点

了解幼儿的年龄特点，观察儿童的个性、兴趣，在读懂幼儿的发展需求中智慧地引发幼儿相互之间的表述、交流、碰撞、思考与经验建构，真正让幼儿成为互动交流的主体。

活动实施

与新入园幼儿的有效交流

步骤一：在与新生交流前，保教老师要熟记幼儿的姓名，要提前查清楚幼儿姓名中不认识的生僻字，不要发错音、念错字。

步骤二：积极主动地与幼儿交流。保教老师以亲切、和蔼的态度主动与幼儿打招呼，称呼可以是名字也可以是昵称，在交流时选择幼儿能听懂的字、词、句来作为与幼儿交流的媒介。

步骤三：在交流时，保教老师目光要与幼儿直接接触，视线最好与幼儿平行，可以蹲下来与幼儿交流（见图5-6），让幼儿感觉到保教老师重视他，与保教老师处于平等的位置，交流起来更能感觉到保教老师的关爱。

图5-6 教师目光要与幼儿直接接触

步骤四：在与幼儿交流时，保教老师的语调要有起伏、有情感，能激起幼儿交流的兴趣和欲望；语速要适中，不能太快，也不能太慢，太快容易导致幼儿听不清楚，太慢就会使幼儿等得太急，幼儿回应的积极性会降低。在交流时，保教老师的音量也要适度，要让幼儿听清楚。

步骤五：善于倾听，积极回应。在与幼儿的交流过程中，保教老师要用心倾听幼儿的心声，用微笑、点头等态势语回应。同时，要针对幼儿的语言内容及时、恰当地应答，真诚地做出反应。

拓展训练

中班的轩轩在语言活动中与其他幼儿争抢玩具，其行为影响到其他小朋友的安全和正常游戏。保教老师西西老师及时发现、制止了轩轩的行为，并与轩轩进行了交流，鼓励轩轩通过语言与其他小朋友协商，表达意愿和想法；对轩轩正确的语言行为及时表扬。

请模仿西西老师与轩轩有效交流的语言，并引导其与同伴协商，同时对轩轩正确的语言行为给予表扬。

拓展链接 本部分学习内容见电子资源包

活动三　幼儿园语言领域的谈话、讲述、阅读活动

案例情境

苗苗老师在中班组织了谈话活动“如何照顾小蜗牛”。在活动过程中发现，有些幼儿答非所问，比如会回答“我家里有小猫咪”“我见过蜗牛”等，有些幼儿没有思考出自己的答案，重复之前幼儿的答案，还有些幼儿注意力不集中，表现为与周围的小朋友闲聊、打闹、发呆、东张西望等。教师多次强调纪律并重复问题也未能调动起幼儿的讨论热情，最后活动草草收场。

你觉得此次谈话活动开展不顺的原因有哪些？如何改进？

（案例提供：北京市西城区教育研修学院附属幼儿园　韩宇桐）

知识准备

幼儿园语言教育活动有多种，谈话、讲述及早期阅读活动是其中重要的类型。

一、幼儿谈话活动

幼儿园谈话活动是保教老师启发、引导幼儿围绕一定的话题，以交谈为主要形式开展的语言教育活动。在良好的语言环境下，谈话活动可以帮助幼儿学习倾听他人的谈话、学习与他人交流的方式及规则，培养人际交往能力。

《幼儿园教育指导纲要（试行）》指明语言教育的总目标是“乐意与人交谈，讲话礼貌”和“注意倾听对方讲话，能理解日常用语”，在与人交谈时“能清楚地说出自己想说的事”。《3—6岁儿童学习与发展指南》中也指明了语言教育的总目标是“认真听并能听懂常用语言”和“愿意讲话并能清楚地表达”。

谈话活动的准备：

1．创设谈话情境，引出谈话话题

主班教师在谈话活动开始时，创设谈话情境，引出谈话的话题，调动幼儿的生活经验和相关的知识储备，激发幼儿谈话的兴趣和热情，为谈话活动做好准备。

（1）用实物、直观玩教具创设谈话情境　主班教师利用活动角的布置、墙饰、实物、模型、图片、游戏表演等，向幼儿提供与谈话主题有关的感知动作的对象，调动幼儿关于谈话主题的生活经验，启迪幼儿的谈话兴趣和思路，从而引出谈话话题。例如，在谈话活动“欢乐的春节”开头，保教老师提前布置一个包括鞭炮、春联、窗花、人们欢度春节的图片等物品在内的展览区，带着幼儿参观，调动幼儿的生活经验和快乐的情绪，激发幼儿谈话的强烈欲望。

（2）用语言创设谈话情境　主班教师通过自己生动的语言，描述一种情境，或提出一些问题来唤起幼儿对谈话主题的相关回忆，调动幼儿的生活经验，引起相应的体验，自然地切入话题。例如，在谈话活动“我的好朋友”开始时，主班教师说：“我有一个好朋友是西西老师（保教老师），她跟我一起工作、一起玩游戏、一起看书、讨论问题。当我遇到困难时，西西老师还和我一起想办法，帮我克服困难。那么，你的好朋友是谁？你们在一起最喜欢做什么……”用这

种方式帮助幼儿进入谈话的主题，也为下一步活动奠定了良好的基础。

2．创设自由、平等、愉快的交流环境

鼓励每位幼儿积极参与谈话，真正形成双向或多向的交流。提供更多的师幼之间、幼幼之间充分的交流机会，让幼儿在平等、轻松的环境中畅所欲言，尽情地表达心中的感受，促进幼儿语言能力和社会交往能力的发展。

二、幼儿讲述活动

幼儿园的讲述活动，是一种有目的、有计划地培养幼儿语言表达能力的教育活动。讲述活动为幼儿提供不同于日常谈话的情境，要求幼儿积极参与讲述实践，帮助幼儿逐步获得独立构思和完整连贯表述的语言经验。

讲述活动是发展幼儿独白语言的教育方式，对幼儿语言的目的性、独立性、创造性和连贯性，以及幼儿的思维、记忆、想象等方面都有很好的促进作用。

讲述活动的准备：准备凭借物，感知理解讲述对象。凭借物是指幼儿在活动中的讲述材料，可以是保教老师为幼儿讲述活动而准备的，也可以是幼儿参与准备的，包括图片、实物、多媒体课件等。通过凭借物，让幼儿仔细看图、看实物、看表演，触摸、聆听及运用其他感觉通道（味觉、嗅觉等）来理解讲述对象，给幼儿划定讲述的中心内容，使幼儿的讲述有明显的指向性。

例如，触摸实物讲述"神奇的口袋"，先让幼儿闭上眼睛从口袋里摸出一样物体，然后通过触摸感觉物体的特征，猜出物体的名称并讲述物体；听录音讲述"夏天的池塘"，先让幼儿听一段录音，请幼儿分辨出录音中各种声响，如蝉、青蛙的叫声，之后将各种声音联系起来，想象夏天池塘的环境以及发生的事情。这是从听觉途径去感知理解讲述对象的。

三、幼儿早期阅读活动

早期阅读是指以图画读物为主，以看、听、说有机结合为主要手段，激发幼儿热爱图书的情感，培养幼儿的阅读兴趣，丰富幼儿的阅读经验，提高幼儿的阅读能力；在阅读过程中，激发幼儿识字和书写的愿望，获得有关书面语言的知识，发展幼儿的想象、思维和表达能力。

早期阅读活动的准备：

物质环境准备包括阅读空间和阅读材料。幼儿园常见的阅读场所是图书室、阅读区（见图5-7）、语言角。阅读区的环境布置要色彩鲜艳、富有童趣、光线充足、宽敞舒适，还要有与幼儿身高相配的、耐用美观的书架和桌椅。阅读区要放置丰富多样的、数量充足、适合不同年龄段幼儿阅读的图书，以满足幼儿自主阅读、获得相关信息的需要。另外，除了相对固定的、有计划的集体阅读活动之外，主班教师与保教老师还可以充分利用幼儿园一日生活的各个过渡环节，如晨间来园时、盥洗和饮水时、午睡起床时、晚间离园时，安排幼儿的阅读活动，引导幼儿独自阅读，使幼儿逐步养成主动阅读的习惯。

图5-7　幼儿园的阅读区

精神环境是指保教老师要为幼儿创设宽松自由的阅读氛围，其有助于幼儿全身心地投入阅读活动中，在活动中获得无穷的乐趣，促使幼儿形成良好的阅读习惯。

活动实施

幼儿园大中班语言教育活动中的保育工作

步骤一：保教老师了解活动类型、目标及内容，根据目标与内容的要求，做好前期的准备。例如，电教设备、教具的准备，活动玩具、材料的领取，有关设备、设施和场地的安全检查等。

步骤二：保教老师可以和幼儿共同布置活动的场地，摆放桌椅，准备教具、材料、物品、图片、图书等。

步骤三：保教老师与主班教师共同做好语言活动前的精神准备。

为幼儿创设和谐、宽松自由的语言交往环境，激发幼儿想说、敢说、喜欢说的欲望，以幼儿感兴趣的内容和方式调动其交谈的兴趣，鼓励每位幼儿积极参与谈话，真正形成双向或多向的交流。

保教老师做好谈话和讲述、阅读前的计划和准备。例如，考虑好本次谈话要与哪些幼儿交谈，谈什么。看图讲述需要主班教师启发和引导幼儿观察图片、理解图意，并运用恰当的语句完整流畅地表述图意。主班教师对幼儿的阅读行为表示关注、支持和欣赏，以积极的态度给幼儿提供适当的支持与指导。

步骤四：关注个别幼儿，与班里性格内向、胆子较小、语言能力相对较弱的幼儿进行交谈，鼓励幼儿大胆讲述。通过交谈与讲述增强幼儿的自信心，培养他们主动、大胆地与人沟通与交流的兴趣和能力。

步骤五：活动结束对语言活动内容进行延伸，如在过渡环节用故事和儿歌引导幼儿自觉参与盥洗、如厕、饮水等活动，同时收纳、整理图书、玩具等。

拓展训练

训练一：请为小班谈话活动“我的一家人”做物质和精神准备，请补充完整。

1. 实物玩具：小兔。
2. 每位幼儿一张“全家福”照片。
3. 多媒体、投影机、照相机（保教老师帮忙拍照）。
4. 活动前幼儿先了解父母的工作、家庭成员之间的关系，以及平时在家主要做些什么事情。

请同学们分组准备，模拟展示后进行自我评价和互相评价。

训练二：请为大班讲述活动“西瓜船”做准备，简单介绍活动的任务和目标，写出保育工作的内容。

1. 物质准备：创设故事环境，提供大图片四幅，便于教师指导幼儿进行细致的观察。

幼儿每人一套与大图片内容一致的小图片，便于幼儿自由操作和讲述。

2. 精神准备：创设舒适、活跃的讲述环境，激发幼儿的讲述兴趣，引导幼儿猜想小老鼠、西瓜皮之间可能发生的故事。

拓展链接　本部分学习内容见电子资源包

单元小结

婴幼儿的语言发展在其成长过程中起着至关重要的作用。通过语音模仿、早期沟通、歌唱和儿歌、谈话和讲述、绘本阅读，以及社交互动等方式，可以有效促进婴幼儿语言能力的发展。良好的语言能力将对婴幼儿未来的学习和社交能力产生积极的影响，为他们打下坚实的基础。因此，在婴幼儿时期照顾者和家长应该给予足够的关注和支持，帮助他们顺利发展语言能力，为他们的未来铺就成功的道路。

单元检测

一、单选题

1. （　　）是托幼园所使用的句型中最基本的句型。

A. 电报句　　B. 双词句　　C. 复合句　　D. 简单陈述句

2. 幼儿口语表达能力的发展趋势是（　　）。

A. 先有对话言语和独自言语，后有情景言语和连贯言语

B. 先有对话言语和连贯言语，后有情景言语和独自言语

C. 先有对话言语和情景言语，后有独白言语和连贯言语

D. 先有情景言语和独白言语，后有对话言语和连贯言语

3. 下列说法错误的是（　　）。

A. 幼儿应该用正常的音量说话，不大喊大叫

B. 在音乐活动前，幼儿唱歌的场所应进行湿性扫除

C. 在幼儿感冒时应多喝水，少说话

D. 幼儿可以唱成人歌曲

4. 发育性口吃发生在（　　）。

A. 语言发展最为迅速的时期　　B. 语言发展缓慢时期

C. 语言发展的平台期　　D. 语言发展的下降时期

5. 幼儿口吃时，保教人员正确的做法是（　　）。

A. 用焦急的语气纠正　　B. 用平静的语气说出正确的语句

C. 模仿幼儿　　D. 打断幼儿的话语

6. 眼睛距书本的距离应该保持在（　　）。

A. 10cm　　B. 20cm　　C. 25cm　　D. 33cm

7. 幼儿读书时光线应该来自（　　）。

A. 左方　B. 右方　C. 左上方　D. 右上方

8. 图书、图片是（　　）中常用的玩具和材料。

A. 表演游戏　B. 象征性游戏

C. 建构游戏　D. 语言活动

9. 幼儿在幼儿园整理图书应该（　　）。

A. 在保教老师的协助下进行　B. 独自进行

C. 按小组共同整理　D. 让家长帮助进行

10. 每周伊始，保教老师要了解本周的（　　），根据目标的要求，做好前期的准备。

A. 周教育目标及每日教育活动的目标　B. 教师的教育内容

C. 大致活动内容　D. 周教育目标

二、简答题

1. 举例说明婴幼儿语言发育迟缓的表现有哪些。
2. 举例说明如何与幼儿沟通交流。
3. 举例说明幼儿园大中班语言教育活动中保育工作怎样实施。

第六单元 早期学习支持——认知发展

单元导读

婴幼儿的早期学习支持主要是指成人对婴幼儿的帮助，通过创设学习、发展的环境，促进婴幼儿各方面能力的发展。本单元主要学习0～3岁婴幼儿认知发展的特点，创设支持0～3岁婴幼儿认知发展的环境；依据3～6岁科学领域、艺术领域活动的内容和特点，创设幼儿园各年龄班科学、艺术领域活动的学习环境；通过学习婴幼儿认知发展规律和保育工作任务与技能，做好认知学习活动的支持和保育，促进婴幼儿认知能力的科学、健康发展，同时培养以婴幼儿发展为核心的保育理念。

单元目标

- 了解0～3岁婴幼儿认知发展的特点，熟悉幼儿园各年龄段在科学领域、艺术领域活动的特点及内容。
- 学会支持婴幼儿认知发展的环境创设方法，以及配合教师组织各类游戏活动的方法。
- 掌握幼儿园科学、艺术领域活动中的支持幼儿发展的保育技能。
- 在实际操作中体悟保教老师关心、耐心、细心的工作态度。

单元内容

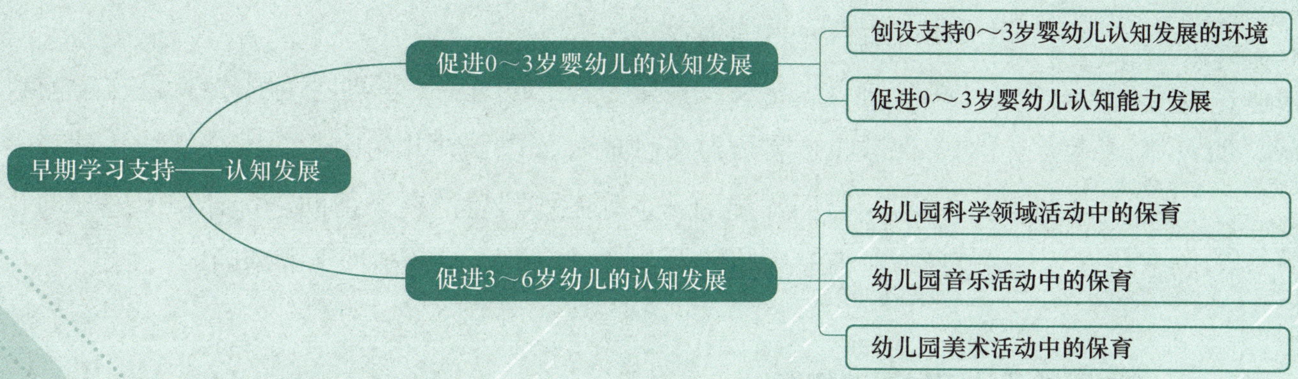

任务一 促进0～3岁婴幼儿的认知发展

学习目标

素养目标 ❍ 理解以婴幼儿发展、安全为核心的保育理念，形成关心、耐心等职业品质。

知识目标 ❍ 理解0～3岁婴幼儿认知发展的特点，知道创设0～3岁婴幼儿认知发展环境的内容、形式。

能力目标 ❍ 学会创设支持0～3岁婴幼儿认知发展环境的保育技能，能选择和组织适宜的游戏促进婴幼儿的认知发展。

活动一 创设支持 0 ～ 3 岁婴幼儿认知发展的环境

案例情境

保教老师小张要为24～30个月的宝宝班准备“指认游戏”的材料。王老师告诉小张老师，今天要带领宝宝班的孩子认识秋季经常吃的水果。小张老师找来了绘有苹果、香蕉、西瓜、葡萄、雪花梨、橘子等水果的图片交给了王老师，王老师看后请小张老师重新找“指认游戏”的材料。小张老师一脸疑惑：“我要准备哪些材料，才能符合本次‘指认游戏’的要求呢？”请你帮助小张老师一起完成“指认游戏”的材料准备。

知识准备

一、学习支持定义

学习支持服务（Learning Support Services）这个概念是1978年英国开放大学的远程教育专家西沃特（Sewart）首次提出的，该观点逐步成为远程教育界的热点问题。在国外学者中，西沃特对学习支持服务的定义是：学习支持服务是一种组织形式，通过这种形式学习者可以充分利用机构的教学服务设施；索普（Thorpe）的定义是：学习支持服务是在学习发生前、学习过程中以及学习完成后，能够对已知学习者或学习小组的需求做出反应的所有元素的集合。

结合对以上学习支持服务概念的理解，早期学习支持就是在学前教育机构中保教工作者通过多种形式，以婴幼儿为中心，围绕婴幼儿学习中存在的主要问题而开展的一系列工作，目的在于帮助、指导和促进婴幼儿的自主学习，为婴幼儿的自主学习提供物质及精神上的帮助。

二、0～3岁婴幼儿认知发展的特点

人的认知能力是一个发展的过程，同时也是人的终身任务。认知是指人对客观世界的认识活动。认知活动包含感知觉、记忆、思维、想象等心理活动。认知能力的发展经历从简单到复杂、由局部到整体、由片面到全面逐步发展的过程。婴幼儿在自己的生活环境中是积极的探索者，表现为积极地主动寻求刺激与主动处理刺激。

随堂记

（一）婴幼儿触觉的发展特点

胎儿在母体中就已经有触觉了，0～6个月的婴儿将反射动作加以整合，用嘴与手进行探索。6～12个月的婴儿触觉发展遍及全身，且触觉定位越来越清晰，喜欢伸手拿玩具。对于12个月的婴儿而言，口腔是他们最主要的触觉器官。13～18个月的婴幼儿认知能力提高，利用触觉、听觉、视觉等多种感知觉参与认知活动。18～24个月的婴幼儿通过不断触摸理解物体的用处。25～36个月的婴幼儿的手成为主要的触觉器官。

（二）婴幼儿听觉的发展特点

新生儿具有声音定向性且能区分声音高低等，0～6个月的婴儿能感受不同方向的声音，头部转向声源方向，且能辨别母亲的声音。6～12个月的婴儿能依据声音方向用眼睛寻找发声物体，分辨声音的能力提高。12～18个月的婴幼儿开始听到音乐，身体不同部位会做出律动，且能按听到的语言做出反应。18～24个月的婴幼儿已经具备听觉记忆能力，25～36个月的婴幼儿配合语言发展，可以与他人进行对话。

（三）婴幼儿视觉的发展特点

新生儿看东西模糊，0～6个月的婴儿可追视移动的物体，会注视人脸，视觉集中的现象明显，具有视线移动能力，存在视觉偏移现象，固定视物，能辨认红、绿、蓝三色，能辨认熟悉的面孔，且准确看到眼前物品，出现手眼协调动作；6～12个月的婴幼儿能辨别物体远近、上下左右、移动及辨别大小空间，利用视觉探索手中的物品。12～24个月的婴幼儿喜欢看书，可以区分不同的几何形状，能指认书上的图案。36个月的幼儿接近成人的视力，视力达到0.5～0.6，开始认识文字符号。

三、支持0～3岁婴幼儿认知发展的环境创设

（一）给婴幼儿创设生活化的环境

真实的生活化的物质环境和心理环境可以促进0～3岁婴幼儿认知发展。婴儿从睁开眼睛的那一刻看到的就是真真实实、温馨的家的物质环境，大到家中的沙发、自己睡的小床、妈妈给宝宝做饭的厨房，小到宝宝喜爱的玩具、爱吃的水果和蔬菜，这些都是婴幼儿朝夕相处、时时刻刻能够接触到的物品。熟悉的、生活化的物品可以给婴幼儿带来安静、平和的心理感受。同时在熟悉的、生活化的环境中，照顾者的慈祥的面孔、温和的语言、与婴幼儿的身体接触等都给他们带来安全感，在温馨的心理环境中，可以提高他们对环境的适应能力。

（二）给婴幼儿提供适宜、安全、卫生、真实、丰富的游戏材料

0～3岁婴幼儿无论是生理还是心理的发展，都有着自己的轨迹，他们的发展速度也存在着个体差异。在给0～3岁婴幼儿创设环境时要考虑到他们的发展水平，以适合婴幼儿发展水平为准则，给他们提供适合他们发展水平的、真实化的丰富的材料。

1. 用在发展触觉方面

可以提供各种软硬、粗糙度不同的真实物，如棉质、丝质、牛仔等材质的玩具或布料，粗糙布料、干净的沙子、不同硬度的砂纸等。

2. 用在发展视觉方面

可以提供各种颜色、形状等差异的真实物，如各种形状的瓶子、纸板，各种颜色的盒子等。

3. 用在发展听觉方面

可以提供不同的声音来刺激婴幼儿的听觉发展，如自然界中的雨声、风声，厨具、铁桶等发出的声音（锅盖、碗的碰撞等）。

4. 材料选择上的注意事项

选择能够反复清洁消毒且符合卫生标准的材料，同时还要注意同种物品的不同规格，如长短不同、软硬不同等。

5. 游戏活动环境的空间布局与安全设施

在环境布置上要考虑到活动空间布局要合理、做好安全保护，如柔软的地垫、可以倚靠的靠垫，周围桌椅的、设备锐角要进行保护，活动场地要做好清洁消毒工作等。

（三）关注婴幼儿的心理、情绪状态

保教老师在日常生活中不仅要时刻观察婴幼儿的各种行为以便及时给予安全照护，同时对于婴幼儿异常行为背后的细微心理变化也应给予高度关注。保教老师应及时发现婴幼儿的异常行为，如分离焦虑、吃手、攻击性行为、口吃、遗尿等异常行为，可以通过家园合作等形式指导家长掌握纠正方法，同时保教老师在日常生活中积极地对婴幼儿的异常行为进行调节，帮助婴幼儿建立良好的心理氛围。

婴幼儿在活动前、活动中、活动后的心理、情绪状态直接影响着他们的认知发展水平，所以教师要在活动前采用多种方式调动婴幼儿参加活动的愿望、兴趣，让婴幼儿在愉快的情绪状态下进行活动。保教老师要对婴幼儿可能出现的认知情况、行为表现有预知，在活动中利用游戏伙伴及指导者的双重身份指导婴幼儿进行活动，对于婴幼儿遇到的问题应以鼓励、表扬为主带领婴幼儿克服困难完成活动。在活动结束后，保教老师应再次激发婴幼儿下次活动的意愿及在日常活动中继续探索的愿望，以此来关注婴幼儿活动中的心理、情绪，促进婴幼儿的认知发展。

活动实施

步骤一：活动前对环境、物品做好清洁消毒工作（参考第一单元）。

步骤二：检查活动场地的安全，消除安全隐患（检查活动场地是否有细小危险物，并及时处理）。

步骤三：根据游戏活动的内容、要求，确定、布置活动需要的桌椅，将其摆到指定位置，并选择匹配的玩教具放到指定地点。

步骤四：在活动中观察婴幼儿的学习状态，把握游戏参与程度及学习效果，适时反馈给老师，积极回应婴幼儿的需求。

步骤五：在游戏结束后，带领婴幼儿把活动中使用的物品放回原处。

步骤六：在活动结束后，对活动场地进行收拾整理，做好场地、玩教具的清洁消毒工作。

活动案例

认知活动——“分辨上下、前后的空间方位”

活动名称：小雨沙沙沙。

年龄：24～36个月。

活动目标：

1. 喜欢参加集体游戏，体验一起玩的快乐。
2. 能够在游戏中分辨上下、前后的空间方位。

活动准备：

物质准备：沙锤、道具伞、小房子。

经验准备：听过儿歌《小雨沙沙》。

活动过程：

一、情景游戏：神秘的朋友

1. 老师：今天请来了一个乐器朋友，我们听听它藏在哪里了？
2. 配班老师在幼儿后面摇动沙锤发出声音，请幼儿说出方位（后面）。
3. 配班老师换到前面摇动沙锤，再请幼儿说出方位（前面）。
4. 老师：小朋友们真棒，听出了乐器朋友的位置，它的名字叫沙锤。

二、游戏：下雨啦

1. 请幼儿每人拿一个沙锤。
2. 摇一摇、听一听，声音像不像下雨啦。
3. 老师：小雨沙沙沙，下到头上了。请幼儿一起举起沙锤，在头上摇一摇。
4. 老师：小雨沙沙沙，下到身后了。请幼儿一起举起沙锤，在身后摇一摇。
5. 老师：小雨沙沙沙，下到肚子前面了。请幼儿一起举起沙锤，在肚子前面摇一摇。
6. 老师：小雨沙沙沙，下到脚下了。请幼儿一起举起沙锤，在脚下摇一摇。

三、音乐游戏：小雨沙沙

1. 播放音乐《小雨沙沙》时表示下雨，音乐停表示雨停。
2. 放音乐，下雨了，躲到前面的大伞下。音乐停，婴幼儿返回。
3. 放音乐，下雨了，躲到后面的房子里。音乐停，婴幼儿返回。
4. 提问：你想在哪里躲雨呢？前面的大伞还是后面的房子？婴幼儿回答。
5. 放音乐，婴幼儿自主躲雨。

四、一起唱《小雨沙沙》，活动自然结束

（案例提供：北京市东城区崇文第三幼儿园 高洁芳）

随堂记

拓展训练

今天李老师要带领幼儿园的小宝宝班的18～24个月的婴幼儿进行听辨声音大小的听力游戏，游戏目标为能辨别声音大小，游戏要求婴幼儿半圆围坐。李老师请保教老师小王做好游戏前的场地和材料准备工作，由于小王老师是刚入职的新老师，当她听到李老师的要求后心里有些忐忑，请你帮助她一起完成准备工作吧！

1. 请你结合学过的知识，帮助小王老师做好游戏前的场地材料的布置工作。
2. 请你根据本次活动习得的技能，帮助小王老师一起准备辨别声音大小的认知游戏的材料。

拓展链接 本学习内容见电子资源包

活动二 促进0～3岁婴幼儿认知能力发展

案例情境

小李老师是刚到幼儿园的实习生，经过了五年的学习，她对自己胜任岗位工作有足够的信心。主班王老师让小李老师准备明天宝宝班的婴幼儿“配对”游戏。小李老师根据宝宝班最近对所吃的水果比较感兴趣作为突破点，准备以“给水果找家”的配对游戏作为明天的认知活动。针对24～36个月的婴幼儿认知活动的准备，小李老师又出现了困惑，怎样组织游戏活动过程更好呢？请你帮小李老师一起来解决这个问题吧。

知识准备

一、游戏活动内容的选择与组织

通过游戏活动促进0~3岁婴幼儿在大动作、精细动作等动作能力、听和说等语言能力、情感、认知能力等方面的发展。根据0～3岁婴幼儿的发展水平、学习水平和托育大纲规定的任务要求选择、改编、创编适合的游戏，促进婴幼儿的动作、语言、情感、认知能力的发展。在组织婴幼儿游戏活动中，保教老师还需要根据主班老师的要求做好游戏活动前的物质准备及对婴幼儿做好游戏活动前的心理支持，在游戏活动中根据婴幼儿的表现给予学习支持并做好活动的保育工作，反馈婴幼儿在活动中的表现为后续游戏活动的组织、安排做到有的放矢，因材施教。

在组织婴幼儿游戏活动时，应充分考虑托育大纲中对各月龄婴幼儿的要求、班级月活动计划整体要求。还应考虑婴幼儿动作、语言、情感、认知等能力的发展顺序和婴幼儿学习能力等方面来考虑所选游戏内容。在选择游戏时，可以采用直接选用、改编再用、创编新游戏等方法。

二、游戏活动方案（计划）内容的格式

为婴幼儿早期学习改编、创编游戏时，游戏活动方案的格式规范，一般包括以下几个部分：

（一）游戏活动名称

……

（二）适合的月龄

这里要说明适合的月龄，如适合24～36个月，同时还可进行简要的需求分析，这个月龄的婴

幼儿的语言、动作、情感、认知的发展情况。

（三）游戏活动目标

通过游戏活动要提升、培养婴幼儿动作、语言、情感、认知方面的什么能力，达到怎样的要求。

（四）活动准备

1. 物质准备：本次游戏活动需要使用的物质材料，如图片、玩具等。
2. 精神准备：包括回顾婴幼儿已学习过的内容，如何激发新的活动兴趣等

（五）游戏玩法

描述游戏的具体玩法及教师如何组织婴幼儿进行游戏。

（六）反思

记录活动效果及后续游戏活动的建议。

随堂记

活动案例

认知活动——模仿小动物走路

活动领域：音乐活动。

年龄：24～36个月。

游戏活动名称：音乐游戏——小兔和乌龟。

游戏活动目标：1. 模仿小乌龟和小兔子走路。

2. 感知音乐中的快慢，学唱儿歌。

活动准备：

经验准备：认识兔子与乌龟，看过乌龟爬与蹦蹦跳跳的兔子。

物质准备：

1. 音乐：《奇怪的小白兔》节选1、《兔子与乌龟》节选2。
2. 材料：小兔子和乌龟手偶。

游戏玩法：

1. 出示小乌龟、小兔子两个小动物手偶。
2. 放音乐让婴幼儿感受两段不同速度的音乐节选。

（1）播放音乐节选1并出示小兔子手偶，保教老师拿着手偶跟着音乐旋律跳动。

保教老师说：“我是小兔子，来到幼儿园真开心，我们一起来跳舞吧！”请婴幼儿跟着音乐一起模仿小兔子的动作。

（2）继续播放音乐节选2，出示小乌龟手偶，引导婴幼儿与小乌龟一同爬一爬，请婴幼儿跟着音乐模仿小乌龟的动作。

3. 保教老师播放音乐，用小兔子、乌龟手偶与婴幼儿进行互动（摸一摸、亲一亲），同时对婴幼儿在游戏活动中的表现给予肯定。

游戏反思：在游戏活动中多鼓励婴幼儿与同伴互动。

（案例提供：北京市东城区崇文第三幼儿园 李环）

活动实施

步骤一：阅读主班教师的活动设计方案，根据24～36个月的婴幼儿的认知发展特点理解所确定的活动内容。

步骤二：领会游戏活动的意图，熟悉游戏过程和早期学习指导要点。

步骤三：根据游戏内容和玩法，准备玩教具和相关材料。

步骤四：组织婴幼儿认知游戏活动，鼓励婴幼儿积极参与并完成活动内容，关注全体婴幼儿的行为、心理表现，帮助理解慢的婴幼儿完成活动内容，关注对婴幼儿的生活照护。

步骤五：收拾、整理活动材料，摆放到固定区域，为活动的延伸做准备。

任务二 促进3～6岁幼儿的认知发展

学习目标

素养目标 ○ 理解以幼儿发展、安全为核心的保育理念，形成在活动中关注幼儿，为幼儿发展提供安全、科学保育技能的职业品质。

知识目标 ○ 了解幼儿园科学领域、艺术领域的学习内容，熟知幼儿园科学领域、艺术领域活动发展的环境准备内容，掌握幼儿园科学活动、艺术活动中的保育知识。

能力目标 ○ 学会促进3～6幼儿认知发展的环境创设技能，能辅助主班教师组织认知活动，并全程做好保育工作。

案例情境

今天李老师要带领中班的小朋友进行秋天主题活动，内容是认识常吃的蔬菜与水果。李老师让实习生小王老师帮助她进行活动前的准备，小王老师既兴奋又紧张。请你和她一起做好活动前、活动中、活动后的保育工作。

活动一 幼儿园科学领域活动中的保育

知识准备

一、幼儿园科学领域的内容

在《幼儿园教育指导纲要（试行）》中明确指出，幼儿园的教育内容是全面的、启蒙性的，划分为健康、语言、社会、科学、艺术等五个领域。各领域的内容相互渗透，从不同的角度促进幼儿情感、态度、能力、知识、技能等方面的发展。

《3—6岁儿童学习与发展指南》中明确指出，幼儿的科学学习是在探究具体事物和解决实际问题中，尝试发现事物间的异同和联系的过程。幼儿在对自然事物的探究和运用数学解决实际生活问题的过程中，不仅获得丰富的感性经验，而且初步尝试归类、排序、判断、推理，逐步发展逻辑思维能力，为其他领域的深入学习奠定基础。

随堂记

幼儿园科学领域包含科学探究和数学认知。科学探究是指亲近自然，喜欢探究；具有初步的探究能力；在探究中认识周围事物和现象。幼儿园科学研究的内容涵盖：观察（观察动物、植物，分为个别物体观察、比较性观察、长期系统性观察、随机观察、远足活动观察、观察记录及天气记录等）、科学小实验、科学活动区、自然角、动物饲养角、植物种植园、玩沙、玩水等活动。

数学认知是指初步感知生活中数学的有用和有趣，感知和理解数、量及数量关系，感知形状与空间的关系。幼儿园中的数学认知涵盖数和形，包括：1和许多、点数、数的形成、数的分解组成、序数、相邻数、集合的比较（一一对应）、数的加减、几何形体的特征（正方形、长方形、圆形、椭圆形、半圆形、三角形、球）、量的比较（大小、长短、多少、高矮、粗细、轻重）、空间方位（前后、上下、里外、中间、旁边、远近、左右）、时间（早晨、晚上、昨天、今天、明天、星期、月份等）分类、排序、测量等。

二、对幼儿科学学习的支持活动

在《3—6岁儿童学习与发展指南》中我们可以更加深入地了解，幼儿科学学习的核心是激发探究兴趣，体验探究过程，发展初步的探究能力。幼儿阶段的年龄特点决定着他们的认知方式是以直接经验为主的学习形式，在幼儿进行科学探究和学习过程中，教师要调动儿童已有的知识经验，根据幼儿的发展水平确定科学学习的内容与目标，创设生动的生活情境、提供丰富的物质材料、营造宽松的学习氛围，促进、支持幼儿的科学学习。

三、幼儿园科学领域活动的环境准备

1. 创设生动的生活情境

在《3—6岁儿童学习与发展指南》中明确指出，幼儿的学习是以直接经验为基础，在游戏和日常生活中进行的。所以，我们应在幼儿科学学习的过程中为他们创设生动的生活情境，利用幼儿熟悉的生活情境，调动幼儿的直接经验参与学习。

活动案例

幼儿园小班科学活动的生活情境创设

一、创设真实的生活情境

小班幼儿的经验积累需要更多的直接经验，所以在活动开始前要创设真实的情境让幼儿可以直观地看一看、摸一摸。例如，在晒薯干的活动中，孩子们直接在切红薯、尝红薯的过程中参与活动（见图6-1）。

二、创设可操作的生活情境

科学活动还要让小班幼儿可以直接参与、动手操作、亲身体验。例如，在有趣的手电筒活动中，创设宇宙星球的背景图，孩子们通过调整手电筒的距离，感受光圈变大变小的秘密（见图6-2）。

图6-1 晒薯干

图6-2 有趣的手电筒

三、创设游戏化的生活情境

游戏化的情境可以让小班幼儿获得参与活动的兴趣，促使他们乐于使用工具材料进行操作。例如，在“点点魔法师”活动中，我们创设了变身魔法师的情境，让孩子们说出“点点点——变！”再去尝试使用不同的工具变出不同的点点。

（案例提供：北京市东城区崇文第三幼儿园 项伟超）

2. 提供丰富的物质材料

基于幼儿的学习特点，他们学习的最好方式就是“玩中学”，我们要给幼儿提供丰富的可以“玩”的物质环境，所以在幼儿科学学习过程中教师要根据本班幼儿科学学习的目标，在科学游戏区、科学活动的集体、小组活动中提供丰富的物质材料，保障幼儿有效地进行科学探究与数学学习过程，以此来支持幼儿的科学学习。

3. 营造宽松的学习氛围

《3—6岁儿童学习与发展指南》中明确提出，成人要善于发现和保护幼儿的好奇心，充分利用自然和实际生活机会，引导幼儿通过观察、比较、操作、实验等方法，学习发现问题、分析问题和解决问题。

我们给幼儿创设了熟悉的生活环境、提供了丰富的可以动手操作的材料后，还应为幼儿营造宽松的学习氛围，尊重幼儿在科学学习中的探究意愿、允许幼儿自主操作材料、鼓励幼儿间的互动等，给幼儿营造“我要学”的宽松氛围，以此支持幼儿的科学学习。

活动案例

幼儿园中班教师组织科学活动营造学习氛围

教师在组织开展科学活动前，为幼儿营造积极的学习氛围非常重要，可以通过利用音乐、游戏和动画等多种方式营造多元的学习环境，激发他们主动探究的学习兴趣。在“易拉罐拉力赛”的科学活动中，为了营造良好的学习氛围，教师引导幼儿将椅子搬走，自由围站在桌子一周进行小组式活动。宽松自由的学习环境和空间创设，不仅便于幼儿观察、探究和交流，更增加了他们主动学习的动力。“加油！”“你真厉害！”“不要放弃，相信自己可以的！”教师鼓励的话语，对于正在竞赛中的岚岚和枭枭而言是莫大的支持，只见他们在身上选择了更多可以摩擦起电的位置，加速了气球的摩擦频率，设法制造出更多的静电。渐渐地，越来越多的孩子围过来为他们加油打气，“岚岚加油！臬臬加油！”大家的热情鼓励仿佛将每个人都置身于一场集体拔河赛中，大家所展现出的自主自信和科学态度，为科学活动营造出积极的学习氛围，使更多的幼儿愿意主动地参与科学探究（见图6-3至图6-6）。

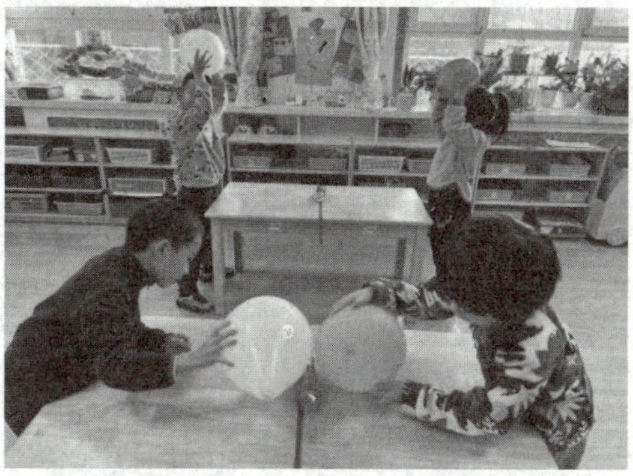

图6-3 摩擦起电（一）

图6-4 摩擦起电（二）

图6-5 摩擦起电（三）

图6-6 摩擦起电（四）

（案例提供：北京市东城区崇文第三幼儿园 张立）

四、幼儿园各年龄班科学活动的物质环境准备

（一）小班的物质环境准备要求

小班幼儿年龄小生活经验不足，手指小肌肉群逐渐发展，喜欢大的、颜色鲜艳的操作材料。我们在提供材料时，应考虑选择生活中常见的真实物品，或是仿真玩具、与实物相近的图片等，要求颜色鲜艳，材料、大小适中，便于幼儿操作。

1. 科学探究

创设自然角，放置供幼儿观察的无毒、无攻击性的动物、植物，如金鱼，观叶、观花的植物，图片等。创设科学发现区，放置万花筒，放大镜，自然界四季的图片，地球、月亮、太阳等图片，用于进行记录的纸和笔等。

活动案例

保教老师辅助主班教师创设小班自然角、科学发现区

一、了解幼儿的兴趣点

在设计活动前，保教老师应随时观察幼儿的兴趣点或与幼儿共同探讨感兴趣的问题。例如，在小班创设自然角前，老师发现孩子们对幼儿园的柿子树上结出的柿子很感兴趣，总是在过渡环节中用小手指触碰它们，于是和孩子们就“你吃过柿子吗”展开了随机讨论。了解到孩子们对软硬、大小不一的柿子感兴趣后，及时与班内老师进行沟通，并购置各种各样的柿子供幼儿观察、探索。

二、关注幼儿的年龄特点

对于小班幼儿来说，感觉体验是他们学习的重要方式。在观察柿子的过程中，要为幼儿提供各种各样真实的柿子与柿子制品。在幼儿观察时，保教老师要关注幼儿的情况，随时进行游戏调整。例如，在发现孩子够不到上层的柿子时，要及时调整其高度、位置。同时也要注重聆听孩子的新想法，从而推动活动的进行。例如，孩子们提出“柿子是怎么变成柿饼的？”由孩子的问题出发，配合主班老师进一步开展集体活动。

三、注重培养幼儿的良好习惯

在小班的“晒柿饼”活动中，保教老师应辅助主班老师帮助幼儿清洗并削柿子皮，引导幼儿通过“摸一摸”“闻一闻”等方式了解柿饼的制作过程。在果干晾晒过程中，保教老师应定期检查果干的晾晒情况，随时使用情境性语言，如“哇，我发现果干变小了”，引导小班幼儿养成观察果干的习惯（见图6-7和图6-8）。

图6-7　闻一闻

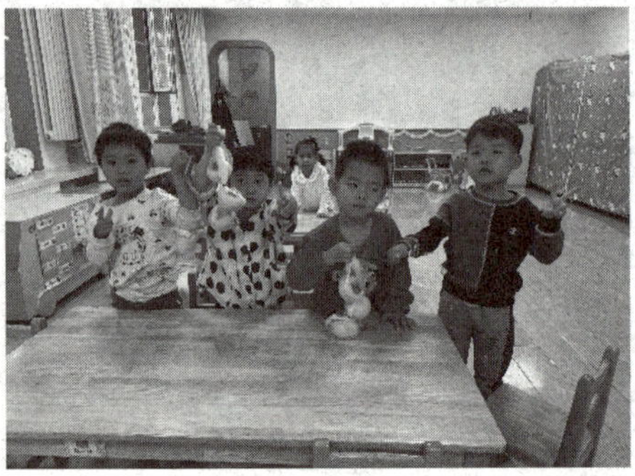

图6-8　摸一摸

（案例提供：北京市东城区崇文第三幼儿园 朱浩尘）

随堂记

2. 数学认知

创设数学益智区，投放与本班主题活动相关联的数学学习与发展的游戏材料。例如，投放能感知和区分物体大小、多少、高矮、长短等不同的物体让幼儿进行比较等。

活动案例

保教老师协助教师准备小班与主题活动关联的数学学习材料

在协助教师创设数学学习内容的材料时，首先要和教师沟通，了解该主题活动中涉及的数学相关核心经验。其次，根据老师的需要，收集适合小班年龄特点的材料。最后，协助老师将材料制作成为适合幼儿操作的玩具或互动墙饰。例如，在“我们都是好朋友”主题下，老师想制作“配对”的互动墙。在小班幼儿熟悉的物品中，袜子是成双成对的，既柔软又便于收纳，小班幼儿操作起来很安全。借助挂钩和棉绳，在高度约为85cm的地方，创设晾衣绳的情景，幼儿可以将相同的袜子挨着用夹子夹到晾衣绳上，完成“配对”内容的学习（见图6-9和图6-10）。

图6-9　幼儿进行“袜子”配对游戏

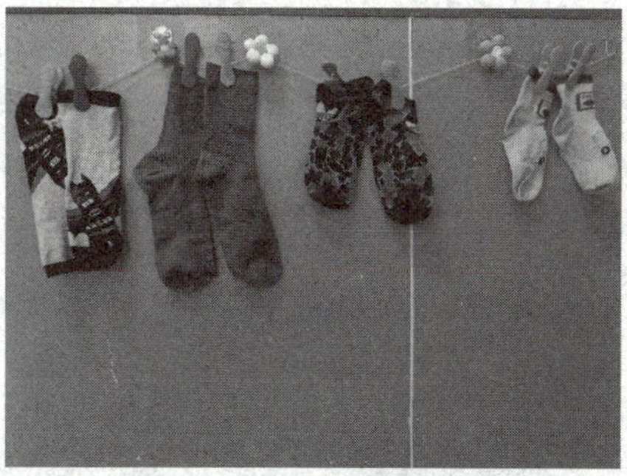

图6-10　配对游戏墙

（北京市东城区崇文第三幼儿园　刘伟）

（二）中班科学领域的环境准备要求

随堂记

中班幼儿手指灵活性、有意注意、抽象逻辑思维逐步发展，注意的时长、广度都比小班幼儿有所发展，他们更喜欢动手探索周围的事物。随着语言能力的提升，中班幼儿敢于大胆猜测，能使用方位词表述物体的位置等。教师在投放材料时应做到以下两点：

1. 科学探究

在自然角的创设中可以投放相近物体，让幼儿进行比较性观察，带领幼儿进行植物、动物的种植、饲养与观察，并提供纸、笔鼓励幼儿进行观察记录；提供进行科学小实验的材料，鼓励幼儿通过观察、感知和发现物体的物理现象等。

活动案例

保教老师辅助教师创设中班的自然角、科学发现区

（1）中班自然角　自然角的主题是“植物的根”（见图6-11）。作为保教老师，首先要与班级教师一起讨论主题“植物的根”的主要内容，分为三部分：我找到的根、根的讨论会、制作的根；然后与班级教师在一起设计环境墙面。保教老师可以在网上或是书籍中寻找资料图片发给班级教师一起研究。自然角班级环境设计完成后，保教老师配合班级教师一起引导幼儿进行活动，例如“根的讨论”。保教老师可以帮助班级教师拍照，拍下孩子们讨论的过程，然后把照片放到环境墙面上，与班级教师一起帮助幼儿完成自然角环境创设。

图6-11　自然角——植物的根

（2）中班科学区　保教老师可以帮助班级教师寻找科学区（见图6-12）的标记，把它贴到玩具柜与柜子上，帮助班级教师一起整理、筛选科学材料，还可以帮助班级教师一起制作科学示意图（见图6-13），让幼儿更熟悉科学游戏的玩法。

图6-12　科学区

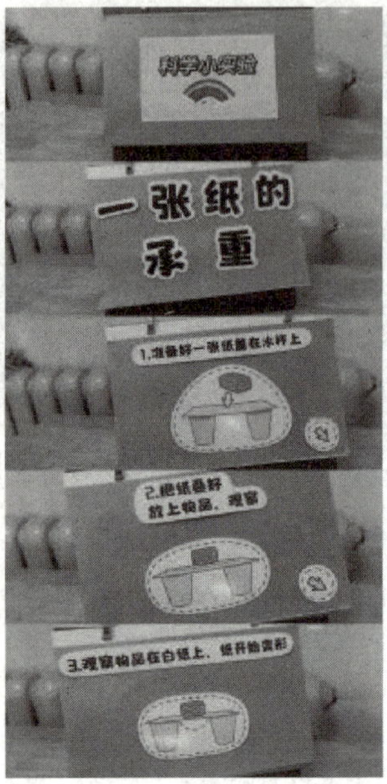

图6-13　科学示意图

（案例提供：北京市东城区崇文三幼 岳娜）

2．数学认知

创设数学益智区，投放能感知和区分物体的粗细、厚薄、轻重等量方面的物体，并结合与本班主题活动相关联的数学学习与发展的游戏材料。

（三）大班科学领域的环境准备要求

大班幼儿注意、记忆、思维的有意性比中班幼儿有了更快的发展，语言表达能力进一步增强，能用语言连贯地表述事情，教师在投放材料时应符合幼儿的认知水平，提供多动手、操作需要经过探究努力才能完成的材料。

1．科学探究

在自然角的创设中投放2种及以上的物品让幼儿比较寻找异同，饲养、照顾动植物，准备科学小实验的材料，如沉浮、磁铁、三棱镜等，为幼儿准备观察、探究后记录的纸和笔等。

2．数学认知

创设数学益智区，投放不同形状的几何形体，用生活中常见的物品帮助幼儿进行数学探究，同时给幼儿提供可以进行数学探究活动使用的纸和笔。

（四）协助教师完成环境准备

保教老师在主班老师进行科学集体活动前，能了解教师组织活动的意图，协助教师完成教具的准备，幼儿活动时的小组、个人的学具的准备；同时还应积极配合教师在活动前、后对幼儿进行精神上的准备，在活动中协助教师对个别幼儿的帮助与鼓励。

五、幼儿园科学活动中的保育要点

1．避免长时间用眼

教师在组织幼儿科学活动中，要时刻注意幼儿的用眼卫生，根据年龄班的不同，严格遵循集体活动时长要求，幼儿近距离用眼活动时每30min让幼儿休息，利用下一个环节的内容调节幼儿的用眼。例如，集体活动后通过盥洗、户外等活动让幼儿避免长时间用眼，做到动静结合，近距离用眼与远眺相结合。

2．预防眼外伤

在科学活动中，教师要格外注意实验用具等对幼儿造成突发的眼外伤。保教老师要在活动前检查用具的安全，熟练掌握用具的特性、使用方法，向幼儿详细讲解使用中的注意事项，提出具体的活动规范要求，提供活动中必备的安全防护用具，防止幼儿眼外伤的发生。如果幼儿在活动中出现眼外伤，教师应掌握对幼儿实施救助的方法，及时通知保健医协同处理。

3．纠正幼儿不正确的姿势

对幼儿的不正确坐姿要及时纠正，提醒幼儿用眼距离适中，保证眼睛与书本的一臂距离，对于斜坐、趴坐的幼儿要提醒并纠正。

4．使用电子设备的注意事项

教师在使用班级中的电子教学用具时，要保证第一排幼儿与多媒体大屏保持在1.5m以上的距离，同时使用护眼模式并注意多媒体大屏的亮度以舒适为准，让幼儿集中观看多媒体大屏的时间不超过15min。教师应注意使用多媒体大屏时做到随用随开、用后关闭，避免全天长时间的开机对幼儿眼睛的伤害。

活动实施

步骤一：熟知本次活动的目标、任务和需要使用的教学用具。

步骤二：根据教学需要打开多媒体大屏，调成护眼模式。

步骤三：帮助主班老师准备教学用具并摆放到指定的地方。

步骤四：按照班级人数准备幼儿使用的学具并摆放，做到一生一物。

步骤五：在活动中注意观察幼儿的坐姿及时提醒并纠正，提醒幼儿用眼卫生。

步骤六：观察幼儿在活动中的情况，对个别幼儿进行帮助、指导。

步骤七：活动后带领幼儿对物品、材料进行收拾、整理并归位。

步骤八：活动后对活动场地进行清洁打扫。

活动案例

保教老师协助教师进行科学活动

——大班科学活动：有趣的磁铁

一、协助主班老师完成科学活动的准备

1．主班老师与保教老师进行沟通

在开展活动前，主班老师与保教老师沟通活动内容“有趣的磁铁”，以及活动有几个环节，每个环节的游戏需要提供哪些材料及数量。

2. 帮助主班老师准备材料

从班上寻找材料（见图6-14）：纸杯、磁铁、垫板、纸张、餐巾纸、铁片，根据每个环节游戏形式是个人还是小组按幼儿的人数和小组数准备相同数量的材料；根据环节的游戏内容分类组合放置在筐中，如小铁片荡秋千，将铁片、磁铁、纸杯、各种薄厚纸张分类组合在一起放在筐中并指导值日生一起摆放。

图6-14 寻找材料

二、在活动中对幼儿进行保育照护

1. 关注幼儿的情绪变化

观察幼儿的表情和行为，辨别当时的情绪，在幼儿哭闹、不开心时及时与幼儿进行沟通，询问情况。例如，你怎么了？是哪不舒服吗？我能帮助你吗？用关心的语言以及动作缓解幼儿的不良情绪。

2. 关注幼儿的身体状态

观察幼儿的面部表情、动作、声音等状态，引导幼儿说出自己哪里难受，用体温枪测量体温，适量饮水，如有异常情况及时与家长取得联系。

3. 关注幼儿的需要

在活动中观察幼儿的表现和反应，倾听幼儿的需要和感受，尽量满足幼儿的合理要求（见图6-15）。例如，身体晃动想上厕所，及时地引导幼儿如厕。

图6-15 关注幼儿的需要

（案例提供：北京市东城区崇文三幼 张扬）

拓展训练

请根据以下活动案例，以小组为单位进行模拟，体会保教老师在科学教育活动中的保育工作，并试着利用所学知识进行拓展。

保教老师帮助教师创设大班的自然角

保教老师在工作中要把保护幼儿生命和促进健康当成首要任务，因此在协助教师对幼儿进行教育的同时一定要关注幼儿的卫生、健康及安全等。

在“柿子晒干”这个自然角的创设中，保教老师首先要和幼儿一起认真清洗每一个柿子，然后指导幼儿穿好围裙、戴好发帽，将小手认真清洗干净，再戴上食品制作手套（见图6-16），以此来保证切出的柿子块儿干净卫生。在用小刀切柿子时，保教老师一边用语言指导幼儿了解、掌握小刀的正确使用方法，一边用动作示范及协助幼儿切柿子。当幼儿独立使用小刀时，保教老师也要时刻关注孩子的使用方法及幼儿的安全（见图6-17和图6-18）。幼儿切好柿子，将柿子块摆放在晾晒盘中（见图6-19）。保教老师再语言指导幼儿摘掉手套，用干净的小布擦手，最后到水池边认真清洗所有使用过的各种用具（见图6-20）。将晾晒盘放在窗台上，便于幼儿随时观察柿子晒干的过程。

图6-16 戴上手套

图6-17 教师指导幼儿使用小刀切柿子

图6-18　幼儿切柿子

图6-19　幼儿将柿子放到晾晒盘中

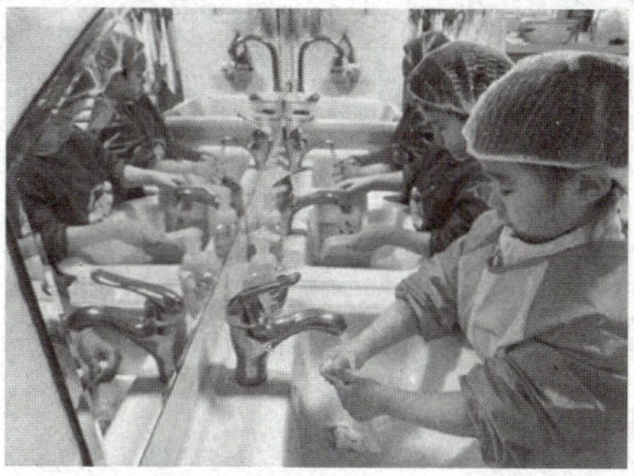

图6-20　活动后清洗用具

（案例提供：北京市东城区崇文三幼 冯薇）

拓展链接 本学习内容见电子资源包

活动二　幼儿园音乐活动中的保育

知识准备

一、幼儿园音乐教育活动的内容

《3—6岁儿童学习与发展指南》中明确指出，幼儿艺术领域学习的关键在于充分创造条件和机会，在大自然和社会文化生活中萌发幼儿对美的感受和体验，丰富其想象力和创造力，引导幼儿学会用心灵去感受和发现美，用自己的方式去表现和创造美。

艺术领域在幼儿园实际教学活动中涵盖：音乐活动和美术活动。《3—6岁儿童学习与发展指南》中艺术领域的内容主要包括两大块，即感受与欣赏、表现与创造。在幼儿园音乐教育活动的内容涵盖：儿童歌曲的演唱与表演、律动、舞蹈、音乐游戏、欣赏等，通过这几个方面的内容来让幼儿在音乐教育活动中实现感受与欣赏、表现与创造的目标。

二、对幼儿音乐活动的学习支持

在《3—6岁儿童学习与发展指南》中，我们可以更加深入地了解到，在幼儿艺术领域教育中更重视幼儿审美的情感体验与艺术表现与创造。在幼儿园音乐教育活动中，我们应在幼儿一日生活中给幼儿提供丰富的艺术环境，如在各个环节的过渡中播放不同的音乐，注重各领域学习中利用音乐元素来让幼儿感受艺术美，同时尽可能多地带领幼儿到大自然中去感受、发现、欣赏自然中的各种声音等，以此来激发幼儿的审美体验。我们还应给幼儿创造宽松的学习环境，尊重、肯定幼儿在音乐活动中的各种行为表现，以此来支持幼儿音乐活动的学习。

三、幼儿园音乐活动的准备

（一）音乐活动前的环境、物质准备

在组织幼儿音乐活动前，保教老师要与主班老师沟通，了解活动的内容与要求并做好活动场地的环境、物质准备，首先应开窗通风、对地面做湿性打扫，根据活动内容需求布置幼儿的座位，把需要的音乐道具放到指定位置。

（二）音乐活动前的精神准备

在音乐活动前，保教老师根据活动的内容，协助主班老师让幼儿了解即将进行的活动内容，帮助幼儿集中注意力，激发幼儿活动的愿望等。

（三）各年领班音乐活动的环境准备

1. 小班音乐活动的环境准备

由于小班幼儿年龄小，保教老师要在活动前按照主班老师的要求及活动内容布置活动场地，摆好椅子。如果需要使用头饰，保教老师要准备出与幼儿人数一致的并保证完好无损坏的头饰，帮助幼儿戴好头饰。

2. 中班音乐活动的环境准备

中班幼儿各方面的能力不断增强，保教老师在活动前可以让能力强的幼儿协助完成场地的布置。如果需要使用头饰、教具等，保教老师帮助幼儿在指定位置拿取，对能力弱的幼儿给予帮助。

3. 大班音乐活动的环境准备

大班幼儿比小、中班幼儿在动作、力量、协调性、团队合作上都有更大的进步，保教老师在音乐活动的环境准备中不仅要对活动内容及场地布置和教具的使用情况做到心中有数，还要充分调动幼儿的积极性，参与环境的准备。保教老师在活动前可以让全班幼儿跟随老师的安排自己搬椅子摆放到场地的指定位置，并在老师的提醒下拿取本次活动所需的教具并放到指定位置。

（四）协助教师完成环境准备

保教老师在充分了解主班老师的教学意图的基础上，充分与主班老师沟通，共同设计活动场地的椅子摆放位置，使用的道具及拿取的方法，根据不同年龄班的活动内容进行与活动相一致的环境布置等。

四、幼儿园音乐教育活动中的保育要点

（一）嗓音的保护

在组织幼儿音乐活动时，保教老师除了协助主班老师做好活动前的环境准备及幼儿精神准

备外，在幼儿活动中还应关注对幼儿嗓音的保护，鼓励幼儿用最好听的声音来唱歌，避免幼儿喊唱，不在活动中比赛“谁的声音最大”等。

在活动时，对于感冒中和感冒初愈的幼儿，教师要鼓励幼儿用自己舒服的声音来唱歌，可以小声音地跟着老师和其他小朋友唱。在流感高发期，保教老师做好室内通风，预防并减少幼儿患病，以此来保护幼儿的嗓音。

音乐活动后，尤其是唱歌后，保教老师要鼓励幼儿多饮水，以此保护幼儿的嗓音。

（二）音乐活动中的安全保育

音乐活动中的内容丰富，幼儿常常处于兴奋、投入状态，会忘记老师提的要求，会出现一些不可预知的危险。保教老师要时刻关注幼儿在活动中的表现，时刻提醒幼儿要遵守规则，并及时发现危害幼儿的突发事故等。例如，告诉幼儿手持教具时要与其他小朋友保持距离，在音乐游戏中不要拥挤、推搡等。如果出现意外事故，保教老师要及时保护现场，及时对幼儿进行施救。

活动实施

步骤一：熟知本次活动的目标和所需的教学用具，准备略多于幼儿人数的玩教具（如儿童乐器）放到指定位置，提前做好教室的湿性打扫。

步骤二：保教老师根据教学需要打开多媒体大屏，调成护眼模式。

步骤三：保教老师帮助主班老师按照活动需要布置场地，摆好椅子。

小班：保教老师快速独立摆好椅子（半圆形等）。

中班：幼儿在保教老师的帮助下摆放椅子。

大班：幼儿按照保教老师的要求摆放椅子。

步骤四：保教老师协助主班老师带领幼儿明确本次活动的要求。

步骤五：保教老师协助主班老师带领幼儿听音乐进教室，并照护能力弱的幼儿。

步骤六：保教老师在活动中协助主班老师完成教学任务，并观察幼儿的表现及时帮助个别幼儿。

步骤七：活动结束后，保教老师协助主班老师带领幼儿离开教室，并收拾整理教具，还原教室物品的位置。

活动案例

中班音乐教育活动中的保育支持

视频6-1

中班音乐教育活动中的保育支持

中班音乐活动，保教老师的工作职责重心在常规养成上，指导角色转换较为灵活机动，站位面向主班老师，眼中观察幼儿，尤其关注能力和行为有差距的幼儿。

在音乐歌唱活动中，保教老师承担着一部分指导工作。在课前应较为熟悉此次歌唱活动的歌曲旋律与歌词内容，并与主班老师协调好配班的具体工作：可以为歌曲弹琴伴奏，或者伴随幼儿一同歌唱，从中提示幼儿记忆歌词和调整音准，也可以作为演唱者的其中一员，来协调幼儿完成多种形式的分组唱、小组唱、对唱等。

打击乐活动的场地和乐器材料需要保教老师在课前为幼儿提前做好充分的准备，将幼儿座椅按照木质乐器组、散响乐器组以及鼓（镲）组的场地位置合理而清晰地进行分布。乐器摆放的位置便于取放自如。在演奏中，适时关注幼儿是否理解、看懂主班老师的指挥，并配合进行指导，同时了解幼儿手中的乐器是否可以顺畅地进行伴奏，如有乐器损坏可及时为幼儿更换；关注幼儿个体的发展，发现问题及时反馈给主班老师，配合主班老师进行个别指导和辅导。

在音乐游戏中，保教老师可参与游戏，配合主班老师在游戏中扮演角色，与幼儿一同进行游戏。在游戏中，保教老师要关注幼儿对音乐的理解以及游戏玩法和规则的掌握，配合主班老师提高游戏质量。

（案例提供：北京市东城区崇文第三幼儿园 付蓓蕾）

拓展训练

阅读以下案例，以小组为单位进行模拟，体会保教老师在音乐教育活动中的保育工作，并试着利用所学知识进行拓展。

小班音乐《拍皮球》活动中的保育支持

视频6-2

小班音乐《拍皮球》活动中的保育支持

在活动前，保教老师按照活动需要将小椅子摆成半圆，确保空间宽敞，没有障碍物，并提供适当的音乐设备。

在活动中，协助教师带领幼儿模仿大皮球跳的动作，关注游离的幼儿，按照教师指令引导幼儿坐到椅子上，提示小脚并齐，小手放腿上，小眼睛看老师，做好进行发声练习的准备。保教老师协助教师示范正确的唱歌技巧，如音准、节奏、气息控制等，可以用简单明了的语言和肢体语言解释和演示，帮助幼儿理解并模仿。保教老师可以鼓励幼儿表达自己的情感，培养他们的自信心，倾听和赞赏幼儿的歌声，给予积极的反馈和鼓励。同时，照顾到班级的每一位幼儿，尊重幼儿的个体差异，让每个幼儿都感到被接纳和重视。保教老师可以观察幼儿在唱歌活动中的表现，并记录他们的进步。这样可以帮助教师了解每个幼儿的发展情况，并提供个性化的支持和指导。在游戏环节，保教老师要根据游戏需要准备和摆放好道具材料，协助教师讲解游戏规则，带领幼儿游戏；在游戏中引导幼儿听清要求投入游戏，重点指导有需要的幼儿。

活动结束后，收拾整理游戏材料，协助小朋友将小椅子搬至座位处。

（案例提供：北京市东城区崇文第三幼儿园 王佳）

拓展链接 本学习内容见电子资源包

活动三 幼儿园美术活动中的保育

知识准备

一、幼儿园美术教育活动的内容

幼儿园美术活动的内容包括绘画、手工、欣赏等，通过这几个方面的内容来实现感受与欣赏、表现与创造。在幼儿园的区角中常设置美工区，使幼儿在一日生活中可以随时随地进行表现与创造，同时幼儿园园所、班级中丰富多彩的墙面设计随时给幼儿潜移默化的美的熏陶。

二、对幼儿美术活动的学习支持

在《3—6岁儿童学习与发展指南》中，我们可以更加深入地了解到，在幼儿艺术领域教育中更重视幼儿审美的情感体验与艺术表现与创造。在幼儿园美术活动中，在班级区角——美工区中提供丰富的可供幼儿进行美术创作的材料，当幼儿出现困难时保教老师及时提供帮助。在集体美术教育活动中不限制幼儿的做法，给幼儿创造宽松的创作环境。多带幼儿到自然界中领略大自然四季的变化，给幼儿提供感知经验，如四季中各种植物的形状、色彩变化，天空、建筑物的颜色、形状，蔬菜、水果的形状、颜色等，以此来给幼儿美术活动提供学习支持。

三、幼儿园美术教育活动中的环境准备

（一）美术活动前的环境、物质准备

在组织幼儿美术活动前，保教老师要与主班老师沟通，了解活动的内容与要求并做好活动场地的环境、物质准备，首先应开窗通风，根据活动内容需求把所需材料（纸、笔等）放到幼儿座位上，保证每个幼儿人手一份，中大班幼儿可以请值日生一起完成。

（二）美术活动前的精神准备

在美术活动前，保教老师要根据活动的内容，协助主班老师让幼儿了解即将进行的活动内容，了解本次活动所需材料，帮助幼儿集中注意力，激发幼儿活动的愿望等。

（三）各年领班美术活动的环境准备及收拾整理工作

1．小班的美术活动的环境、物质准备及收拾整理

小班幼儿能力有限，保教老师要与主班老师沟通了解本次活动的内容及对小班幼儿的要求，协助主班老师做好与本次活动有关的环境布置，把本次活动所需的材料按照老师的要求适时发给幼儿。在活动结束之际，协助主班老师把幼儿的作品写上名字并妥善保存，收拾整理活动材料并放回原处，带幼儿离开教室后对教室进行打扫。

2．中大班的美术活动的环境、物质准备及收拾整理

随着中大班幼儿能力的不断增强，在活动前的材料发放中可以请值日生帮助完成，也可请幼儿自己拿取自己的材料，如油画棒、彩笔等。在活动中涉及使用剪刀等物品，可以由保教老师统一放到小组的桌子上。如果是大班幼儿拿取剪刀，特别要强调剪刀的拿取方法并要求幼儿拿着剪刀时不许跑闹，注意安全。

在活动结束之前，保教老师要提醒幼儿写上名字，并帮助个别幼儿，协助主班老师妥善保存好幼儿的作品；请值日生协助共同收拾整理材料并放回原处，等幼儿离开教室后对教室进行清扫。

四、幼儿园美术教育活动的保育要点

1．提醒幼儿用眼卫生

幼儿在美术活动中需要较长时间进行绘画、手工等活动，提醒幼儿注意用眼卫生尤其重要。首先要提醒幼儿保持正确的书写姿势，对不正确的姿势，保教老师要对幼儿进行纠正；其次要关注幼儿的用眼时间，以15～20min为宜；再次要提醒幼儿不揉眼睛，尤其是在美术活动中使用油画棒、超轻陶土等材料后不要用手揉眼睛，注意眼部卫生；最后要做到动静交替，长时间用眼后要带幼儿到户外远眺，缓解眼部疲劳。

2．防止眼部伤害

在美术活动中常使用多种材料，如剪纸、刮画等活动时，要使用到剪刀、尖锐的物品，保教老师要时刻提醒幼儿物品使用注意事项，并教会幼儿拿取剪刀、尖锐物品的方法，防止此类物品对幼儿眼部造成伤害。

活动实施

步骤一：熟知本次活动的目标，以及需要使用的教学用具，并准备比幼儿人数多一些的绘画、手工材料放到指定位置。

步骤二：根据教学需要打开多媒体大屏，调成护眼模式。

步骤三：帮助主班老师按照活动需要布置场地，摆好本次活动要使用的材料。

小班：保教老师把材料放到幼儿面前。

中班：请值日生帮助保教老师把材料发给幼儿。

大班：按照保教老师的要求自行取材料。

步骤四：协助主班老师带领幼儿明确本次活动的要求，指导幼儿合理摆放、使用工具和材料。

步骤五：在活动中协助主班老师完成教学任务，并观察幼儿的表现及时帮助个别幼儿按活动要求完成作品，对幼儿的作品给予积极的评价。

步骤六：在活动即将结束时，协助主班老师给小班幼儿的作品写上名字，指导中大班幼儿在作品上写上名字，并帮助个别幼儿。

步骤七：收拾、整理、标上日期并妥善保存幼儿的作品。

步骤八：收拾材料，指导中大班幼儿收拾、整理材料，帮助小班幼儿收拾、整理材料。

步骤九：对教室进行打扫并还原教室原有的功能。

活动案例

小班美术教育活动中的保育

就要过新年了，班上老师带领小朋友正在开展一系列庆新年活动。作为小班的保教老师，积极配合主班老师开展活动，协同主班老师，引导幼儿参与活动，提升幼儿各方面能力，是十分重要的。了解到主班老师要开展吸管点画节日的礼花美术活动，与主班老师积极沟通，了解活动中所需要用的材料，和主班老师一起做准备。

在活动前，帮助主班老师剪裁纸张，将打印好的楼房剪下来，准备小朋友点画用的吸管（见图6-21），吸管要分红、黄、粉、绿四种颜色，每种颜色剪出大小不同的两种，准备4～5桌材料。

在活动中，提前为小朋友将四种颜料挤在颜色盒里（见图6-22），铺好桌布（见图6-23），将活动用的纸张分组准备好，在主班老师与小朋友一起观看完礼花和如何制作吸管点画后，帮助主班老师把纸张与材料摆放好（见图6-24），帮助小朋友挽好袖子（见图6-25），指导小朋友进行吸管点画（见图6-26）。

在活动结束后，带领小朋友一同收拾整理桌布（见图6-27），清洗颜料盒（见图6-28）。

积极主动地配合主班老师完成美术教学活动，小朋友们在活动中尽情地游戏、制作，看到小朋友们制作出美丽绽放的礼花，心里甜甜的。

图6-21　准备吸管

图6-22　把颜料挤在颜色盒里

图6-23　铺桌布

图6-24　摆材料

图6-25　帮助小朋友挽好袖子

图6-26　指导小朋友

图6–27 收拾整理桌子

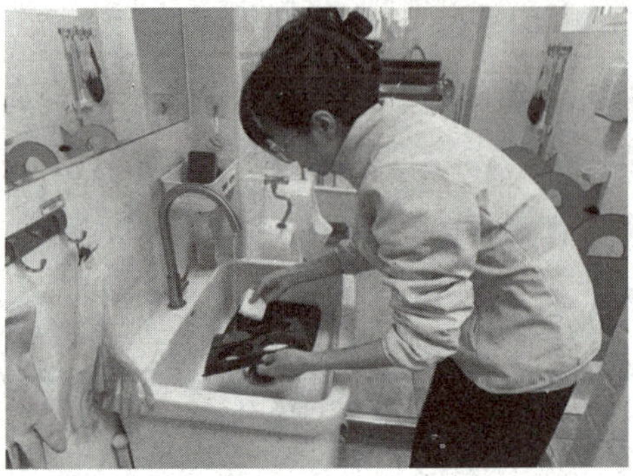

图6–28 清洗颜料盒

（案例提供：北京市东城区崇文第三幼儿园 任雪梅）

活动案例

视频6–3

中班美术教育活动中的保育支持案例

大班美术教育《剪纸》活动中的保育支持案例

中班美术教育活动中的保育

中班美术教育活动中的保育支持案例请扫码观看。

（案例提供：北京市东城区崇文第三幼儿园 黄思妍）

大班美术教育活动中的保育

在水墨活动开展之前，保教老师需要与主班老师协同完成充足的准备工作。这包括备齐活动所需的各种材料与工具，如墨汁、毛毡垫、宣纸、毛笔等，确保每位幼儿都能获得一套完备的绘画材料。

在活动展开后，保教老师应充分了解班级内每位幼儿的特质及差异，重点关注个别儿童的绘画进展，为他们提供更多的指导与支持。针对尚未掌握毛笔使用技巧的幼儿，保教老师应耐心地进行个别辅导，帮助他们实现主班老师设定的活动目标。

在活动结束后，主班老师负责引导幼儿进行洗手、喝水等过渡环节，确保他们在活动过程中养成良好的卫生习惯。与此同时，保教老师需要承担起整理与清理的任务，带领幼儿将使用过的材料归置整齐，清理桌面，并对活动中的绘画工具如毛笔等进行清洁。这一环节不仅能让幼儿学会自律与责任感，还有助于培养他们的环保意识。

综上所述，在水墨活动过程中，保教老师与主班老师应紧密协作，共同关注幼儿的需求，为他们营造一个充满乐趣、安全且有教育意义的活动环境。

（案例提供：北京市东城区崇文第三幼儿园 景峥）

单 元 小 结

通过本单元的学习，我们了解了0～3岁婴幼儿认知发展的特点，掌握了支持0～3岁婴幼儿认知发展的环境创设方法及促进0～3岁婴幼儿认知发展的保育工作要点，同时学习了为幼儿园不同年龄班幼儿创造科学活动、音乐活动和美术活动的环境准备要求，掌握了支持幼儿科学活动、音乐活动和美术活动的保育技能，为同学们做好保育配班工作奠定了理论和技能基础。

单元检测

一、选择题

1. 婴儿（　　）能感受不同方向的声音。

A. 4～6个月　　B. 2～4个月

C. 0～6个月　　D. 6～12个月

2. （　　）的婴幼儿喜欢看书，可以区分不同的几何形状，能指认书上的图案。

A. 6～12个月　　B. 0～6个月

C. 12～18个月　　D. 12～24个月

3. 幼儿园科学领域包含（　　）。

A. 观察动物、植物和感知形状与空间关系

B. 科学小实验及感知和理解数

C. 科学探究和数学认知

D. 科学活动区和分类、排序、测量

4. 幼儿在集体认知活动中出现的（　　）不良姿势，保教老师要提醒并纠正。

A. 两眼目视前方　　B. 身体正直

C. 手放腿上　　D. 斜坐、趴坐

5. 艺术领域在幼儿园实际教学活动中包括（　　）活动。

A. 绘画和律动　　B. 音乐活动和美术活动

C. 手工和舞蹈　　D. 音乐游戏和剪纸

6. 在音乐活动中保护幼儿嗓音的做法，正确的是（　　）。

A. 避免幼儿喊唱

B. 唱歌后鼓励幼儿多饮水

C. 感冒中和感冒初愈的幼儿，鼓励用自己舒服的声音来唱歌

D. 以上都正确

7. 在组织幼儿集体性认知活动中，让幼儿集中观看多媒体大屏的时间不超过（　　）。

A. 10min　　B. 15min

C. 20min　　D. 25min

8. 在美术活动中，防止眼部伤害的正确做法是（　　）。

A. 可以用笔尖指向他人　　B. 允许幼儿用手揉眼睛

C. 教会幼儿拿取剪刀、尖锐物品的方法　　D. 采用比赛的方法进入教室

9. 美术活动后教师对幼儿美术作品收拾、整理的方法是（　　）。

A. 把幼儿手工作品放在角落里　　B. 把幼儿美术作品堆放在桌子上

C. 把幼儿做坏的美术作品处理掉　　D. 收拾整理标上日期并妥善保存幼儿作品

10. 音乐活动前的准备工作包括（　　）。

A. 帮助主班老师按照活动需要布置场地，摆好椅子

B. 提前做好教室的湿性打扫

C. 根据教学需要打开多媒体大屏，调到护眼模式

D. 以上都正确

二、简答题

1. 什么是早期学习支持?
2. 如何注意幼儿在认知发展活动中的用眼卫生?
3. 在幼儿音乐活动中，保教老师如何做好保育工作?
4. 在幼儿美术活动中，保教老师如何做好保育工作?
5. 在音乐活动中，如何保护幼儿的嗓音?

第七单元

早期学习支持——情感发展

单元导读

在儿童的早期成长过程中，情感发展是一个至关重要的方面。它是儿童建立社会关系、表达自我和形成个性特征的基础。为了帮助儿童在这个关键阶段获得充分的情感支持，家长和教育工作者需要深入了解儿童情感发展的特点，并提供有针对性的支持。

每个儿童的发展速度和特点都是不同的，因此需要尊重他们的个体差异，并给予个性化的支持。虽然要给予儿童足够的关爱和支持，但也要避免过度溺爱，让他们学会独立解决问题和面对挑战。

单元目标

- 了解与婴幼儿沟通的重要性，熟悉与婴幼儿相关的社会规范和行为准则，理解婴幼儿自我保护知识，知道与婴幼儿沟通的一般方法。
- 熟悉指导婴幼儿与他人沟通的方法，学会帮助婴幼儿了解在人际交往时，如何表达自己的意见、如何解决冲突等。
- 能够与婴幼儿进行良好的沟通，熟悉指导婴幼儿与同伴沟通、学会如何与他人交往、合作和分享的方法。
- 会观察婴幼儿的情绪变化，并能对婴幼儿的行为进行正确的引导。
- 在指导婴幼儿情感和社会性发展中，提升保育工作的责任意识。
- 在师幼、幼幼互动和合作中，增强保育工作的责任感和育人的自觉性。

单元内容

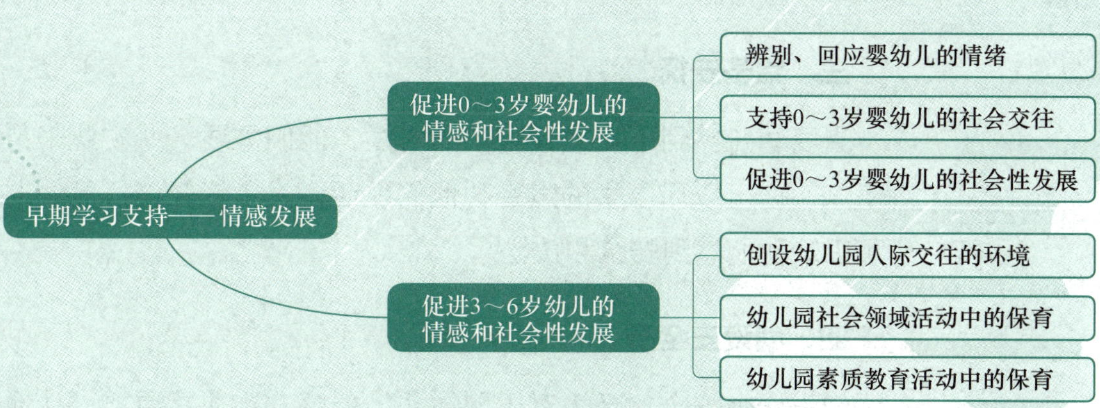

任务一 促进0～3岁婴幼儿的情感和社会性发展

学习目标

素养目标
- 在指导婴幼儿的情感和社会性发展中，提升保育工作的责任意识。

知识目标
- 了解积极回应婴幼儿的重要性，理解婴幼儿的生理和心理需求。
- 知道积极适宜地回应婴幼儿的情绪和发展行为自控能力的一般方法。

能力目标
- 能敏感地观察婴幼儿的情绪变化，并根据婴幼儿的行为进行正确地指导。
- 能引导婴幼儿学会以适当的方式表达自己的情绪和需要，发展积极的情感体验。
- 能够帮助婴幼儿与成人和同伴积极互动，发展初步的社会交往能力。

案例情境

惠惠是中班里不善言辞、较为内向的孩子，遇到事情不愿用语言表达，而是常以哭的方式来宣泄自己的情绪。如果你是保教老师，会采用什么方法帮助惠惠呢？

随堂记

活动一 辨别、回应婴幼儿的情绪

知识准备

辨别、回应婴幼儿的情绪是非常重要的，因为可以帮助他们建立信任和安全感，同时也有助于他们的情感发展。在保育工作中，有一些辨别和回应婴幼儿情绪的方法可供选择。

一、观察身体语言

婴幼儿通常通过身体语言来表达情绪，例如皱眉头、嘟嘴、哭声等。观察这些信号，可以帮助你理解他们的情绪状态。

二、倾听他们的声音

婴幼儿的哭声或者叫声通常是他们表达需求或者情绪的方式。倾听他们的声音，可以让你了解他们是否开心、不舒服、饿了、困了等。

三、给予安抚

当婴幼儿感到不安或者害怕的时候，他们需要一些安抚来帮助他们平静下来。你可以用温柔的声音和他们说话，或者轻轻拍打他们的背部，这都可以让他们感到安全和放松。

四、创设安全感

创设一个安全的环境对于婴幼儿的情感发展非常重要。让他们知道你就在身边，并且会保护他们，这样他们就会感到更加安心和放松。

五、建立信任

当婴幼儿感到被信任和被理解时，他们会更加愿意表达自己的情绪。建立信任需要时间和耐心，但是这对于婴幼儿的情感发展非常重要。

六、鼓励积极的情绪表达

当婴幼儿感到快乐或者兴奋时，鼓励他们表达积极的情绪可以帮助他们建立积极的情感态度。

七、接受不同的情绪

每个孩子都有不同的情绪表达方式，接受不同的情绪表达方式可以帮助他们建立自我认知和自我管理能力。

八、创建规则

婴幼儿需要知道他们可以预测和依赖周围的环境。创建固定的日常流程和一致的规则，可以帮助他们感到更加安全和放松。

九、尊重他们的情绪

婴幼儿的情绪是他们感受世界的方式，尊重他们的情绪，并给予理解，可以帮助他们更好地理解自己和他人。

十、提供支持

当婴幼儿遇到困难或者挫折时，提供支持和鼓励可以帮助他们建立自信和解决问题的能力。

十一、鼓励探索和学习

婴幼儿是通过探索和学习来了解世界的。提供安全的环境和适合的玩具，可以鼓励他们探索和学习，同时也可以帮助他们发展智力和社交技能。

十二、自我调节

婴幼儿需要学会自我调节情绪，这需要时间和练习。在适当的时候给予指导和帮助，可以帮助他们学会自我调节和管理情绪。

总之，辨别和回应婴幼儿的情绪是帮助他们建立健康情感发展的重要部分。通过观察、倾听和理解他们的需求，提供支持和鼓励，以及帮助他们建立规律和一致性，教师可以为他们的情感发展提供积极的引导和支持。同时，也要尊重他们的情绪，并给予他们足够的时间和空间来表达自己的感受。

随堂记

活动案例

午餐时大哭的惠惠

一天，惠惠在午餐时突然号啕大哭，教师反复询问原因，她也一言不发。首先，教师结合平日对她的了解，猜测她哭泣的原因，请她用点头或摇头的方式回应。“你是有不爱吃的食物吗？”“你是哪里不舒服吗？”“你是想妈妈了吗？”惠惠都摇头。此时，惠惠闭上了眼睛，老师根据惠惠的行为判断她困了，继续询问：“你是困了，想睡觉吗？”惠惠点头，然后哭得更凶了。在了解婴幼儿情绪爆发的原因后，教师通过拥抱给予安慰，并表示：“老师知道你困了，我喂你吃一点点，咱们马上就睡觉好吗？”惠惠点点头，逐渐平复了情绪。

（案例提供：北京市东城区崇文第三幼儿园 王元）

活动实施

结合上面的案例，我们总结一下辨别、回应婴幼儿情绪的保育工作步骤。

步骤一：观察婴幼儿的身体语言，辨别婴幼儿的情绪。

步骤二：关注婴幼儿的声音和语调，通过婴幼儿的声音和语调了解他们的情绪。

步骤三：识别婴幼儿的情绪属于哪个阶段（生理需要、情感交流和自我意识）。

步骤四：观察婴幼儿的行为模式，行为模式也可以反映他们的情绪。

步骤五：综合以上四个方面的观察信息，判断婴幼儿的情绪状态。通过观察、倾听和理解他们的需求，提供支持和鼓励。

拓展训练

有一天，幼儿园中班的小朋友宁宁午睡前默默哭泣，保教老师陪伴安抚时可以减轻，当保教老师离开时，又开始哭泣。请你运用以上步骤与活动技能进行分析练习。

拓展链接 本部分学习内容见电子资源包

活动二 支持0～3岁婴幼儿的社会交往

案例情境

小明和安安在活动区的角落里一起搭高楼。安安不小心撞倒了高楼的一部分。小明推开他愤怒地大叫：“走开！”这时候，作为保教老师应该怎样与婴幼儿进行沟通，从而解决这场冲突呢？

知识准备

一、沟通的重要性

沟通作为一个重要的社会交往技巧，在日常生活中的运用非常广泛，其影响也很大。一个人能够与他人准确、及时地沟通，才能维系人际关系。作为保教老师，无论是与婴幼儿沟通的方式，还是沟通的内容，都直接影响着婴幼儿心理等各方面的发展。因此，保教老师要做到尊重婴幼儿、善于倾听，通过良好的沟通对婴幼儿进行引导和教育。

1．以积极的形式来表达你的期望

我们经常在婴幼儿出现错误的时候告诉他们，“不要这样”“不许那样”，一直在用一种禁止的口吻去要求婴幼儿，所要达到的目的就是告诉他们成人想让他们怎样做。这类沟通只给了婴幼儿一半的信息，即“你不想要孩子做什么”。同时，我们还要用积极的方式表达正确的意愿，因此我们在教育婴幼儿时要保持语调稳定、友好、非情绪化。这样婴幼儿就会根据成人的希望来调整自己的行为。例如，一个婴幼儿把脚放在桌子上，保教老师可以说，请你把脚放到地板上，并坐到桌前的椅子上。

2．让婴幼儿表达出他们的感觉

在与婴幼儿一起的时候，我们总会听到这样的声音，“我再也不喜欢你了”“永远都不跟你玩了”。婴幼儿总是表达出自己消极的感觉，作为保教老师这个时候要“倾听”，而不是去批评或者急于给出评判。例如，婴幼儿说“我恨你”“我再也不喜欢你了”，我们应该怎样做？不要试图通过以同样的伤害来阻止婴幼儿的言行，可以这样说：“我知道你因为我不让你玩游戏而不喜欢我，但我还是很喜欢你！”这样的表述不会损害彼此的关系，而且能让婴幼儿知道他的观点受到了尊重。

我们可以利用婴幼儿心情平静、活动顺利的时候，与其进行沟通，倾听他们的想法。平日里建立起来的和睦沟通关系，会有助于缓解婴幼儿的紧张情绪。

二、在社会交往中沟通方法的运用

1．使用婴幼儿喜欢的称呼

在幼儿园里，老师呼唤婴幼儿的名字，婴幼儿会倍感亲切，觉得自己受到老师的重视。一般而言，呼唤婴幼儿的名字以婴幼儿入园登记的名字为标准，而不呼唤婴幼儿的绰号，这是对婴幼儿的尊重和基本礼节。因此，熟记婴幼儿的名字是老师与婴幼儿沟通技巧的第一把钥匙，也是进行沟通的基础。

2．选用适合婴幼儿的语言、语气、语调

在沟通过程中，老师说话的语调对交流起着重要的作用。对于婴幼儿而言，老师的语言抑扬顿挫会使交流效果更好，更能激起婴幼儿交流的兴趣和欲望。同时，与婴幼儿沟通时的语速要适中，不能太快，也不能太慢，太快容易导致婴幼儿听得不太清楚，太慢就会使婴幼儿等得太急，婴幼儿本有的积极性会降低。交流时的音量也要适当，只要使每个婴幼儿都能听清楚就可以了。

3．运用目光的接触达到情感的沟通

目光接触本身就是一种交流和沟通。有经验的老师通常能够用目光来和婴幼儿进行交流，婴幼儿能通过老师的眼神明白老师要说什么。然而，老师要使每个婴幼儿的眼光都注视着自己，视线必须将所有婴幼儿包围其中。

此外，在与婴幼儿进行交流与沟通时，老师的视线最好与婴幼儿平行，最好的办法就是，蹲下来与孩子交流，让孩子感觉老师重视他，与老师处于平等的位置，交流起来更能感觉到老师的关爱。

活动实施

师幼之间沟通的步骤：

步骤一：平静地接近婴幼儿。

保教老师应该平静地走到小明身边；认同婴幼儿的情绪：这个时候的小明一定是愤怒的，保教老师可以对小明说："小明，我知道你现在很生气，我想知道你怎么了？为什么这么生气？"

步骤二：收集信息，了解事情的原委。

如果孩子不回答，保教老师可以询问其他小朋友，了解事情的经过。

重述问题，问小明和安安，是不是因为安安不小心撞倒了积木高楼所以小明特别不开心。

步骤三：征求婴幼儿解决问题的想法，并共同选择一个。

两个小朋友肯定了事情经过以后，可以继续询问，那你们两个人想怎么解决？这个时候小朋友会有自己的想法，建议让他们用自己的方式进行解决。

步骤四：准备跟进支持，保教老师要继续观察并报告给当班教师。

拓展训练

彤彤和小贝在操场上一起跳格子，彤彤不小心撞到了小贝，小贝特别生气地推开了彤彤，并大声吼叫。这时候，保教老师应该怎样与婴幼儿进行沟通，从而解决这场冲突呢？

拓展链接 本部分学习内容见电子资源包

案例情境

静静是个沉默型的孩子，不喜欢与其他小朋友玩耍，少言寡语，总是喜欢自己一个人安静地坐着。面对这样的静静，保教老师应该怎样指导她与他人进行沟通呢？

随堂记

活动三 促进 0 ~ 3 岁婴幼儿的社会性发展

知识准备

一、婴幼儿情感的发展特点与作用

1）婴幼儿情感发展的一般特点：情绪的易冲动性、情绪的不稳定性、情绪的外露性、高级情感的发展。

2）情感在婴幼儿心理发展中的作用：动机作用、组织作用、信号作用、感染作用。

二、婴幼儿社会性发展的特点与内容

社会性发展也称儿童的社会化，是指儿童从一个自然人，逐渐掌握社会道德行为规范和社会行为技能，成为一个社会人，逐渐步入社会的过程。

1. 道德感的概念与婴幼儿的道德感发展的特点

道德感即因自己或别人的言行举止是否符合社会道德标准而引起的情绪体验。婴幼儿的道德感是不深刻的，大多是模仿成人、执行成人的口头命令，在集体活动中和在成人的道德评价的影响下逐渐发展起来的。例如，婴幼儿的告状行为，即婴幼儿对别人行为的评价，也是基于一定的道德标准而产生的。

2．理智感的概念与婴幼儿的理智感发展的特点

理智感是在认识客观事物的过程中产生的情感体验，它与人的求知欲、认识兴趣、解决问题的需要等满足与否相联系。婴幼儿的理智感有一种特殊的表现方式，即好奇好问。婴幼儿的理智感的另一种表现方式是与动作相联系的“破坏”行为。

三、指导婴幼儿与他人交流的方法

1．直接指导

直接指导是指教师直接对婴幼儿提出要求，讲解和示范某些知识技能，或给予一定的帮助，这种方式可以使婴幼儿尽快地明确应该怎样做。例如，游戏活动开始之前，教师会提醒小朋友坐正、眼睛看老师、注意力集中等，这就是直接指导。

2．聊天

聊天，即婴幼儿在一种无拘无束的氛围中与教师直接进行面对面的交流，婴幼儿感到自然，就会畅所欲言，师生关系就会更加融洽。

3．参与活动

教师征得同意参与婴幼儿的游戏活动，也是教师与婴幼儿交往的一种方式。通过参与婴幼儿的活动，教师可以更好地促进婴幼儿的发展。

4．委托任务

教师运用委托任务的方式与婴幼儿交往，可以使婴幼儿的独立性、责任感和办事能力得到较好的发展。例如，让婴幼儿帮助检查椅子是否摆好；委托婴幼儿到办公室拿东西，以及分发学习用具等。长期坚持委托任务，可以增强婴幼儿的集体意识和乐于为集体做事的良好行为习惯。

5．询问、启发和建议

在交往过程中，教师有时不必把答案或该怎么做直接告诉婴幼儿，可以通过询问、启发和建议的方法提高他们主动解决问题的能力。

6．积极地反馈和评价

对于婴幼儿的进步，哪怕是点滴进步，教师都要做出积极的反馈，如点头、微笑、亲切地抚摸、赞扬等。这种方式可以帮助婴幼儿建立自尊、自信，给他们带来精神上的愉悦、自豪和满足。

活动实施

促进婴幼儿情绪、情感发展的步骤如下：

步骤一：了解本班婴幼儿的情绪情感的特点。

保教老师要了解每个婴幼儿的情绪情感发展处于哪个阶段，如静静应该属于社会性发展的初级阶段，因此保教老师不要盲目地给静静贴标签。要充分观察与了解婴幼儿，做到活动指导有准备、有对策。

> **拓展训练**
>
> 东东是个非常活泼好动的孩子，但是经常打人：想要玩具打人，想一起玩也打人。作为保教老师应该怎样指导东东与他人进行沟通呢？说出办法，并在小组中模拟。
>
> 拓展链接 本部分学习内容见电子资源包

步骤二：介绍同伴给婴幼儿。

帮助他们建立起良好的同伴关系，多加鼓励，提供与他人共同交流、合作的机会，如介绍同班同年龄一个活泼、热心的小朋友与静静做朋友，增加静静说话的机会。

步骤三：寻找婴幼儿的兴趣点、多鼓励。

在婴幼儿表达自己的需求时，教师有耐心地倾听、多鼓励。例如，多了解静静的兴趣爱好，与静静多聊天等。

步骤四：利用文字、视频、图画等资料鼓励婴幼儿与其他人多沟通。

步骤五：在沟通中发现新的问题，要积极回应，并借助游戏、故事等引导婴幼儿学会与人沟通。

任务二 促进3～6岁幼儿的情感和社会性发展

学习目标

素养目标
- 在支持幼儿社会领域活动中，增强保育工作的责任感和育人的自觉性。
- 树立保教老师在幼儿园思政活动中的角色意识。

知识目标
- 了解创设幼儿园人际交往环境的重要性。
- 掌握创设幼儿园人际交往环境的方法。
- 熟知幼儿园社会领域活动中保育工作的内容及主要方法。

能力目标
- 学会促进3～6岁幼儿情感和社会性发展的保育支持技能。

活动一 创设幼儿园人际交往的环境

案例情境

幼儿园在“阳光书吧”为婴幼儿准备了友好交往的绘本故事书，供全园婴幼儿阅读欣赏。幼儿园还可以在园区内为孩子们张贴传统故事宣传画，如《孔融让梨》《雪中送炭》等。另外，幼儿园还可以在楼道环境上创设共同游戏区，如在楼道内添置木质互动游戏墙《垃圾分类》《热闹的街道》《安全我知道》《热闹的商场》等，还有在户外游戏区内张贴友好游戏温馨提示图片，如滑滑梯要一个一个地往下滑，小朋友有序上滑梯等。让孩子们在这样的环境中自主游戏、自主交往，能帮助其与同伴建立良好的交往关系，提高其社会交往能力。

案例提供：北京市东城区崇文第三幼儿园 刘玉敏

知识准备

随堂记

一、创设幼儿园人际交往环境的重要性

3～6岁幼儿的语言表达能力和社会交往经验有了明显的提高，所以身在幼儿园会通过活动得到更多的锻炼。

1. 培养社交技能

幼儿园是孩子们社交技能发展的重要场所。在良好的人际交往环境中，孩子们可以学习如何与他人互动、分享、合作，以及如何解决冲突。这些技能对孩子们的未来生活和职业发展都至关重要。

2. 促进情感发展

良好的人际交往环境可以帮助孩子们建立健康的情感关系。在这样的环境中，孩子们可以感受到被接纳、被理解和被尊重，从而形成积极的自我形象和自尊。

3. 增强语言和沟通能力

幼儿园的人际交往环境为孩子们提供了丰富的语言和沟通机会。通过与同伴和教师的交流，孩子们可以锻炼口语表达、倾听和理解能力，进而提高他们的沟通能力。

4. 促进认知发展

在人际交往过程中，孩子们可以接触到不同的观点、想法和经验，这有助于激发他们的好奇心和求知欲。同时，通过与他人互动，孩子们可以更好地理解自己和他人，从而促进他们的认知发展。

5. 培养适应能力

良好的人际交往环境可以帮助孩子们更好地适应幼儿园的生活和学习。在这样的环境中，孩子们可以学会如何与他人合作、如何遵守规则，以及如何处理新的情况和挑战，从而培养他们的适应能力。

6. 塑造积极的社会态度

良好的人际交往环境有助于塑造孩子们积极的社会态度。在这样的环境中，孩子们可以学会尊重他人、关心他人、帮助他人，从而形成积极的社会价值观。

因此，创设幼儿园人际交往环境对于孩子们的全面发展至关重要。这需要教师们提供支持和鼓励，为孩子们创造一个安全、积极、互动的学习环境，帮助他们建立健康的社交关系，发展良好的人际交往技能。

二、创设幼儿园人际交往环境的方法

1．建立良好的师幼关系

教师与幼儿之间应该建立亲密、信任的关系，这有助于幼儿感受到安全和被接纳。教师可以通过关注幼儿的需求、情感和行为，以及与幼儿进行积极互动，来促进这种关系的建立。

2．创设多元文化环境

在幼儿园中，教师可以利用各种活动和课程，引导幼儿了解不同文化之间的差异和共性，鼓励幼儿尊重和欣赏不同文化背景的人。这有助于幼儿在交往中更加开放、包容和尊重他人。

3．提供合作机会

教师可以通过组织小组活动、合作游戏等形式，鼓励幼儿之间的合作与交流。在合作中，幼儿可以学会分享、协商、合作等社交技能，从而提升他们的人际交往能力。

4．创设语言交往环境

教师可以在日常生活中引导幼儿使用礼貌用语、倾听他人说话、表达自己的需求和情感等，从而培养幼儿的语言交往能力。此外，教师还可以通过故事、绘本等形式，引导幼儿理解不同情境下的交往规则和行为准则。

随堂记

5．营造宽松的社交氛围

教师应该为幼儿营造一个宽松、自由、积极的社交氛围，鼓励幼儿自由表达自己的想法和感受，并给予他们适当的支持和引导。同时，教师还应该关注幼儿的情感需求，及时给予他们关爱和支持。

6．借助游戏活动体验和分享

游戏是幼儿最喜欢的活动之一，也是培养幼儿人际交往能力的重要途径。教师可以组织各种游戏活动，如角色扮演、搭建游戏等，让幼儿在游戏中学会合作、分享、协商等社交技能。

7．鼓励家长参与社交活动

家长是幼儿最重要的支持者和伙伴之一。教师可以邀请家长参与幼儿园的教育活动，如家长助教、亲子活动等，让家长与幼儿一起参与各种社交活动，共同促进幼儿的人际交往能力发展。

总之，创设幼儿园人际交往的环境需要教师从多个方面入手，为幼儿提供良好的社交环境和支持，帮助他们建立良好的人际关系，促进他们的健康成长。

创设幼儿园人际交往环境，除了以上最基本的途径与方法外，还可以尝试以下一些方法：

随堂记

1. 培养幼儿解决冲突的能力

在幼儿园中，幼儿之间难免会发生争吵和冲突。教师可以通过引导幼儿学会倾听对方、理解对方的感受、协商解决方案等方式，来培养幼儿解决冲突的能力。这有助于幼儿在交往中更加冷静、理性地处理问题。

2. 鼓励幼儿表达情感

教师可以通过引导幼儿表达自己的情感和感受，来帮助他们更好地理解自己和他人。例如，教师可以组织一些情感表达活动，如分享自己的快乐、悲伤等，让幼儿学会表达自己的情感和感受。

3. 培养幼儿的同理心

同理心是指能够理解他人的情感和感受。教师可以通过引导幼儿关注他人的情感和需求，来培养幼儿的同理心。例如，教师可以组织一些关心他人的活动，如帮助他人解决问题、安慰他人等，让幼儿学会关注他人的情感和需求。

4. 创设多种交流渠道

教师可以通过多种渠道来促进幼儿之间的交流和互动。例如，教师可以组织一些小组讨论、分享会等活动，让幼儿有机会与同伴进行交流和互动。教师还可以利用信息技术手段，如视频通话等，来拓宽幼儿之间的交流渠道。

总之，创设幼儿园人际交往的环境需要教师从多个方面入手，为幼儿提供良好的社交环境和支持，帮助他们建立良好的人际关系，促进他们的健康成长。同时，教师还应该注重与家长的沟通和合作，共同促进幼儿的人际交往能力发展。

活动实施

创建幼儿园人际交往环境的具体步骤如下：

步骤一：制定目标。

明确幼儿园人际交往环境的期望目标，例如培养幼儿的社交技能、促进幼儿之间的互动、提高幼儿的自信心等。

步骤二：规划活动。

根据目标，规划一系列有计划的活动，例如角色扮演游戏、分享会、合作游戏等，以鼓励幼儿之间的人际交往。

步骤三：营造积极氛围。

创建一个充满爱心、关心和尊重的环境，使幼儿感到被接纳和支持。教师应该在日常生活中展示出对幼儿的关注和尊重，例如对他们的兴趣爱好、特长、需求等有基本了解，并给予积极回应。

步骤四：提供适当支持。

为幼儿提供适当的支持和引导，例如帮助他们建立自信心、学习如何与人分享、处理人际冲突等。教师可以在日常活动中引入一些实例，让幼儿了解什么是良好的人际交往行为。

步骤五：定期评估与调整。

定期评估幼儿的人际交往发展情况，并根据评估结果调整活动计划和策略。例如，教师可以观察幼儿在各种活动中的表现，与家长沟通，了解幼儿在家庭中的人际交往情况，以及通过与幼儿进行个别谈话，了解他们的想法和感受。

步骤六：培养教师的专业素养。

定期对教师进行培训和指导，提高他们在促进幼儿人际交往方面的专业素养。教师是创设良好的人际交往环境的关键因素之一，因此应该具备相关的知识和技能，以便更好地引导和支持幼儿的发展。

步骤七：家园合作。

与家长保持密切联系，共同促进幼儿的人际交往发展。通过定期举行家长会、亲子活动等方式，加强与家长的沟通和合作，共同关注并支持幼儿的人际交往成长。

步骤八：创设多元化环境。

为幼儿提供多元化的活动环境和机会，例如组织户外探险、参观博物馆、参加社区活动等，以拓宽幼儿的视野和经验，提高他们的人际交往能力。

步骤九：关注个体差异。

关注每个幼儿的个体差异和需求，例如他们的性格特点、兴趣爱好和学习风格等，并采取相应的措施帮助他们融入集体生活，提高人际交往能力。

步骤十：定期总结与反思。

定期对幼儿园人际交往环境进行总结和反思，分析存在的问题和不足之处，并提出改进措施。同时也要对取得的进步和成功经验进行肯定和分享，以便在今后的工作中继续发扬光大。

拓展训练

作为一名保教老师，我们应该怎样通过让孩子们扮演书中的角色，重现故事情节，让他们更好地理解书中的社交主题，同时也能提高他们的团队协作能力和创造力呢？

拓展链接 本部分学习内容见电子资源包

活动二 幼儿园社会领域活动中的保育

案例情境

某幼儿园大班“合力运纸箱”活动开始了，保教老师协助教师摆放好操作材料。在活动中，几位小朋友因用什么方式运送纸箱发生了分歧。保教老师应该如何引导幼儿分工合作，友好地解决问题，配合主班教师确保活动正常地开展呢？

（案例提供：北京市东城区崇文第三幼儿园 王欣欣）

知识准备

在幼儿园社会领域活动中，也需要保教老师的配合。保教老师的主要任务是做好活动前、活动中、活动后的辅助工作，如环境及物品准备，必要的保护和照顾，包括身体健康、情绪稳定、社会适应等方面。

一、幼儿园社会领域活动中保育工作的内容

1. 关注幼儿的身体健康

保教老师需要关注幼儿的身体健康，包括饮食、睡眠、卫生等方面。在活动中，保教老师应该保证幼儿有足够的饮食和睡眠时间，同时还要注意饮食卫生和睡眠环境的整洁。

2. 关注幼儿的情绪状态

保教老师需要关注幼儿的情绪状态，包括情感表达、情感认知和情感管理等方面。在活动中，保教老师应该尊重幼儿的情感表达，给予幼儿适当的情感支持和安慰，帮助幼儿建立积极的情感状态。

3. 增强幼儿的自我保护意识

保教老师在适当的时机提示幼儿自我保护，如不跟陌生人走、不随意离开集体等，同时还要注意保护幼儿的人身安全和财产安全。

总之，在幼儿园社会领域活动中，保育工作是非常重要的。保教老师需要关注幼儿的身体健康、情绪状态、社会适应能力等方面，为幼儿的成长提供必要的保护和照顾，帮助幼儿健康成长。

二、保教老师在幼儿园社会领域活动中的主要工作

1. 物质环境的准备

物质环境的准备包括教学活动用的玩教具、物品，活动空间的安全、卫生等。

2. 配合教师做好幼儿精神状态的创设

为幼儿创造一个积极、愉快、安全的社交环境，让他们能够积极互动和交流。

3. 观察和了解幼儿的表现

在活动中，观察和了解幼儿的表现和行为，并及时给予适当的支持和帮助。

总之，保教老师在幼儿园社会领域活动中扮演着重要的角色，他们可以通过创造良好的社交环境、观察和了解幼儿的社交行为、引导幼儿的社交行为、组织有趣的社交活动、与家长保持沟通和提供必要的支持和帮助等方式，促进幼儿的社交发展。

活动实施

以“合力运纸箱”活动为例，保教老师的工作步骤如下：

拓展训练

某幼儿园中班正在组织六一表演活动，保教老师协助主班老师进行小朋友的角色分配，但是几位小朋友为了角色发生了争吵。保教老师应该如何引导幼儿友好地解决问题，配合主班老师确保活动正常地开展？

拓展链接 本部分学习内容见电子资源包

步骤一：物质环境的准备，包括教学活动用的玩教具、物品，活动空间的安全、卫生等。

步骤二：配合主班老师做好幼儿精神状态的创设，为幼儿创造一个积极、愉快、安全的社交环境，让他们能够积极互动和交流。

步骤三：在活动中，观察和了解幼儿的表现和行为，并及时给予适当的支持和帮助。主班老师在日常活动中多创设一些合作情境，有意识地安排需要合作才能完成的任务，为幼儿提供更多的合作机会，帮助他们巩固和提升合作能力。

步骤四：在活动结束后，用收纳盒整理活动所用的玩教具。组织幼儿一起反思在合作中的表现和遇到的问题，并鼓励他们分享在合作中的收获和感受。与主班老师沟通，反馈幼儿的表现和问题，共同商讨解决方案，确保后续活动有效开展。

活动三 幼儿园素质教育活动中的保育

案例情境

在幼儿园组织升旗仪式前，保教老师协助主班老师引导幼儿站姿挺拔，提示个别幼儿保持安静、脱帽、衣服整理整齐。升旗仪式开始，保教老师协助主班老师引导幼儿行注目礼，并引导幼儿一起唱国歌，表达自己的爱国之心。

（案例提供：北京市东城区崇文第三幼儿园 王欣欣）

知识准备

在幼儿园素质教育活动中保教老师的主要职责是照顾幼儿的生活和健康，并协助主班老师进行教育工作。在素质教育活动中，保教老师可以发挥以下作用：

1．传递积极向上的价值观

通过日常的照顾和互动，保教老师可以向幼儿传递积极向上的价值观，如尊重他人、关爱他人、善于合作等。这些价值观的传递可以帮助幼儿形成良好的道德品质和行为习惯。

2．营造良好的学习环境

保教老师可以通过营造安全、舒适、温馨的学习环境，让幼儿感受到家的温暖。同时，保教老师还可以通过组织适宜的活动，如游戏、阅读等，激发幼儿的学习兴趣和创造力。

3．参与素质教育活动

保教老师要参与幼儿园的素质教育活动，如爱国主义教育、道德教育等。在活动中，保教老师可以与主班老师密切配合，引导幼儿树立正确的思想观念和道德观念。

随堂记

4. 培养幼儿的生活自理能力

通过日常的照顾和指导，保教老师可以帮助幼儿培养生活自理能力，如穿衣、洗手、用餐等。这些能力的提高不仅有助于幼儿的身体健康，也有助于增强幼儿的自信心和独立性。

5. 关注幼儿的情感需求

保教老师不仅要关注幼儿的生活和健康，还要关注幼儿的情感需求。在照顾幼儿的过程中，保教老师可以关注幼儿的心理变化和情感需求，及时给予关爱和支持。

6. 强化自我认知和自我管理能力

保教老师可以通过日常的照顾和引导，帮助幼儿强化自我认知和自我管理能力。例如，鼓励幼儿认识自己的优点和不足，帮助他们学会自我评价和自我调整，培养良好的学习和生活习惯。

7. 促进家园合作

保教老师可以积极与家长沟通，了解幼儿在家中的表现和需求，向家长反馈幼儿在园中的表现和进步。通过促进家园合作，共同为幼儿的成长和发展提供更好的支持。

8. 关注幼儿的安全

保教老师要时刻关注幼儿的安全，确保幼儿在活动中的安全和健康。例如，注意幼儿的饮食卫生、交通安全、消防安全等方面，防范意外事故的发生。

9. 引导幼儿树立正确的价值观

保教老师可以通过日常的互动和引导，帮助幼儿树立正确的价值观，如尊重他人、诚实守信、热爱劳动等。这些价值观的树立有助于幼儿形成良好的道德品质和行为习惯。

10. 培养幼儿的团队合作精神

保教老师可以组织一些团队合作活动，如团体游戏、小组任务等，让幼儿在团队合作中学会互相帮助、合作共赢。这不仅有助于提高幼儿的人际交往能力，也有助于培养幼儿的团队合作精神。

总之，在幼儿园素质教育活动中，保教老师通过传递积极向上的价值观、营造良好的学习环境、参与素质教育活动等可以为培养幼儿的爱国情怀、道德品质、健康成长和发展提供有力的支持。

活动案例

幼儿园中的升旗仪式

升旗仪式是一种具有庄严感和教育意义的集体活动。对于幼儿来说，这是一种直观的、生动的素质教育形式。以升旗仪式为例归纳一下组织幼儿素质教育活动的做法：

步骤一：培养爱国情感。在升旗仪式中，向幼儿介绍国旗、国歌的含义，让他们了解国旗代表的意义，感受国歌的庄严和激昂。通过这种方式，可以培养幼儿的爱国情感和民族自豪感。

步骤二：培养集体精神。升旗仪式通常是一个班级或者全园师生的集体活动。在仪式中，强调集体的力量和团结的重要性，让幼儿意识到自己是集体的一部分，需要遵守集体的规则和秩序，从而培养他们的集体精神。

步骤三：培养纪律意识。升旗仪式是一个需要严格遵守纪律的活动，通过要求幼儿排队、保持安静、认真聆听等方式，可以培养他们的纪律意识和尊重国旗的态度。

步骤四：培养良好品德。在升旗仪式中，可以向幼儿介绍一些良好的品德，如诚实、勇敢、善良、友爱等；通过一些故事、案例等，让幼儿了解这些品德的意义，引导他们树立正确的价值观和道德观念。

步骤五：传递核心价值观。升旗仪式是一个向幼儿传递社会主义核心价值观的契机，可以通过讲解、演示等方式，向幼儿传递平等、公正、法治、诚信等核心价值观，让他们了解这些价值观念的基本含义和应用场景。

活动实施

以升旗仪式为例，在实施素质教育活动时，需要注意的保育步骤如下：

步骤一：活动准备。准备活动需要的物品，如国旗、宣传板报等。升旗仪式的内容和形式要适合幼儿的年龄和认知水平，不能过于复杂或抽象。

步骤二：辅助主班老师在升旗仪式中发挥积极的引导作用，注意观察幼儿的反应和需求，及时调整教育方式和内容。还可以通过一些互动游戏、问答等增强与幼儿的互动，让他们更加积极地参与升旗仪式。

步骤三：协助主班老师引入多种形式的教育元素，如歌曲、舞蹈、故事等，增强教育的趣味性和效果。

步骤四：可以邀请幼儿家长参与升旗仪式，与幼儿共同感受素质教育的意义和价值。

步骤五：特别要重视活动效果的反思，并不断改进活动的形式和内容。

> **拓展训练**
>
> 幼儿园组织了国庆节庆祝活动，保教老师该如何配合主班老师通过活动培养幼儿的爱国之心呢？
>
> 拓展链接 本部分学习内容见电子资源包

单元小结

通过本单元的学习，我们了解到辨别、回应幼儿情绪的方法，同时掌握了支持0～3岁幼儿的人际交往及支持幼儿的情感、社会性发展的策略，掌握了创设幼儿园人际交往的环境、幼儿园社会领域活动中的保育技能及幼儿园素质教育活动中的保育技能。使同学们了解、掌握了相关的保育技能，为同学们走上工作岗位奠定了理论及技能基础。

单元检测

一、选择题

1. 创设幼儿园人际交往的环境，首先教师与幼儿建立良好的师幼关系，创设多元文化环境，提供（　　）机会、创设（　　）交往环境。

A. 沟通、语言　　B. 交流、语言　　C. 合作、语言　　D. 合作、沟通

2. 培养婴幼儿解决冲突的能力，教师可以通过引导婴幼儿学会（　　）对方想法、（　　）解决方案等方式。

A. 倾听　讨论　　B. 倾听　协商　　C. 了解　协商　　D. 了解　谈论

3. 借助游戏活动让婴幼儿体验和分享，让婴幼儿在游戏中学会合作、（　　）、协调等社交技能。

A. 倾听　　B. 交流　　C. 谈论　　D. 分享

4. 指导婴幼儿与他人交流的方法有：直接指导、聊天、参与活动和（　　）。

A. 协商　　B. 分享　　C. 委托任务　　D. 委派任务

5. 与婴幼儿沟通的技巧有：运用适合婴幼儿的语言、语气、语调、使用舒服的（　　）和运用目光的接触等。

A. 姿势　　B. 沟通姿态　　C. 语音　　D. 动作

6. 辨别、回应婴幼儿的情绪经常用到观察婴幼儿身体语言、倾听他们的声音、给予（　　）、创造安全感和建立信任等。

A. 搂抱　　B. 抚摸　　C. 安抚　　D. 回应

二、简答题

1. 在幼儿园素质教育活动中，保教老师可以发挥哪些作用？
2. 在幼儿园社会领域活动中，保育工作的内容有哪些？
3. 创设幼儿园人际交往环境的方法有哪些？

第八单元

合作共育

单元导读

合作共育是指保教工作者之间、保教工作者与婴幼儿家长之间的相互配合，以便共同促进婴幼儿发展。合作共育是保教工作的重要内容之一，与同事、家长良好沟通、紧密合作是保教老师应具备的能力之一。与同事们的交流，有利于保教工作顺利开展；与家长的沟通有助于家长了解托幼园所的基本情况，了解婴幼儿在园中的生活、学习、游戏等方面的表现，有助于家庭与托幼园所形成教育合力，共同促进婴幼儿的发展。婴幼儿保教工作者，应掌握与同事、家长沟通的内容、注意事项，掌握沟通技巧，能够相互配合组织家园合作活动，并能向家长提供科学的育儿咨询和指导。本单元通过两个任务，来学习与同事沟通的内容、与家长沟通的途径、沟通的注意事项，提高与同事、家长沟通、合作的专业能力；了解不同类型的家庭的特点，并能结合其特点进行有针对性的指导。

单元目标

- 了解与同事沟通的内容及注意事项，了解与家长沟通的途径，知道与同事、家长沟通的注意事项。
- 学会与同事、婴幼儿家长进行有效沟通。
- 了解家园共育的方式，能配合托幼园所组织家园共育活动。
- 掌握咨询和指导的方法，掌握不同类型的家庭的教养特点及指导要点。
- 能结合不同类型家庭的特点进行有针对性的指导。
- 尊重同事，尊重家长，尊重不同类型的家庭，增强沟通合作意识和能力。

单元内容

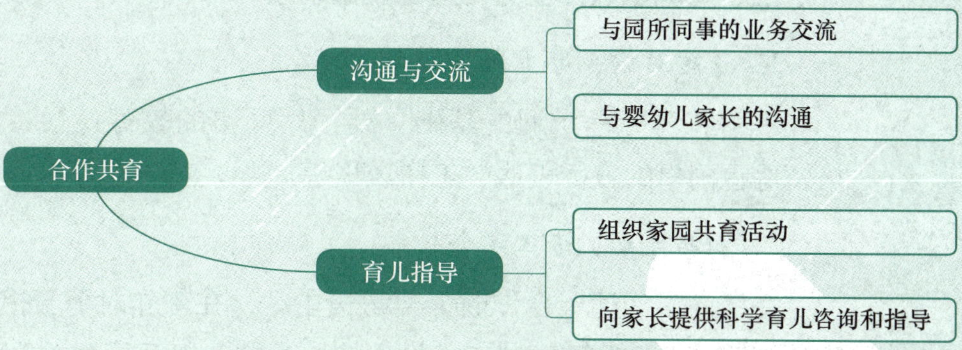

任务一 沟通与交流

案例情境

早上妈妈送乐乐来园时，告诉李老师：最近由于身体原因，医生叮嘱乐乐要禁食鱼虾。接下来李老师要如何与班里其他老师沟通，配合乐乐妈妈做好乐乐的饮食照料？

学习目标

素养目标	端正与同事、家长沟通的态度，加强积极主动沟通的意识。
知识目标	了解与同事沟通的内容及注意事项，了解与家长沟通的途径。
能力目标	能够与同事、婴幼儿家长有效沟通。

活动一 与园所同事的业务交流

随堂记

知识准备

一、与同事沟通的内容

1．婴幼儿的情况

与同事沟通的主要内容是婴幼儿的情况，包括婴幼儿的基本情况（入园时身体、心理、家庭情况），婴幼儿在园表现，婴幼儿生理、心理的变化，突发状况等，以便班级教师都能对婴幼儿的情况有充分的了解。保教老师平时要做好日常行为观察记录，整理好幼儿健康档案，及时掌握一手资料，为沟通做好准备。

2．保教工作的内容

保教工作的顺利开展离不开教师之间的沟通交流、分工合作。因此，在平时的保教工作中保教老师要注意与其他同事及时沟通，如保教分工与合作、交接班、对家长的要求等。

二、与同事进行业务沟通的注意事项

1．了解对方、尊重同事

了解和尊重是沟通的基础。要了解同事的教育背景、性格、做事风格，尊重同事的言行表达、工作风格等。

2．积极主动，分工配合

在与同事沟通、合作时，要积极主动，在工作时勇于担当。在制订工作计划时，要按照职责分工，做到相互配合、相互帮助、相互支持。

3．用心经营，积极打造和谐的同事关系

同事关系会对教育效果、班级氛围产生很大的影响，需要用心经营。在了解、尊重、积极主动的基础上，还要善于发现、赞扬、学习对方的优点，真心为同事取得的好成绩鼓掌，遇事多商量，尽力打造良好、和谐的同事关系，同时也为幼儿做好榜样。

4．沟通有据、信息可靠

依据观察、倾听、关注所获得的可靠信息进行负责任的沟通，避免沟通信息疏漏或因传达不确定的信息造成同事之间的误解。

活动实施

步骤一：在与同事沟通前，做好交流内容和沟通心理准备。

在与同事沟通前，准备好沟通交流所需要的材料（如观察记录表、婴幼儿档案、工作记录表等），确定要沟通的内容。较为复杂的交流事项需拟定简单的提纲，防止内容遗漏或表达混乱。要了解沟通对象的心情和习惯，力求顺畅、自然，并增进友谊。

步骤二：在与同事沟通过程中，认真倾听、准确表达、态度诚恳。

1）向同事简要点明沟通的内容，注意说话的态度和语气。

2）向同事介绍自己已完成的相关工作内容和需要接续的任务。

3）交代需要同事帮助或配合完成的内容。

步骤三：及时回应，确保沟通有效。

回应沟通内容的知晓度，必要时可重复重点内容，若出现异议要及时解释、处理。

> **拓展训练**
>
> 今天李老师在接待琪琪入园晨检时，琪琪妈妈给琪琪带了药，李老师和琪琪妈妈填写了药物登记表。如果你是李老师，你如何与班里其他教师沟通，帮助琪琪按时服药呢？请写出沟通内容并分角色模拟练习。
>
> 拓展链接 本部分学习内容见电子资源包

活动案例

教师之间的交接班

一、背景

中1班幼儿午睡上床后，下午班教师一边巡视午睡，一边与上午班教师、助教和保教老师沟通上午的情况。

二、交接班沟通的过程

上午班沟通重点：出勤、上午幼儿活动情况、家长工作等。

上午班教师：班中共37名幼儿，今天出勤33名，3名事假，1名病假。病假幼儿已追访联系，目前偶有咳嗽症状，体温正常，妈妈想让其再休息一天，后天来园。上午美工活动折了小青蛙，晚上可让幼儿带回家。

保教沟通重点：饮食、衣物、个性关注。

保教老师：在早饭时，明明洒奶了，上衣弄湿已经更换，放到了袋子里，晚上带回。上午已按要求叮嘱西西多喝水，每次多半杯，基本没有听到咳嗽声。乐乐的外套有些长，不方便运动，给乐乐穿的幼

儿园准备的超轻羽绒服，需要和乐乐家长沟通，更换短款外套。下午的水果是香蕉和苹果，香蕉每人一根，拿了33根，有一根富余；苹果两个人一个，拿了17个，有半个富余。

下午班沟通重点：梳理需要衔接的内容、家长工作、下午活动准备。

下午班教师：好的。我下午继续关注西西，离园时和乐乐、明明家沟通孩子的衣物情况；发折纸作品。下午开展音乐活动，需要提前带孩子们摆三排椅子。

保教老师：好的。

（案例提供：北京市东城区东华门幼儿园 赵鑫）

案例情境

小班的浩浩入园一个多月了，但在幼儿园午睡时几乎每天都尿床，班里的王老师决定找浩浩的家长谈一谈。王老师该如何与浩浩的家长沟通？应注意什么问题？

随堂记

活动二 与婴幼儿家长的沟通

知识准备

一、与家长沟通的途径

按照沟通对象的群体来划分，与家长沟通的形式可分为个别沟通和集体沟通。个别沟通是直接与幼儿家长进行一对一沟通，如家访、电话联系等；集体沟通是面对本班所有幼儿家长的沟通，如家长会、家长开放日、亲子活动、QQ群沟通、微信群沟通等。

二、与家长沟通的注意事项

（一）了解、尊重家长

保教老师对家长的了解是沟通的前提。保教老师需要了解家长的个性、职业、家庭结构、文化水平、对子女的期望、教养方式、教育理念和方法等，在此基础上确定与家长联系、沟通的方法、策略等。如果沟通对象不是婴幼儿的父母，而是他们的其他照护者，保教老师也要对照护者的上述情况做基本了解。在沟通时，保教老师要尊重家长和照护者的言行。

（二）使用礼貌用语

保教老师在与家长联系、沟通时，要时刻注意使用礼貌用语，如“您”“请”“欢迎”“谢谢”等。

（三）掌握沟通技巧

良好的沟通技巧可以事半功倍，掌握沟通技巧很重要，如倾听技巧，适于不同年龄、不同个性、不同从业背景等不同类型的家长的谈话技巧，与家长沟通幼儿表现的技巧，措辞、语气等。

1. 营造平等、轻松的谈话氛围

当保教老师与家长进行沟通时，要平易近人，营造平等、轻松的谈话氛围，关注家长的感受，耐心倾听家长的想法、意见或建议。

婴幼儿的家长各异，他们有着不同的生活环境、阅历，有着不同的个性、职业，有着不同的文化水平等。面对不同的家长，无论年龄、民族、个性等，保教老师都应一视同仁，平等对待每位家长。

2．用心倾听，汲取有效信息并积极反应

聆听是保教老师与家长有效沟通的前提。当家长与保教老师沟通时，要认真聆听家长的表述、用心体会家长的情感，汲取有效信息，使家长认同促进孩子成长的共同努力，理解保教老师的教育方式、方法，从而产生对教师的尊重与信赖。

在聆听时，要做到以下3点：

（1）全身心投入　当与家长开始交流沟通时，要将其他事情置身度外，全身心投入当前的谈话中，用心倾听。

（2）汲取有效信息　很多时候，家长不会将他们内心真正的想法和情感直接表达出来，保教老师要注意观察家长的肢体动作、表情、声音的变化等，了解家长内心的情感、想法；站在家长的角度，仔细倾听，体会对方的感受和想法，抓住关键问题，提取有价值的信息，要清楚家长到底在"说"什么，明白家长想要得到什么样的帮助和回应。

（3）积极反应　保教老师可以使用动作、表情、眼神、语言对家长的情感进行反应，如使用"点头、同情、理解、眼神肯定"等，当使用语言反应时，不要评判，而要用家长说过的话，如"您觉得……""您认为……"等，对家长表达的意思进行复述，以便更准确地判断家长的想法。

（四）使用简洁、通俗的语言

保教老师在与家长沟通时，要根据家长的文化水平选择使用专业术语。一般而言，家长尤其是爷爷奶奶辈的家长，对幼儿教育专业术语缺少了解，如果使用过多专业术语，家长不能完全领会其中的意思，进而影响沟通的效果。这就要求保教老师考虑家长的文化水平与具体情况，增强语言组织能力，采取不同的方法。对于对幼儿教育了解不多的家长，做到在准确表达自己的意思的基础上，语言简洁、有力，通俗易懂，简单的同时要强调重点。

（五）恰当使用评价语

家长通常会通过与保教老师的交流沟通，了解幼儿在幼儿园的表现。这时保教老师要积极主动地对幼儿进行客观评价，恰当使用评价语，帮助家长全面了解幼儿在园的情况。保教老师也要引导家长使用科学的教养理念、教养方式教育孩子。

1．对幼儿好的表现，教师的肯定、表扬要具体

当幼儿在某一方面出现了进步或幼儿某方面做得好的时候，保教老师要及时向家长进行肯定和表扬。肯定和表扬要具体到某一方面，如"阳阳今天有了进步，学会了使用筷子……""丁丁今天午休后，在教师没有帮助的情况下自己穿好了衣服……"等，而不要泛泛地评价，如"挺好""很棒""不错"。具体的评价语可以让家长确切知道孩子哪里好、哪里不好，而泛泛的评价可能会让家长听起来一头雾水。

2．对幼儿不好的表现，教师要讲究沟通策略

很多家长只喜欢听表扬孩子的话，当听到孩子不好时会有一些消极的表现，这就要求保教老师讲究沟通策略，如“先报喜，之后委婉地提出幼儿的不足”：先对幼儿表现好的地方进行具体肯定和表扬，再针对幼儿的不足，态度诚恳地使用家长能接受的，如关切的语气和语言，委婉地提出一些改进的建议。家长在听了孩子好的表现后，通常对保教老师提出的改进建议更容易接受，有利于双方对孩子的情况达成共识。

（六）利用多种形式及时与家长沟通

幼儿家长情况各异，工作性质不同，接送幼儿的时间、参与幼儿园活动的时间也有许多不同，教师要运用多种形式，如短暂交谈、家访、家长联系册、网络QQ、微信、写便条等及时与家长沟通，包括出现突发情况的紧急沟通，重点监护的幼儿，如患病，随时或定时沟通。

（七）保持双方的平等、信任

有了信任基础，双方的沟通会更加容易、融洽。保教老师要发自内心地关心幼儿的成长，主动向家长介绍幼儿的在园情况，主动邀请家长参与活动设计、活动实施、班级活动等，仔细聆听家长的想法、建议，包容家长的言行，同时要不断增强自身的职业意识和专业素养，用过硬的专业素养赢得家长的信任。

（八）对0～3婴幼儿要特别用心，消除家长的担忧

0～3岁婴幼儿家长更多关注的是孩子的饮食、睡眠、如厕等日常生活情况及在园是否适应等问题，因此需要教师平时予以关注、用心思考，帮家长消除担忧、顾虑。

活动案例

与家长沟通实例之“幼儿进餐”

小班的天新身体素质稍弱，上幼儿园前一直以喝奶为主，一看见饭菜就发愁。

家长很关心他在幼儿园的进餐情况，每天都要问老师：“今天吃得怎么样呀？”开始时，我们和家长沟通幼儿在幼儿园的进餐情况，说到幼儿进餐困难，家长很着急。在园吃饭这件事，成了家长和幼儿的心理负担。

我们注意从打消家长和孩子的进餐困难的心理障碍入手，增强幼儿的信心，打消家长的顾虑。首先，我们向家长了解了幼儿在家时的进餐量和进餐习惯、孩子喜欢吃的食物等。之后，每次离园时，我们先把孩子的进步告诉家长，再提一点要注意的事项。例如，“今天的晚餐不是很顺孩子口，回家给他再吃点”“今天发现天新吃苹果咬不动，我们给他切成了小片，您回家让他多练习，让他自己咬着吃，会对他的牙床发育有好处”等。进餐时给天新添饭，注意少盛点，让他不会看到一大碗饭发愁，也能让他很快吃完，不至于总到最后一个吃完。之后一点一点地加量，从每餐添一次逐步过渡到每餐添几次；在主食方面，像吃包子时，小班幼儿一般每人两个，我们怕天新吃不完还影响自信心，于是给他单挑两个头小一点的包子，让他也能吃完，同时在语言上及时鼓励他：“天新，你真棒呀！今天也吃了两个包子。”“天新又添了一碗饭，爸爸接你时告诉爸爸你又添饭了！”每天家长会问天新：“今天吃得怎么样呀？”孩子会自信地说：“我今天吃了两个包子！”“我今天又添饭啦！”父子的对话充满了孩子的自信、家长的安心。平时我们也会给家长渗透一些正确的进餐方法。这样，经过一段时间的共同努力，天新的进餐问题终于解决了，天新变成了一个爱吃饭的孩子。

（案例提供：北京市东华门幼儿园 于宁）

随堂记

活动实施

一、与家长沟通前的准备工作

与家长联系、沟通前要做好准备工作，做到有备无患。

步骤一：了解家长。

了解家长的个性、职业、家庭结构、文化水平、对子女的期望、教养方式、教育理念和方法等，在此基础上确定与家长沟通的方法、策略等。

步骤二：全面了解幼儿。

与家长的联系、沟通主要围绕幼儿进行，因此要对幼儿的身体状况、在园生活情况、参与活动情况等进行全面的了解。

步骤三：明确目的和内容。

与家长联系、沟通前应明确此次沟通的目的，确定沟通的内容。

步骤四：确定方法，约定时间。

结合家长、幼儿的情况及沟通的目的、内容确定合适的联系、沟通方法，与家长约定沟通的时间（地点），为做好联系、沟通工作做好准备。

二、与家长沟通的过程

步骤一：向家长问好。

无论采用面对面沟通、电话沟通、微信沟通还是其他形式的沟通，都应热情地向家长问好。

步骤二：向家长简单介绍幼儿近期的情况。

向家长简单、概括介绍幼儿近期的生活、学习、游戏情况。此时要谨记本次沟通的目的和内容，注意控制好时间，避免闲聊，为下面的沟通预留充足的时间。

步骤三：说明本次沟通的目的和内容。

向家长说明本次沟通的目的和内容，当谈到幼儿的问题时要特别注意言辞，讲究沟通技巧和策略。

步骤四：围绕本次沟通的内容进行有针对性的沟通。

围绕沟通内容，突出沟通重点，针对具体问题进行沟通。

步骤五：与家长确定解决问题的方法、策略，达成共识。

针对沟通的内容，提出科学、合理的方法、策略并与家长达成共识。

步骤六：结束沟通，礼貌道别。

注：在征得家长同意的前提下，可以采用录音、笔头简记等方法对此次沟通进行记录，以便事后整理。

三、与家长沟通后的整理工作

与家长联系、沟通之后，要及时整理沟通记录，提取有用、有效的信息，尤其是将解决问题的方法、策略及共识做好记录。

活动案例

海鲜过敏的乐乐

在幼儿入园时，乐乐的妈妈对我说："周末带乐乐吃海鲜大餐后孩子脸部、背部起满了红色丘疹，医生诊断是海鲜过敏，用药后疹子都消失了。"听到这里，我松了口气，连忙问："乐乐在幼儿园需要注意什么吗？"乐乐妈妈说："乐乐在幼儿园不要吃海鲜了。"我安慰道："乐乐妈妈请放心，幼儿园一定会配合家长做好乐乐的饮食护理的。"

过敏严重时会危及生命，每个教师都应该提高警惕。回到班里，我第一时间召集老师们说明了乐乐的情况并开始探讨乐乐的饮食护理方案。主班老师说："我先向保健医汇报，告知乐乐的现状及在餐饮方面的特殊需要，尽量安排厨房准备非海鲜类的其他食物补充幼儿所需的蛋白质。"助教老师说道："在分餐时，我先让乐乐入座，最先分发餐食防止乐乐误食。"主班老师说："我们要把特殊饮食需要儿童的护理工作计划做到每一天，保教老师要特别注意，每周的菜谱都要标出乐乐过敏的食物作为提示，防止误发"。保教老师连忙点头说道："好，我在分餐区做好爱心提示，每天早晨去厨房填写儿童特殊饮食需要记录表提醒厨房备餐。"我说道："我随时关注乐乐的身体情况，做到及时向家长反馈，跟进他的实时就医情况，及时调整咱们的特殊饮食护理方案。"希望通过我们的沟通和细致的护理，乐乐的身体能尽快好转。

（案例提供：北京市东城区东华门幼儿园 蔡阳）

拓展训练

每天午睡时，小班的天天都会喊妈妈，还跟老师说，让妈妈来哄睡。每当这时，李老师都会跟天天玩"我是妈妈"的游戏，李老师扮演"妈妈"哄天天睡觉。在玩游戏的时候，天天有时候能睡着，有时候睡不着，睡不着的时候就会闹情绪。面对这种情况，你会如何与天天的家长沟通？请分组做模拟、交流。

拓展链接 本部分学习内容见电子资源包

任务二 育儿指导

案例情境

过几天就是幼儿园家长开放日了，幼儿园让各个班自主设计本班的家长开放日方案，并提出了一些要求：体现本园的办园理念，宣传各个班级的教育任务、活动安排、活动要求及具体实施情况等，请家长参观班级教学活动、生活活动、游戏等，全面了解孩子们的情况和表现等。根据幼儿园的要求及班里的具体情况，老师们该怎么做？

学习目标

素养目标 ❍ 增强与家长合作的意识，尊重不同类型的家庭。

知识目标 ❍ 了解家园共育的含义与意义，了解家园共育的方式，掌握咨询和指导的方法，掌握不同类型家庭的教养特点及指导要点。

能力目标 ❍ 能对不同类型的家庭进行有针对性的指导。

活动一　组织家园共育活动

知识准备

一、家园共育的目的与意义

家园共育即家长与托幼园所在婴幼儿照护和教育方面的相互合作，双方共同努力促进婴幼儿各方面的全面发展。

家园共育有助于家长了解托幼园所的基本情况；有助于家长了解婴幼儿在托幼园所中的生活、学习、游戏等方面的表现；有助于家庭与托幼园所形成教育合力，共同促进婴幼儿的发展。

二、家园共育的方式

家园共育常见的方式有：家长开放日、亲子活动、家长学校、家长会、家访、家长宣传栏、家园联系手册、QQ群沟通、微信群沟通、接送交流等。

三、家园共育活动方案

根据托幼园所的指导思想，结合本班婴幼儿的年龄特点、家长的需求等设计家园共育活动方案。在参与设计活动方案的过程中，保教老师要着重思考自己在该活动中应该做什么，待设计完活动方案后，可以在活动方案上标记自己的职责和注意事项。

一般而言，家园共育活动方案包括活动名称、活动目标、活动准备、活动时间、活动地点、活动内容和流程、活动反思，见表8-1。

表8-1　家园共育活动方案

活动名称：××班××（家长开放日/亲子活动/家长会……）活动方案 活动目标： 活动准备： 活动时间：×年×月×日××点——××点 活动地点： 活动内容和流程： 活动反思：

活动案例

新生入园前的家长会

一、活动目标

帮助家长了解幼儿园及班级的基本情况；帮助家长了解幼儿园本学期的工作；让家长了解家园合作的重要性，呼吁家园共育，为幼儿的入园做好准备。

二、活动准备

家长签到表，布置好班级环境，通知家长，提前了解班级教师、幼儿的基本情况，了解本学期幼儿园有何重大活动和班级具体的工作内容等。

三、活动时间

20××年×月×日上午9:00—11:00。

四、活动地点

本班活动室。

五、活动内容和流程

1. 欢迎家长到来、引导家长签到、就座

主班教师："各位家长好！首先，我代表小二班全体老师，感谢各位家长在百忙之中来参加今天的家长会。下周孩子们就要来幼儿园了，利用今天的时间我帮助大家了解一下班上的主要情况，以便我们家园紧密配合，共同完成好教育重任。"

2. 介绍班级基本情况

（1）自我介绍。

（2）介绍班级其他教师。

（3）介绍班级幼儿的构成。

主班教师："我是X老师，负责本班的主班工作，另一位是Y老师，我们一起负责班上的教育教学及保育工作，还有一位就是Z老师，主要负责幼儿保育及班级卫生等配班工作。Y老师年轻有为，擅长语言教学和美术教学；Z老师是一位经验丰富的保教老师，对孩子有耐心，工作细致。"

教师："我们班现有幼儿28名，其中男孩15名、女孩13名，全部是今年入园的新生。年龄最大的是2020.9.15的，最小的是2021.8.21的，幼儿年龄差距较大，会存在幼儿发展的个体差异。"

3. 本学期的工作重点

入园工作。向家长介绍幼儿入园后面临的分离焦虑问题，为家长提出减轻分离焦虑的办法，向家长说明为保障幼儿顺利入园应做的事情。

主班教师："通常情况下孩子入园要经历这样三个阶段：分离焦虑期、熟悉期和基本适应期。一般会从极不适应过渡到逐渐自如。其中分离焦虑期是孩子、家长、老师面临的挑战最大、困难最多的非常时期。幼儿年龄小，会比较依恋熟悉的家人，一旦进入了新的环境，出现了依恋上的断层，感觉失去了安全感，就需要一段时间来适应。这就是我们所说的分离焦虑，哭闹则是表达方式，表现为有的孩子一来就哭，有的孩子刚来时不哭，后来哭，还有的孩子可能根本就不哭。但是每个孩子的适应能力有所不同，有的快，有的慢一些。这个过程的长短与孩子的适应能力有关，另外也取决于老师和家长合作的质量。我们殷切地希望在我们共同努力下，让每一个孩子都能顺利适应生活中的变化，让每一位家长把孩子送到幼儿园后没有后顾之忧。"

主班教师："入园之前您可以尝试做以下事情：①随着孩子入园时间的临近，家长要以积极的情绪带动孩子。②帮助孩子克服焦虑情绪。带孩子到幼儿园附近散步，并经常暗示孩子，幼儿园里有许多好玩的、以后要做幼儿园的好宝宝、老师像妈妈一样喜欢小朋友、幼儿园里还有小伙伴等，减少幼儿对新环境的陌生感和不适应感。③提高孩子的独立性、自理能力。④家长不妨每天暂时性地离开孩子一段时间。"

主班教师："入园初期您需要做以下事情：①来园后把孩子放心地交给老师，充分相信老师会有解决的办法，送完就走……②……"

4. 幼儿园的课程

向家长介绍本学期的课程安排，帮助家长了解幼儿园的课程有：生活活动、学习活动和游戏活动。

主班教师："幼儿园教育是贯穿在幼儿一日生活各项活动之中的，包括学习、生活、游戏活动等，主要包括五大领域（健康领域、语言领域、社会领域、科学领域和艺术领域）的内容……"

5. 幼儿园本学期的重大活动安排

向家长介绍幼儿园本学期的重大活动安排。

6. 需要家长配合做的一些工作

（1）准备好幼儿入园所需的物品。为幼儿带一至两套可换洗的备用衣裤、袜子和鞋；带好被褥，并在被褥上绣上幼儿的名字；为幼儿准备容易穿脱的衣服和适合运动的舒适鞋子等。

（2）培养幼儿的自理能力，鼓励幼儿自己的事情自己做。

（3）正确对待孩子之间发生的不友好现象等。

7. 听取家长的意见和建议

……

六、家长会结束

主班教师："今天的家长会就到这里，我们期待您的配合与支持，我们会用心帮助每一名幼儿都能健康、快乐地成长。"

（案例提供：北京市东城区东华门幼儿园 果晓红）

活动实施

一、家园共育活动的准备

步骤一：设计活动方案。

根据活动方案的基本构成设计活动方案。保教老师可以在活动方案上标出自己的工作和注意事项。

步骤二：物质准备。

如果本次活动是安排在园内的，那么需要保教老师配合主班教师做好物质准备，如活动场所设施设备、活动所需物品等；如果本次活动是在园外组织的，如亲子郊游等，则需要配合主班教师准备好外出活动所需的物品。

步骤三：联系家长。

通过当面告知、家园宣传栏、幼儿园网页、QQ、微信、通知书等途径与家长联系，让家长了解活动的时间、地点、内容、注意事项等。

步骤四：如果此次活动需要婴幼儿参与，则需要告知婴幼儿，并强调注意事项。

二、活动的组织实施

步骤一：以良好的精神状态迎接家长（含婴幼儿）。

活动当天，保教老师要根据活动性质选择合适的着装，如开家长会，保教老师穿幼儿园的统一服装，亲子运动会穿运动装，着装要有利于该活动的进行，以最好的精神状态，迎接婴幼儿和家长。

步骤二：按照设计好的活动方案开展活动，必要时及时调整。

根据事先设计好的活动内容和流程进行组织和实施。当活动与预设的方案不一致时，要及时做出调整，确保活动的顺利进行。亲子运动会和亲子外出等活动要加强安全防范。保教老师要根据活动方案做好配合工作，在活动中时刻关注家长和婴幼儿的需求，并及时给予指导和帮助。

三、活动结束后的整理

步骤一：与家长、婴幼儿道别。

无论是在幼儿园内，还是外出组织活动，保教老师都要与家长、婴幼儿愉快地道别。

步骤二：收拾、整理。

在活动结束后，要对活动场所、物品、材料进行整理、清洁。

在园外组织的活动结束后，也要做好收尾工作，如亲子郊游结束后，接收、整理家长发来的婴幼儿平安到家的短信等；家访结束后，要对婴幼儿的生活习惯、能力及家庭基本情况记录在案，以便日后进行有针对性的保育和教育。

步骤三：做好活动的反思。

反思整个活动中哪里做得好、哪里需要改进，并提出改进方法、建议。

拓展训练

转眼幼儿园开学已经一个月了，在这一个月的时间里，幼儿在园表现如何？有没有适应？教师和家长们有什么需求和问题……幼儿园决定开一次家长会。如果你是小班的老师，请尝试设计本班家长会的方案。

拓展链接 本部分学习内容见电子资源包

活动二 向家长提供科学育儿咨询和指导

案例情境

九月份迎来了一批新入园幼儿，几乎每天早上幼儿园小班都有哭闹的幼儿。有的幼儿边哭边抱着妈妈的腿不让离开，有的幼儿边哭边追着爸爸往门外跑，有的幼儿坐在座位上默默流泪……有的家长不放心，站在门外、窗口甚至是幼儿园的围墙外，使劲向教室里看……很多家长求助教师：如何帮助幼儿消除分离焦虑？如何帮助幼儿尽快适应幼儿园生活？

知识准备

一、家教咨询和指导的方法

1．咨询

咨询分为专题咨询活动和日常性个别提问。专题咨询，主要是指在家长会、育儿讲座等活动中单独留有时间，请家长提出问题，主讲教师现场回答的方式，有时也会在家长联系群，对共同关心的教育问题开展讨论、咨询；个别提问与回答常以电话咨询、网络信息、短信联系等方式进行，这种方式更经常、针对性更强。

2．讲座

由幼儿园聘请专家为家长进行专题讲座，或由本园经验丰富的园长、主任定期做针对性报告，通过“讲座”“讲解”可以向家长解读科学育儿政策、专业知识，也可以传递好的经验。对大多数家长来说，这正好满足了他们的迫切需求。

3. 操作示范

组织家长观看幼儿园教育教学活动案例视频，或好的教育方式、方法模拟视频，针对家长特别关心的问题，给予操作性示范指导，如急救、疾病预防、婴幼儿抚触操、早期阅读指导等。操作示范活动针对性强，有理论、有操作，家长学到就能用，深受家长的欢迎。正确的育儿操作方法、技能，对促进家长形成科学育儿观念和态度更有实际意义。

4. 家园共育活动

家园共育活动的种类有很多，如亲子运动会、家长开放日等。在家园共育活动中，幼儿园要说明活动的目的，其中重要的是增进老师、婴幼儿和家长之间的了解，让家长更加信任老师，愿意敞开心怀请老师帮助解决育儿的困惑，促进合作育人的深化。

5. 发布宣传资料

发布宣传资料是一种方便、快捷的方式，可以将要向家长普及、说明的内容编辑成文字资料发送给家长。发放的资料可以是打印出来的纸质版，也可以借助手机、计算机等向家长发送电子版。

以上是常用的咨询指导方法，在实践中可根据实际情况选择一种或几种来应用。

二、不同类型家庭的教养特点与指导要点

按照家庭代际层次和亲属关系可分为核心家庭、主干家庭、其他家庭（隔代家庭、单亲家庭）等。

不同类型家庭的家庭成员构成是不同的，在养育婴幼儿时会表现出不同的特点和教养行为。在对家长提供育儿咨询和指导时，可根据不同类型家庭的教养特点进行有针对性的指导。

（一）核心家庭

核心家庭是指由父母与未婚子女两代人组成的家庭。如果一夫一妻而没有子女，也可称为核心家庭。核心家庭的特点是：规模小、人口少、序列简单。

1. 核心家庭的教养特点

（1）教育观念较统一　核心家庭的教育者一般是父母，他们几乎不受或很少受到其他人的干扰。核心家庭的父母一般不存在代际差异，他们的年龄、受教育程度、思想观念等差别不大，加之共同生活的相互影响与磨合，对孩子的教养理念、方法较统一，即使出现矛盾冲突，相较于其他家庭类型也是比较容易协调处理的，进而达到教育观念的一致性。

（2）重视对子女的投入　核心家庭的父母重视对子女的付出和投入，往往能满足孩子的精神和物质需求。

（3）亲子关系密切　在核心家庭中，父母是子女的主要教养者，他们与子女的互动时间和频率高，比多代际的大家庭更容易建立亲子情感联系，亲子关系更密切。

（4）孩子较孤独　核心家庭人际关系简单，孩子大多数时间是与父母一起度过的，接触他

人的机会比较少，容易产生孤独感。如果父母与亲戚朋友接触少，带孩子外出机会少，孩子就会怕生，社会交往能力会受到影响。

（5）容易受书籍或网络影响　核心家庭的教养者容易接受新鲜事物，在育儿方面常常受到书籍或网络的影响。如果核心家庭中的子女是独生子女或是第一胎，其父母缺少育儿实践经验，对孩子的身心发展特点或教养方法的了解大多是从书籍或网络中获得的，其教养方法是否适合自己的孩子是很难保证的。如果家长按照这些方法去养育子女，往往出现不适应的情况。

2. 针对核心家庭的指导要点

（1）引导核心家庭发挥家庭优势　核心家庭的父母追求新的育儿理念，易于接受科学育儿的方式方法，重视对子女的投入，亲子关系密切，这都是其优势，在解决育儿问题时更容易听取幼儿园保教老师的建议。此时，保教老师在介入育儿咨询的时候应将直接经验与科学理念相结合，用事实、案例做出解释。

（2）引导核心家庭关注孩子的社交需求　核心家庭的父母除了亲自陪伴孩子外，还应该多带孩子外出，让孩子有与同龄孩子交往、玩耍的机会；可多与亲朋好友来往，帮孩子消除孤独感；平时教孩子学习一些礼貌交往方法。家庭环境好的家长，要注意孩子的穿戴趋于大众化，尽量不要在儿童交往中“显富显贵”，这样更容易和同伴们打成一片。

（3）提高辨别能力，选择科学、合适的方法育儿　面对书籍和网络上众多的育儿观念及方法，家长如何选择适合自己的育儿方法，保教老师要谨慎地给出建议。科学、适宜的育儿方式、方法，不是单靠理论，也不是照搬经验，保教老师对待家长的咨询要在认真分析问题与困惑的基础上，给出幼儿园积累的教育经验和参考建议，既不武断又不推脱。

（二）主干家庭

主干家庭是指由祖父母/外祖父母、父母和子女三代人构成的家庭。主干家庭的特点是人口多，层次关系较之核心家庭复杂得多。

1. 主干家庭的教养特点

（1）教养力量大　主干家庭的教养者一般为：父母和祖父母/外祖父母。当双职工家庭中父母在教养孩子上时间、精力不足时，会有来自祖父母/外祖父母的帮助。较核心家庭来讲，主干家庭教养力量大。

（2）育儿观念、方法多样　两代教养者在育儿方面难免有观念、方法的不同。祖辈教养者有更多的育儿经验和方法，有时可以补充父母教养经验的不足。但祖辈教养者思想观念相对陈旧，接受新生事物较慢，会在无意中对孩子产生不良影响。因此，在教养孩子时，两代教养者要多沟通，以免对孩子的发展产生不良影响。

（3）孩子可更多地感受来自祖辈家长的爱　较之核心家庭，主干家庭的子女除了能享受父母的爱外，还能有更多的机会感受来自祖父母、外祖父母的关爱、爱抚。祖辈的爱可以给孩子带来更多的安全感、满足感，但如果祖辈过分溺爱和代替包办，容易使孩子“自我中心”，形成任性、唯我独尊、不礼貌、不合群、自理能力差等一些不好的性格和习惯。长期下去，会影响孩子的独立能力、自信心的发展，产生依赖心理和受挫力差的问题，更容易使孩子变得娇气。

（4）祖辈教养者对孩子有多方面的影响　主干家庭多数是三代人生活在一起，家庭规模大，人际关系比较复杂。孩子在这样的家庭中生活要与至少两代人交往，这在一定程度上有利于孩子对环境的适应能力、交往能力等的发展。

但祖辈教养者的生活方式、知识结构、教养观念、态度、行为等都有一定的时代滞后性，与现代社会有差别，对孙辈的发展，也会产生一些负面影响，如户外运动机会少，过度保护，影响孩子的运动能力和社交能力的发展；如孩子模仿老年人的言行，造成孩子心理老年化、心理和行为怪异、攻击性行为等。

（5）孩子容易与父母的感情出现隔阂　若孩子长期与父母分离，或父母总是忙于工作，孩子总是由祖父母或外祖父母来带，孩子与父母之间缺少沟通、交流、互动，那么会使他们之间的心理距离越拉越远，孩子与父母之间的关系越来越淡。

2．针对主干家庭的指导要点

（1）两代教养者可以取长补短　在主干家庭中，两代教养者可以取长补短，各自发挥自身的优势。年轻一代有知识有文化，容易接受新事物、新方法，但在教养孩子方面没有实践经验；老一辈有过带孩子的经验，积累了一定的经验和方法。在教养孩子时，双方可以取长补短，当双方教养方式不一致时，要及时沟通、交流，寻求更合适的方法，统一教养方式。

（2）端正态度，切忌对祖辈过分依赖　在主干家庭中，年轻父母过分依赖祖辈的现象比较普遍。年轻父母一定要认识到祖辈家长在教养孩子中的优势和不足，要端正态度，不能什么事都依赖祖辈。教养子女是年轻父母的主要责任，不要把对孩子的教育权、抚养权完全交给祖辈家长，要履行自己的责任和义务，不管多忙，都要抽时间与子女在一起，尽力避免祖辈在教养中的不良影响，同时注意不增加祖辈的压力和负担。

（3）祖辈家长不越俎代庖　祖辈家长要清楚自身的定位，不越俎代庖，不代替年轻父母的位置，该放手时要放手，应积极创造机会让孩子和其父母多接触、联络感情，帮助他们建立良好的亲子关系。

（4）祖辈家长要与时俱进　祖辈家长要注意接受新思想，学习新知识，更新育儿理念和方法，提高科学育儿的水平，为孙辈健康成长发挥积极作用。

（5）祖辈家长不溺爱、不包办　祖辈家长给孙辈的爱要理智、适度，爱的同时也要有原则；在教养孙辈时，不包办、代替，孩子自己能做的一定要让孩子自己做，要相信孩子的能力，给予孩子动手的机会；不纵容孩子贪吃零食；不讨好孩子；不以自己的口味做饭，让孩子吃得过咸、过甜；自身要有良好的卫生习惯，注意培养孩子的文明礼貌习惯；给孩子穿的衣服合适，不多穿等。

此外，祖辈家长也不要因为害怕孩子出危险而只让孩子待在床上或小车上，或限制孩子外出，应在做好防护的前提下，让孩子多些活动，每天带孩子户外活动不少于1小时。

活动案例

有效携手　真正助力

这学期我们班有位叫安安的女孩子，我们通过入园前家访了解到，安安入园时已经满3岁4个月了，但现在还需要穿着纸尿裤进行小大便，白天也如此，有如厕需求时也不会告诉家人。当我询问安安的妈妈，安安为什么现在还穿着纸尿裤，之前是否有锻炼孩子独立如厕的经历时，她说："练习过，但是经常会尿湿裤子，总要洗和换，而且一尿裤子，安安就会哭，书上不是总说要尊重孩子吗，后来我们就尊重安安的习惯，也就一直穿着了。想等孩子上了幼儿园，大一些了，老师能帮安安改掉这个习惯，老师们的办法多。"话语间，我能真切地感受到家长对安安马上要开启的幼儿园独立生活十分焦虑，也能感受到家长想看到孩子上了幼儿园后，有了老师的教育就能改变的迫切心情。

安安的特殊习惯，很大一部分原因是其在上幼儿园之前，家长运用不太科学、理解有偏差的家庭教育理念与教养方式造成的。在帮助安安进行调整的同时，更重要的是帮助家长转变观念，理解何为真正的尊重，何为有效的家园携手，最终助力孩子成长。

在接下来与安安的家长互动中，首先让家长意识到，孩子的一个新习惯的建立，不是一朝一夕就能实现的，全家要做好充足的"备战"准备。安安用三年多养成的这个习惯要想改变，确实需要我们有足够的耐心、满满的信心与坚定的决心，给安安营造一个适合她调整的时间与空间，真正尊重的是对孩子有益的成长过程，而不是孩子提出的各种要求。

此外，在安安正式入园后，我们会用不同的方式记录下，安安每周点点滴滴的进步与家长进行分享，同时也希望家长能把安安在家的进步点滴记录下来与老师们反馈。如果想让安安有所变化，仅仅靠幼儿园的力量是远远不够的。一天放学，我和安安的爸爸妈妈又做了一次面对面的沟通。我把自己经历过的家园小故事讲给爸爸妈妈听，减少理论的说教，让他们从情感上接受、在故事中受到启迪。通过一学期的不懈努力，安安终于在除睡觉外的其他时间，顺利地脱离纸尿裤，同时还会主动告诉老师、家长她想如厕的需求。那次，安安妈妈在一次家长会上，竟然自发做了一次分享："我们家长作为孩子的第一任老师，真的需要不断学习、提升自己，更应该和幼儿园保持一致，这样家园携手才会更有效。"

《家庭教育促进法》实施后，越来越多的父母意识到"家庭是孩子人生的第一所学校，父母是孩子的第一任老师！"但是家庭这所"学校"应该如何教？父母这第一任"老师"应该如何做？作为幼儿教师，我们的使命并不仅仅是教育好孩子，同时还需要用专业的教育理念与科学的育儿方法，帮助家长朋友们相互学习、一同思考、共助幼儿成长。

（案例提供：北京市东城区新中街幼儿园 杨春丽）

活动实施

1. 了解情况，发现问题

了解家长的教养情况并分析家长急需解决的教养问题。在分析问题时，要分析问题产生的背景，才能找到现象背后的原因或影响因素。调查法、访谈法是比较常用的方法，可以帮助我们了解情况、发现问题。

2. 确定指导方法

在确定指导方法前，要了解需要指导的家长的家庭类型、家长和婴幼儿的基本情况等，深入分析问题的症结，根据家庭类型的特点、家长和婴幼儿的现实情况确定有针对性的指导方法。

3．实施解惑

针对家长的问题或困惑提出解决办法。可以提供咨询，在交流中解惑，也可以示范，让家长模仿练习，还可以通过手机等形式发放资料等。所采用的方法要灵活，要能被家长接受。

4．反思总结

在完成指导后，要反思本次指导中发现的问题及其分析是否准确、家长接受指导时的情绪或行为、采用的方法是否合适及有效、后续指导是否需要跟进及如何跟进等。如果有必要，可以做笔记，帮助自己整理思路，也能保留指导资料。

拓展训练

小班的乐乐妈妈向老师求助："每到晚上带乐乐刷牙都很头疼，因为乐乐不爱刷牙，往往叫好几遍才磨磨蹭蹭去刷，每次刷牙都是胡乱地刷，有的牙齿根本刷不到。我想帮他刷，他一直不让，而且每次刷牙乐乐都要把牙膏吃掉。"看着乐乐满口的小黑牙，妈妈不知所措。请你为乐乐妈妈想想办法，提出有针对性的指导意见。

拓展链接 本部分学习内容见电子资源包

单元小结

本单元我们了解了与同事沟通的内容、方法及注意事项，了解了与家长沟通的途径及注意事项，这都有利于与同事、婴幼儿的家长进行有效的沟通。此外，我们还了解了家园共育的方式，学习了如何配合托幼园所组织家园共育活动，掌握了咨询和指导的方法、不同类型的家庭的教养特点及指导要点，这有利于我们今后结合不同类型的家庭的特点进行有针对性的指导。

单元检测

一、单选题

1. 2001年颁布发行的《幼儿园教育指导纲要（试行）》提出："幼儿园应与（　　）、社区密切合作，与小学相互衔接，综合利用各种教育资源，共同为幼儿的发展创造良好的条件。"

A. 小学　　B. 家庭　　C. 家长　　D. 幼儿

2. 下列不是家园合作方式的是（　　）。

A. 家长开放日　　B. 家访

C. 亲子活动　　D. 指导幼儿制作母亲节礼物

3. 幼儿园（　　）是由家长和幼儿共同参与幼儿园组织的一系列活动，如亲子运动会、亲子郊游、节日联欢会等。

A. 家访　　B. 家长开放日　　C. 亲子活动　　D. 家长学校

4. 幼儿园家长开放日活动，从规模上来讲，可分为全园性活动、年级活动、（　　）等。

A. 全日活动开放日　　B. 生活活动开放日　　C. 班级活动　　D. 半日活动开放日

5. 2016年3月1日起施行的《幼儿园工作规程》提出："幼儿园应当主动与（　　）沟通合作，为家长提供科学育儿宣传指导，帮助家长创设良好的家庭教育环境，共同担负教育幼儿的任务。"

A. 其他幼儿园　　B. 幼儿家庭　　C. 社区　　D. 幼儿

6. 《幼儿园教育指导纲要（试行）》指出，家庭是幼儿园重要的（　　）。应本着尊重、平等、合作的原则，争取家长的理解、支持和主动参与，并积极支持、帮助家长提高教育能力。

A. 合作伙伴　　B. 服务对象　　C. 支持者　　D. 帮助对象

7. 幼儿园可以邀请幼儿家长来幼儿园"当老师"，与幼儿教师一起组织幼儿进行教育活动，这种方式叫（　　）。

A. 家长开放日　　B. 家访　　C. 亲子活动　　D. 家长老师

8. 下列不属于核心家庭教养特点的是（　　）。

A. 亲子关系密切　　B. 孩子较孤独

C. 祖父母/外祖父母对孩子影响小　　D. 教养力量大

9. 下列不属于针对主干家庭的指导要点的是（　　）。

A. 两代教养者可以取长补短　　B. 切忌对祖辈过分依赖

C. 多组织社交活动，帮孩子消除孤独感　　D. 祖辈家长要与时俱进

10. 档案记录的注意事项：记录要（　　）、真实；及时、（　　）。

A. 主观　准确　　B. 客观　准确　　C. 主观　明确　　D. 客观　明确

二、简答题

1. 核心家庭的教养特点有哪些？
2. 如何针对核心家庭进行指导？指导要点有哪些？
3. 什么是主干家庭？
4. 主干家庭的教养特点有哪些？指导要点有哪些？